علم الاجتماع القانوني

تأليف
الأستاذ الدكتور
إحسان محمد الحسن
دكتوراه علوم في علم الاجتماع من جامعة لندن بدرجة امتياز
حائز على جائزة نوبل في العلوم الاجتماعية
أستاذ علم الاجتماع في كلية الآداب بجامعة بغداد

الطبعة الأولى
٢٠٠٨

دار وائل للنشر

رقم الايداع لدى دائرة المكتبة الوطنية : (٢٠٠٧/١٢/٣٨٠٢)
الحسن ، إحسان محمد
علم الاجتماع القانوني / إحسان محمد الحسن . - عمان : دار وائل ، ٢٠٠٧ .
(٣٠٢) ص
ر.إ. : (٢٠٠٧/١٢/٣٨٠٢)
الواصفات: علم الاجتماع / القانون / الدراسات القانونية

- تم إعداد بيانات الفهرسة والتصنيف الأولية من قبل دائرة المكتبة الوطنية

****

رقم التصنيف العشري / ديوي : ٣٠١
ISBN ٩٧٨-٩٩٥٧-١١-٧٤٣-٦ (ردمك)

* علم الاجتماع القانونـي
* الأستاذ الدكتور إحسان محمد الحسن
* الطبعـة الأولى ٢٠٠٨

* جميع الحقوق محفوظة للناشر

دار وائـل للنشر والتوزيع
* الأردن - عمان - شارع الجمعية العلمية الملكية - مبنى الجامعة الاردنية الاستثماري رقم (٢) الطابق الثاني
هـاتف : ٠٠٩٦٢-٦-٥٣٣٨٤١٠ - فاكس : ٠٠٩٦٢-٦-٥٣٣١٦٦١ - ص. ب (١٦١٥ - الجبيهة)
* الأردن - عمان - وسط البلد - مجمع الفحيص التجاري- هـاتف: ٠٠٩٦٢-٦-٤٦٢٧٦٢٧
www.darwael.com
E-Mail: Wael@Darwael.Com

بسم الله الرحمن الرحيم

﴿ وَمَن يَقْتُلْ مُؤْمِناً مُتَعَمِّداً فَجَزَآؤُهُ جَهَنَّمُ خَالِداً فِيهَا وَغَضِبَ اللهُ عَلَيْهِ وَلَعَنَهُ وَأَعَدَّ لَهُ عَذَاباً عَظِيماً ﴾

سورة النساء/ آية ٩٣

﴿ وَلَكُمْ فِي الْقِصَاصِ حَيَوٰةٌ يَا أُولِي الأَلْبَابِ لَعَلَّكُمْ تَتَّقُونَ ﴾

سورة البقرة/ آية ١٧٩

﴿ وَإِنْ عَاقَبْتُمْ فَعَاقِبُوا بِمِثْلِ مَا عُوقِبْتُم بِهِ وَلَئِن صَبَرْتُمْ لَهُوَ خَيْرٌ لِّلصَّابِرِينَ ﴾

سورة النحل/ آية ١٢٦

﴿ وَالسَّارِقُ وَالسَّارِقَةُ فَاقْطَعُوا أَيْدِيَهُمَا جَزَآءً بِمَا كَسَبَا نَكَالاً مِّنَ اللهِ وَاللهُ عَزِيزٌ حَكِيمٌ ﴾

سورة المائدة/ آية ٣٨

صدق اللهُ العظيم

الإهداء

أهدي مُؤلفي هذا إلى جميع رواد وأعلام علم الاجتماع القانوني في الوطن العربي والعالم التقليديين منهم والمحدثين، الأموات منهم والأحياء.

الاستاذ الدكتور
إحسان محمد الحسن

المحتويات

المقدمــة

علم الاجتماع القانوني هو من اهـم التخصصـات الفرعيـة لعلـم الاجـتماع لانـه يـدرس الجـذور الاجتماعية للقوانين بانواعها المختلفة ويعالج في الوقت ذاته آثار القوانين والتشريعات القانونيـة الصـادرة من الجهات العليا وبخاصة السلطة التشريعية على المجتمع والبناء الاجتماعـي. وقـد ظهـر علـم الاجـتماع القانوني في فترة ما بين الحربين العالميتين الاولى والثانية واصبح علماً قائماً بحد ذاته كعلم الاجتماع الصناعي وعلم الاجتماع الاقتصادي وعلم اجتماع المعرفة وعلم الاجتماع العسكري في اعقاب الحرب العالميـة الثانيـة وذلك بعد تداخل الحقائق والمعلومات القانونية بالحقائق والمعلومات الاجتماعية الى درجة اننا لانسـتطيع فهم مضامين القانون وأبعاده الا بعد دراستنا لعلم الاجتماع والبحث الاجتماعـي ، واننـا في الوقـت ذاتـه لا نستطيع فهم الواقع الاجتماعي وعلم الاجتماع الذي يدرسـه ويحللـه الا بعـد دراسـتنا للقـانون ومضـامينه الاجتماعية والانسانية .

ان للقانون مصادره الاجتماعية التـي في مقـدمتها الـدين والاخـلاق والقـيم والعـادات والتقاليـد الاجتماعية والمعطيات الاجتماعية والاقتصادية للمجتمع، فضلاً عن المرحلة الحضـارية التاريخيـة التـي يمـر بها المجتمع والعقلية الثقافية السائدة بـين الافـراد والجماعـات. كـما ان القـانون لا يمكـن ان يكـون فـاعلاً ومؤثراً الا اذا كان متأتياً من المجتمع ومن طبيعة الاحداث التي يشـهدها وفي الوقـت ذاتـه يخـدم الافـراد والجماعات باشباع حاجاتهم وتلبيـة مصـالحهم ومتطلبـاتهم والتوافـق مـع اهـدافهم وطموحـاتهم. وعلـم الاجتماع لا يمكن ان يكون قادراً على دراسة المؤسسات والمنظمات وحل المشكلات والأزمات القائمة وتنمية بيئة الانسان كماً وكيفاً وتحسين سلوك الفرد وتقوية علاقاته الانسانية بالآخرين الا اذا اعتمد على القـوانين بانواعها المختلفة، هذه القوانين التي تحقق العدالة والمساواة بينهم وتوزعهم عـلى الاعـمال التـي تتناسـب مع مواهبهم وقدراتهم ومـؤهلاتهم العلميـة وتضـمن الموازنـة بـين حقـوقهم وواجبـاتهم . فضـلاً عـن دور القوانين

الفاعل في ادارة وتنظيم المؤسسات التي تعدّ بمثابة الوحدات التي يتكون منها البناء الاجتماعي .

اذاً القانون يعتمد على علم الاجتماع وعلم الاجتماع يعتمد على القانون، ولا يمكن باية صورة من الصور فصل القانون عن علم الاجتماع طالما ان الظاهرة القانونية تستند على الظاهرة الاجتماعية، وان الظاهرة الاخيرة تستند على الظاهرة القانونية. لذا فكلا الظاهرتين القانونية والاجتماعية تكمل واحدتها للاخرى .ان العلاقة المتفاعلة والمتكاملة بين الظاهرة القانونية (القانون) والظاهرة الاجتماعية (علم الاجتماع) أدت الى ظهور علم جديد هو علم الاجتماع القانوني (Sociology of Law) الذي يدرس العلاقة المتفاعلة بين القانون والمجتمع او يدرس المؤسسة القانونية كالبرلمان مثلاً او المحكمة دراسة اجتماعية تنظر الى هياكلها العمودية والافقية والعلاقات الاجتماعية التي تربط اعضاءها ونظامي السلطة والمنزلة.

لقد ظهر علم الاجتماع القانوني بعد فشل علم الاجتماع بدراسة الظاهرة القانونية والمؤسسة التشريعية دراسة اجتماعية متعمقة، وبعد فشله بدراسة كل ما له علاقة بالمؤسسة التشريعية دراسة اجتماعية مسهبة. كما ظهر علم الاجتماع القانوني بعد فشل القانون بدراسة القوانين والتشريعات واجهزة العدالة الجنائية دراسة اجتماعية علمية تفهم الجذور الاجتماعية للقوانين والتشريعات ومصادر قوتها وفاعليتها الغائرة في المجتمع والنسيج الاجتماعي. فعلم الاجتماع القانوني يدرس الجوانب الاجتماعية للقانون، ويدرس في الوقت ذاته الملامح والصيغ القانونية التي تحكم المجتمع ومؤسساته وجماعاته المتنوعة . بمعنى آخر ان علم الاجتماع القانوني يدرس المجتمع دراسة قانونية ويدرس القانون دراسة اجتماعية .

يهدف علم الاجتماع القانوني الى تحقيق عدة اغراض في مقدمتها ما يأتي:

أ- توضيح المصادر الاجتماعية للقانون والتي هي الدين والقيم والعادات والتقاليد والمعطيات الاقتصادية والاجتماعية .

ب- معرفة العوامل المساعدة على قوة القانون وفاعليته، ومعرفة العوامل المؤدية الى ضعفه وتفتيته وتداعياته .

جـ- معرفة الاسس او المبررات التي تستند عليها قـوة القانون وشرعيتـه كالاسـاس الـديني والاسـاس الدستوري واساس العادات والتقاليد، واساس الصالح العام ٠٠٠٠ الخ .

د- التعرف على طبيعة الاثار التي يتركها القانون والتشريع القانوني على المجتمع والبناء الاجتماعي .

هـ - تثبيت الحدود العلمية بين علم الاجتماع القانوني وعلم الاجتماع مـن جهـة وعلم الاجتماع القانوني والقانون من جهة اخرى .

أما مضمون الكتاب ومحتوياته فان الكتاب يحتوي على اثنا عشر فصلاً علمياً متكاملاً ، يتناول الفصل الاول منها نشأة علم الاجتماع القانوني ومفاهيمه وطبيعتـه العلميـة واهدافه ومشكلاته. في حين يتناول الفصل الثاني من الكتاب ابعاد علم الاجتماع القانوني ومناهجه الدراسية التـي يعتمدها في جمع معلوماته وبياناته. ومن مناهج هذا العلم المنهج التاريخي والمنهج المقارن ومنهج المسح الميداني.

أما الفصـل الثالث من الكتاب فيدرس موضـوع علاقـة علم الاجتماع القانوني بعلـم الاجتماع وعلاقة علم الاجتماع القانوني بالقانون. في حين يدرس الفصل الرابع من الكتاب موضـوع القانون الطبيعي والقانون الوضعي والقانون الاجتماعي . والفصل الخامس يعالج موضـوع القانون والمجتمـع أي الوظائف التي يقدمها القانون للمجتمع، والوظائف التي يقدمها المجتمع للقانون.

ويدرس الفصـل السـادس العلاقـة بيـن القانون والـدين والاخـلاق والقيم والعـادات والتقاليـد الاجتماعية . ذلك ان القانون يعتمد في نصوصه ومواده وفقراتـه علـى الـدين والاخـلاق والقيم والعـادات والتقاليد . أما الفصل السابع فيدرس اعلام الاجتماع القانوني منذ ظهور العالم اوكست كونت وهؤلاء هـم ارسطو وابن خلدون ، وابوالحسن الماوردي، وابـن تيميـة، وتومـاس هـوبز، ومونتيسـكيو . ودراسة هـؤلاء العلماء

بدأت بعرض سيرهم العلمية ثم الاضافات الاساسية التي قدموها لنمو وتطور علم الاجتماع القانوني .

والفصل الثامن من الكتاب يأخذ عنوان اعلام الاجتماع القانوني بعد ظهور العالم اوكست كونت، وهؤلاء هم اوكست كونت، وكارل ماركس، واميل دوركهايم، وجورج زيمل، وروسكو باوند، وماكس فيبر، والدراسة هذه تنطوي على توضيح السيرة والمسيرة لكل عالم مع دراسة اهم الاضافات العلمية التي قدموها لنمو وتطور علم الاجتماع القانوني . أما الفصل التاسع من الكتاب فيدرس السلطة والدولة والسيادة والقانون . وهذا الفصل يتناول بالدراسة والتحليل خمسة مباحث هي ظاهرة السلطة ، وشرعية السلطة ومبرراتها ، والدولة والسيادة ، وسيادة الدولة وعلاقتها بالقانونين الدستوري والدولي واخيراً الدولة والقانون .

والفصل العاشر من الكتاب ياخذ عنوان " دور نظم العدالة الجنائية في مكافحة الجريمة، والفصل هو دراسة ميدانية اجريت في بغداد خلال شهر آذار ٢٠٠٣ والتي استغرقت اكثر من سنة . ونظم العدالة الجنائية التي تكافح الجريمة والتي درسها الباحث هي القانون والمحاكم ، وقوى الامن الداخلي ، ومؤسسات الاصلاح الاجتماعي. وقد تضمنت الدراسة على عدد كبير من الجداول الاحصائية التي تقارب الثلاثين جدولاً .أما الفصل الحادي عشر فيأخذ عنوان تاثير الاسلام في النظم والتشريعات الاجتماعية . والفصل يدرس اربعة مباحث هي: مفهوم النظم والتشريعات الاجتماعية ، والتأثيرات الاسلامية في النظم الاجتماعية ، والاسلام كمصدر للتشريع واخيراً اثر النظم الاجتماعية في سلوكية وعلاقات المسلم .

واخيراً هناك الفصل الثاني عشر الذي يعالج دور الاسلام في مكافحة الجريمة . والفصل يدرس اربعة مباحث اساسية هي : الاسلام كوسيلة من وسائل الضبط الاجتماعي ، الجرائم التي يحرمها الاسلام ويعاقب عليها، والاسلام والوقاية من الجريمة، واخيراً الاسلام ومنع الجريمة .

وهكذا يتناول الكتاب بالدراسة والتحليل اثنا عشر فصلاً تدور حول اهم واحدث المعلومات التي يتضمنها علم الاجتماع القانوني. هذا الموضوع الفتي الذي يفتقر الى المصادر والكتب المتخصصة .

نأمل ان يكون هذا الكتاب ساداً للنقص في كتب الاجتماع القانوني في المكتبة العراقية والعربية . وان الكتاب مهم لطلبة اقسام الاجتماع والقانون والدين والشريعة والشرطة والامن الداخلي ليس في العراق فحسب بل في الاقطار العربية ايضاً، فضلاً عن أهميته لرجال القانون والمحاماة (القضاة والمحامين والمشرعين).

والله هو الموفق وبه نستعين .

المؤلف
الأستاذ الدكتور إحسان محمد الحسن
قسم الاجتماع - كلية الآداب
جامعة بغداد

الفصل الاول

علم الاجتماع القانوني : نشأته ومفاهيمه وطبيعته واهدافه ومشكلاته

مقدمة تمهيدية :

ظهر علم الاجتماع القانوني في فترة ما بين الحربين العالميتين ، وقد نمى وتطور تطوراً سريعاً بعد الحرب العالمية الثانية [١] وبخاصة بعد تداخل العديد من الظواهر الاجتماعية بالمسائل القانونية وتعاظم الحاجة الى تفسير ممارسات الافراد وعلاقاتهم المتشابكة ومؤسساتهم الوظيفية البنيوية تفسيراً قانونياً ينسجم مع ما يتقبله الانسان ويقره المجتمع وتوافق عليه الاعراف والعادات والتقاليد الاجتماعية [٢]. فضلاً عن كون المجتمع والحياة الاجتماعية وما ينطوي عليهما من اسس ومسوغات تستند على القوانين المدونة وغير المدونة . ذلك ان المجتمع هو مصدر القانون وان ظروف المجتمع ومعطياته الموضوعية والذاتية هي المسؤولة عن قوة القانون وفاعليته .

والقانون كما يخبرنا العالم جورج كيرفيج في كتابه الموسوم " علم الاجتماع القانوني " هو اساس تنظيم المجتمع والهيمنة على حركته وتوجيه مسيرته نحو ما يريده القانون ويرتضيه طالما ان القانون هو الذي يضع القواعد السلوكية والتفاعلية التي يعتمدها البشر في حياتهم اليومية والتفصيلية ويوجه الطريقة التي تسير في ظلها الحياة الاجتماعية بجوانبها الموضوعية والذاتية [٣] .

ان هذا الفصل يتحدث عن الاسباب عن نشأة علم الاجتماع القانوني واستقلاليته عن كل من علم الاجتماع والقانون، ويهتم باهم المفاهيم الخاصة بعلم الاجتماع القانوني وطبيعته العلمية

من حيث كونه علماً صرفاً او ادباً صرفاً او كونه جامعاً بين العلم والادب . كذلك يعالج الفصل اهداف علم الاجتماع القانوني العلمية والمنهجية والاكاديمية واخيراً المشكلات التي يعاني منها والتي تعيق حركة تقدمه ونموه كفرع من فروع علم الاجتماع المهمة .

يحتوي هذا الفصل على خمسة مباحث رئيسية هي على النحو الآتي :

المبحث الاول: نشأة علم الاجتماع القانوني وظهوره .

المبحث الثاني : التحديدات العلمية لعلم الاجتماع القانوني .

المبحث الثالث: طبيعة علم الاجتماع القانوني .

المبحث الرابع: اهداف علم الاجتماع القانوني .

المبحث الخامس: مشكلات علم الاجتماع القانوني .

والآن علينا دراسة هذه المباحث مفصلاً .

المبحث الاول: نشأة علم الاجتماع القانوني وظهوره

نشأ علم الاجتماع القانوني في النصف الاول من القرن العشرين وذلك لدراسة الجذور الاجتماعية للقانون واثر القانون والتشريعات القانونية في المجتمع والحياة الاجتماعية (٤). ان للقانون خلفيته الاجتماعية وأطاره الانساني فلا قانون بدون مجتمع لان القانون هو الذي ينظم المجتمع ويحدد علاقات افراده وممارساتهم اليومية والتفصيلية ، ولا مجتمع بدون قانون ينظم هياكله ويحدد سلوكية افراده ويفضّ المشكلات والمنازعات التي قد تظهر بين افراده وجماعاته ومؤسساته (٥). بيد ان عالم الاجتماع لم يدرس دراسة متعمقة دور القانون في المجتمع واهميته للوجود الاجتماعي ومركزه الفاعل في الامن الاجتماعي والاستقرار والطمأنينة . ولم يعالج المضامين والابعاد القانونية التي تنطوي عليها البنية الاجتماعية ولم يعالج المشكلات الناجمة عن عدم تكييف القوانين للمجتمع او مواجهة التحديات المنبعثة عن التناشز بين طبيعة القانون وطبيعة المجتمع. كذلك لم يهتم المختص في القانون بالخلفية الاجتماعية للقانون ودور القانون في تنظيم المجتمع وحل مشكلاته ولم يعالج موضوع المواءمة بين طبيعة حاجات المجتمع ومشكلاته وماهية القوانين التي يحتاجها لكي يضمن الاستقرار والهدوء والطمأنينة والامن والسلام .

لذا ظهر علم الاجتماع القانوني ليدرس العلاقة المتفاعلة بين القانون والمجتمع ويفحص المؤسسة القانونية ويحللها اجتماعياً ويشخص الاثار التي تتركها التشريعات الاجتماعية على المجتمع والبناء الاجتماعي(٦). فضلاً عن تشخيص ماهية القوانين التي يحتاجها المجتمع في المرحلة الحضارية التاريخية التي يمر بها.

ان هناك عدة عوامل مهمة ساعدت على نشأة علم الاجتماع القانوني وظهوره في النصف الاول من القرن العشرين كما اسلفنا. ومن أهم هذه العوامل ما يأتي :

١- ضرورة دراسة الظاهرة القانونية دراسة اجتماعية . ذلك ان للقوانين والتشريعات جذورها الاجتماعية وخلفيتها الحضارية (٧). وهنا ظهر علم الاجتماع القانوني

لكي يدرس القانون ليس في صورته التجريدية بل في خلفيته الاجتماعية وأطره الانسانية .

٢- ضرورة صياغة قوانين جديدة تتلاءم مع الظروف والمعطيات الاجتماعية التي يشهدها المجتمع. فتغير المجتمع من شكل الى شكل آخر يحتم تغيير القوانين بقوانين جديدة تتلاءم مع طبيعة المجتمع وخصوصياته ومشكلاته والعوامل والقوى الاجتماعية المؤثرة فيه [٨] .

٣- ظهور العديد من الكتب والمؤلفات في ميدان علم الاجتماع القانوني ككتاب علم الاجتماع القانوني لجورج كيرفيج، وكتاب علم الاجتماع القانوني لمؤلفه نيقولا تيماشيف، وكتاب مهام علم الاجتماع القانوني لمؤلفه هيجو سنهايمر، وكتاب دراسات في علم الاجتماع القانوني لمؤلفه موريس ديفيرجيه، وكتاب القانون والعلوم الاجتماعية لمؤلفه أج. كيرنز. وفي اللغة العربية ظهرت عدة مؤلفات في علم الاجتماع القانوني اهمها كتاب دراسات في علم الاجتماع القانوني للدكتور ابراهيم ابو الغار ، وكتاب علم الاجتماع القانوني للدكتور حسن الساعاتي ، وكتاب علم الاجتماع القانوني للدكتور محمد عاطف غيث، وكتاب علم الاجتماع القانوني والضبط الاجتماعي للدكتور ابراهيم ابو الغار، وكتاب علم الاجتماع القانوني والسياسي للدكتور محمد عبد الله ابو علي، وكتاب القانون والقيم الاجتماعية للدكتور نعيم عطية وغيرها من المؤلفات المتخصصة بمادة علم الاجتماع القانوني. لقد كانت هذه المؤلفات المنشورة باللغة الانكليزية واللغة الفرنسية واللغة العربية بمثابة النواة الاساسية لنشوء علم الاجتماع القانوني وتطوره .

٤- ظهور العديد من الرجال المتخصصين في حقل علم الاجتماع القانوني. واسماء بعض هؤلاء الرجال مذكورة مع مؤلفاتهم التي ذكرناها سابقاً .

٥- فتح اقسام علمية متخصصة في ميدان علم الاجتماع القانوني اذ اسست جامعة مانجستر البريطانية اول قسم في الاجتماع القانوني عام ١٩٤٩، وهناك اقسام

اسست في الجامعات الاسبانية وبخاصة جامعة مدريد عام ١٩٥١ . وقسم علم الاجتماع القـانوني قد تأسس في جامعة شيكاغو الامريكية عام ١٩٥٧، وفي المانيا اسـس اول قسـم في علـم الاجـتماع القانوني عام ١٩٣٤، بينما اسست اكاديمية العلوم المجرية قسم علم الاجتماع القانوني عام ١٩٦١.

هذه هي اهم العوامل المسـؤولة عـن ظهـور علـم الاجـتماع القـانوني كعلـم مسـتقل عـن علـم الاجتماع والقانون وبقية العلوم الاجتماعية الاخرى .

المبحث الثاني : التعريفات او التحديدات العلمية لعلم الاجتماع القانوني

هناك عدة تعريفات لعلم الاجتماع القانوني اهمها التعريف الذي ذكره العالم جـورج كيرفيج اذ يعرّف علم الاجتماع القانوني بالعلم الذي يدرس الجـذور الاجتماعيـة للقـانون والتشـريعات واثر القـانون والتشريعات على المجتمع والبناء الاجتماعـي (١٠). أما تعريـف البروفسـور كالمـان كولجـار لعلـم الاجتمـاع القانوني فقد ظهر في مؤلفه الموسوم " علم الاجتماع القانوني " اذ ينص التعريف على انه العلم الذي يدرس العلاقة المتفاعلة بين القانون الوضعي والمجتمع " (١١). واخيراً هناك تعريـف نيقـولا تيماشيف لعلم الاجتماع القانوني الذي يقول بانه العلم الذي يدرس المؤسسة القانونية او التشـريعية كالبرلمان مثلاً دراسة اجتماعيـة تهتم بتحليل انساقها العمودية والافقية ونظم الاتصال فيها واخيراً انساق السلطة والمنزلة (١٢).

بعد ذكر التعريفات الثلاثة لعلم الاجتماع علينا دراسة احد هذه التعريفات بصورة تفصيلية . نستطيع تحليل تعريف العالم نيقولا تيماشيف لعلم الاجتماع القانوني والـذي يـنص عـلى انـه العلـم الـذي يدرس العلاقة المتفاعلة بين القانون والمجتمع . وبالعلاقة المتفاعلة بين القانون والمجتمع نعني ماذا يعطي القانون للمجتمع وماذا يعطي المجتمع للقانون . ان القانون يخدم المجتمع مثلما يخدم المجتمع القانون . فالقانون يسدي العديد من الخدمات للمجتمع ، والتي يمكن تحديدها بالنقاط الاتية :

١-   القانون ينظم حركة المجتمع ويسيطر على فعاليات مؤسساته البنيوية (١٣).

٢-   القانون هو الذي يحدد واجبات الفرد وحقوقه في النظم والمؤسسـات الاجتماعيـة التـي ينتمـي اليها (١٤).

٣-   القانون يجلب الامن والسلام والطمأنينة الى المجتمع لانه يردع كل من تسول له نفسه بالاعتـداء على حقوق الآخرين والتجاوز عليها (١٥).

٤-   القانون هو الذي ينشر العدالة والمساواة بـين النـاس، وهـذه العدالـة هـي التـي تجعـل الافـراد مقتنعين باحوالهم وظروفهم وواقع حياتهم .

٥- القانون يكون وسيلة من وسائل تنمية المجتمع وتقدمه ونهوضه واستقراره.

٦- يمكن ان يؤدي القانون دوره الفاعل في ازالة او تخفيف المشكلات والتحديات التي تواجه المجتمع .

٧- يحافظ القانون على الانسان والمجتمع من شرور هؤلاء الذين يعتمدون قانون شريعة الغاب الذي يؤمن بان القوة هي الحق والحق هو القوة[١٩].

أما الوظائف والمهام التي يسديها المجتمع للقانون فيمكن اجمالها بالنقاط الآتية :

١- المجتمع هو مصدر صياغة القوانين وتشريعها حيث ان القوانين لا تصدر الا اذا كان المجتمع بحاجة لها، أي انها تنظم شؤونه وترتب مجرى حياته[١٧].

٢- المجتمع هو الذي يجهز المؤسسات القانونية والتشريعية بالكوادر والملاكات العلمية التي تكون مسؤولة عن صنع القوانين وتغيرها بحيث تنسجم مع طبيعة حاجات وأماني المجتمع .

٣- المجتمع هو الذي يزود المؤسسات القانونية والتشريعية بالاموال والمستلزمات الاخرى التي تحتاجها في حياتها اليومية والتفصيلية[١٨].

٤- المجتمع يكون مصدر تغير القوانين من شكل الى شكل آخر . فعندما يتغير المجتمع فان هذا التغير يقود الى تغير القوانين والتشريعات .

٥- يؤدي المجتمع دوره الفاعل في قوة وفاعلية القانون اذا كان المجتمع قوياً ومقتدراً على تطبيق القوانين على الافراد والجماعات .

٦- يمكن ان يكون المجتمع مصدراً من مصادر ضعف القوانين والتشريعات وعدم قدرتها على فض الصراعات والمنازعات بين الافراد والجماعات .

٧- القوانين التي يصنعها المجتمع تاخذ طبيعة المجتمع ومعطياته ومشكلاته وصورته الخارجية وأطره الفكرية والمرجعية .

مما ذكر اعلاه من معلومات نخلص الى القول بان هناك علاقة متفاعلة بين القانون والمجتمع ، فالمجتمع هو الذي يسند القانون ويجعله مطاعاً بين الناس والقانون هو الذي ينظم قواعد السلوك والاخلاق بين الناس اذ يمنحها الشرعية والعقلانية وصفة الطاعة والالزام بحيث يكون القانون قادراً على ادارة شؤون الدولة والمجتمع وتصريف امور الافراد على اختلاف الشرائح الاجتماعية التي ينحدرون منها. من هنا نستطيع تعريف علم الاجتماع القانوني بالعلم الذي يدرس العلاقة المتفاعلة والمتضامنة بين المجتمع والقانون. لذا لا يمكن فصل القانون عن المجتمع مطلقاً ولا يمكن القول بان كل طرف من هذين الطرفين يمكن ان يعمل بمعزل عن الطرف الآخر .

المبحث الثالث: طبيعة علم الاجتماع القانوني

نعني بطبيعة علم الاجتماع القانوني المنزلة او المكانة العلمية التي يتمتع بها، أي هل ان علم الاجتماع القانوني علم كالرياضيات والفيزياء والكيمياء وعلوم الحياة ... الخ ام انه ادب كالفلسفة والدين واللاهوت والادب، ام انه علم يجمع بين الجوانب العلمية والجوانب الانسانية في آن واحد . الجواب على هذه التساؤلات هو ان علم الاجتماع القانوني ليس علماً صرفاً كالرياضيات والفيزياء والكيمياء وليس ادباً صرفاً كالفلسفة والادب واللاهوت والدين ، وانما هو علم يجمع بين الجوانب العلمية والانسانية في آن واحد [١٩] .

نستطيع اعتبار علم الاجتماع القانوني علماً لانه يشترك مع العلوم الصرفة بالعديد من المزايا والمواصفات التي اهمها ما يلي :

١- ان علم الاجتماع القانوني هو علم نظري حيث انه يتكون من مجموعة نظريات متكاملة تفسر جميع الظواهر الاجتماعية القانونية ، كنظريات شرعية القانون ونظريات السلطة والقوة ونظريات وسائل الضبط الاجتماعي وعلاقتها بالجريمة والانحراف والسلوك الجانح ... الخ .

٢- ان علم الاجتماع القانوني هو علم تطبيقي وتجريبي، أي ان نظرياته قابلة للتطبيق على العديد من قضايا الانسان والمجتمع ، فمثلاً نظريات اسباب الجريمة والجنوح يمكن الاستفادة منها في مواجهة السلوك الجانح وتطويق آثاره السلبية على الانسان والجماعة والمجتمع. وان نظريات الفوائد الاجتماعية للقانون يمكن الاستفادة منها في تشريع القوانين التي من شأنها ان تنمي المجتمع وتطوره في مجالات شتى .

٣- علم الاجتماع القانوني هو علم تراكمي ، أي ان نظرياته قابلة على الزيادة والتراكم وليست ثابتة وجامدة وموضوعة في قوالب محددة. علماً بان زيادة نظريات الاجتماع القانوني وتراكمها انما تؤدي الى نضوج العلم وتكامله

وقدرته على تفسير جميع الظواهر والاشكالات الاجتماعية والقانونية التي توجد في المجتمع [٢٠]

٤- علم الاجتماع القانوني هو علم يهتم بما هو كائن ولا يهتم بما ينبغي ان يكون، بمعنى آخر انـه علم يبعد كل البعد عن تقييم الاشياء والظواهر والتفاعلات ، فضلاً عن عدم اهتمامه بالاحكام القيمية التي يهتم بها عادة رجل الدين او السياسي او الفيلسوف . ان عالم الاجتماع القانوني مثلاً لايفضل نظام الحكم الذي يستند على قوة العادات والتقاليد على نظام الحكم الذي يستند عـلى القيادة الكرزماتيكية . فضلاً عن انه لا يفضل القـوانين الاجتماعيـة عـلى القوانين الطبيعيـة او العكس بالعكس .

ان السمات العلمية الاربع التي يتسم بها علم الاجتماع القانوني تعطيه طابعه العلمي وخواصه العلمية التي لا تختلف كثيراً عن تلك التي تميز علم الرياضيات او الفيزياء او الكيمياء .

وعلى الرغم من السمات العلمية العديدة التي يتسم بها علم الاجتماع القانوني الا ان علميته لا تكون عالية او موثوق بها كما في حالة الفيزياء وعلوم الحياة والرياضيات والكيمياء. ذلك ان علم الاجتماع القانوني على الرغم من السمات العلمية التي يتسم بها الا انه يعاني من العديد من الصعوبات والمعوقات التي تحول دون بلوغه الدرجة العلمية العالية التي تتسم بها العلوم الصرفة [٢١] .

ان هناك مشكلتين يواجههما علم الاجتماع القانوني والتي من شأنهما ان تقلل او تبخس الدرجـة العلمية لهذا العلم . وهاتان المشكلتان اللتان تحدان من المكانة العلمية لعلم الاجتماع القانوني هما ما يلي :

١- كثرة العوامل والقوى والمتغيرات التي تؤثر في الظاهرة الاجتماعيـة القانونيـة بحيـث لا يستطيع العالم او المختص في حقـل الاجتماع القانوني الاحاطة بهـا جميعـاً والالمـام بمفرداتهـا وحقائقهـا ومظاهرها الموضوعية والذاتية . وهذا ما

يقلل من القيمة العلمية لعلم الاجتماع القانوني ويعمل على هبوط او تدني منزلته العلمية بـين العلوم الاخرى (٢٢).

٢- علم الاجتماع القانوني يهتم بالظواهر الاجتماعية والقانونية الخاصة بالانسان . وهـذه الظـواهر ليست مستقرة ولا ثابتة لان الانسـان الـذي يدرسـه علـم الاجتماع القـانوني دراسـة اجتماعيـة قانونية يمتلك عقلين هما العقل الظاهري الذي يكشـف الجـزء اليسـير عـن الانسـان ومشـكلاته وظروفه وشخصيته، والعقل الباطني الذي يضمر او يغلف الجزء الكبير الذي يعلمه الانسـان ولا يريد كشفه للاخرين (٢٣). ولما كان الانسان يتسم بهذه الخواص فلا يمكن دراسـته دراسـة علميـة موضوعية. وهذا ما يقلل من علميـة علـم الاجتماع القـانوني ويـؤدي الى تـدني منزلتـه العلميـة مقارنة مع العلوم الاخرى وبخاصة العلوم الطبيعية .

المبحث الرابع : اهداف علم الاجتماع القانوني

يهدف علم الاجتماع القانوني الى تحقيق العديد من الاهداف العملية والعلمية والمنهجية والتي يمكن تحديدها بالنقاط الاتية :

١- يهدف علم الاجتماع القانوني الى ربط الظاهرة الاجتماعية الانسانية بالظاهرة القانونية والشرعية . وهذا الربط يفسر الظاهرة الاجتماعية بتبريرات وحجج قانونية وشرعية ، ويفسر ـ الظاهرة القانونية والشرعية باطر اجتماعية وانسانية على درجة عالية من العلمية والمصداقية [٢٤].

٢- يهدف علم الاجتماع القانوني الى توضيح المصادر الاجتماعية للقانون والتي هي الدين والقيم والعادات والتقاليد الاجتماعية والظروف والمعطيات الاقتصادية والاجتماعية التي يشهدها المجتمع، فضلاً عن طبيعة المرحلة الحضارية التاريخية التي يمر بها المجتمع [٢٥].

٣- يريد علم الاجتماع القانوني معرفة ماهية العوامل الاجتماعية المؤدية الى قوة وفاعلية القانون من جهة، والمؤدية الى ضعفه وتفتيته وتداعياته .

٤- يهدف علم الاجتماع القانوني الى التعرف على طبيعة الاثار الاجتماعية التي يتركها الاجتماع القانوني والتشريع القانوني على المجتمع والبناء الاجتماعي [٢٦].

٥- يهدف علم الاجتماع القانوني الى معرفة الاسس او المبررات التي تستند عليها قوة القانون وشرعيته، وهذه الاسس والمبررات قد تكون دينية لاهوتية او دستورية او كرزماتية او مبررات الصالح العام والمصلحة الجماعية او مبررات قوة العادات والتقاليد الاجتماعية .

٦- يهدف علم الاجتماع القانوني الى تثبيت الحدود العلمية بين علم الاجتماع القانوني والقانون من جهة وبين علم الاجتماع وعلم الاجتماع القانوني من جهة

أخرى . فضلاً عن تحديد الحدود العلمية بين علم الاجتماع القانوني والعلوم الاجتماعية الاخرى كالتاريخ والدين والانثروبولوجيا واللغة والادب والاقتصاد والشريعة ... الخ .

٧- يهدف علم الاجتماع القانوني الى زيادة وتراكم النظريات والقوانين العلمية الداخلة في مجال العلم لكي يتمكن العلم من تفسير وتحليل جميع الظواهر الاجتماعية والقانونية على نحو علمي ودقيق [٢٧] .

٨- يهدف علم الاجتماع القانوني الى زيادة عدد باحثيه ورجاله واساتذته وعلمائه لكي يتمكن العلم من زيادة عدد بحوثه ودراساته العلمية والنظرية والتطبيقية في محاولة منه لزيادة عدد بحوثه ودراساته كيما تتكامل نظرياته وقوانينه ويصبح قادراً على تحليل وتفسير جميع الظواهر الاجتماعية والقانونية التي يهتم بدراستها [٢٨] .

٩- يهدف العلم الى تحسين الطرق البحثية التي يعتمدها علم الاجتماع القانوني لكي يستطيع جمع بياناته وتصنيفها وتحليلها وتنظيرها على نحو علمي هادف.

١٠- يهدف علم الاجتماع القانوني الى تأسيس الاقسام العلمية في اجتماع القانون في المعاهد والكليات والجامعات في العالم لكي تستطيع هذه المؤسسات تخريج الكوادر والملاكات العلمية في ميدان علم الاجتماع القانوني ولكي تتولى مهمة نشر الكتب والمصادر والابحاث العلمية في هذا الحقل الدراسي المهم .

المبحث الخامس : مشكلات علم الاجتماع القانوني

يعاني علم الاجتماع القانوني كاي فرع آخر من فروع علم الاجتماع كعلم الاجتماع السياسي وعلم الاجتماع الاقتصادي وعلم الاجتماع الديني وعلم اجتماع المعرفة وعلم الاجتماع الصناعي من العديد من المشكلات والتحديات التي تعيق مسيرته العلمية وتقدمه ونضوجه وقدرته على تحليل وتفسير الظواهر الاجتماعية والقانونية التي يتعامل معها. ولا يمكن حل مشكلات علم الاجتماع القانوني دون تعاون اساتذته ورجاله واختصاصيه فيما بينهم لتذليل الصعوبات والمعوقات التي تحول دون تقدمه ونضوجه وتنميته في المجالات كافة .

ان مشكلات علم الاجتماع القانوني انما هي مشكلات كثيرة ومتفرعة بعضها يتعلق بمناهجه الدراسية وبعضها الاخر يتعلق بأساليب عمله النظرية والتطبيقية والقسم الآخر منها يتعلق بمنزلته العلمية واستقلاليته عن كل من القانون وعلم الاجتماع القانوني ، ومشكلات الاجتماع القانوني يمكن درجها بالنقاط الآتية :

١- صعوبة تثبيت الحدود العلمية بين علم الاجتماع القانوني وعلم الاجتماع من جهة وبين علم الاجتماع القانوني والقانون من جهة اخرى. فموضوعات علم الاجتماع القانوني كالقانون والسلطة والقيم والعادات والتقاليد ووسائل الضبط الاجتماعي الداخلية منها والخارجية وشرعية القوانين ودور العوامل الاجتماعية المؤثرة فيها مع الجذور الاجتماعية للقانون واثر القانون في المجتمع والبناء الاجتماعي والقانون والتغير الاجتماعي هي موضوعات عائمة يمكن ان يدعيها المختص في علم الاجتماع او يدعيها المختص في القانون . وعدم تثبيت الحدود العلمية بين هذه العلوم الثلاثة تشكل مشكلات خطيرة لعلم الاجتماع القانوني تعيق تقدمه ويمنع نضوجه وتكامله كعلم مستقل قائم بحد ذاته [٣٠] .

٢- حساسية الموضوعات التي يدرسها علم الاجتماع القانوني، وهذه الحساسية تجعل عالم الاجتماع القانوني لا يستطيع دراسة موضوعاته بحرية وشفافية

تامة، الامر الذي يمنع تقدم العلم ويحول دون نيله المنزلة العلمية المحترمة التي يطمح ببلوغها والتمتع بها (٣١) . فضلاً عن ان هناك مؤسسات مهمة وحساسة كالمحاكم والسلطات الشرعية والقضائية والمجالس التشريعية تمنع عالم الاجتماع من دخول هذه المؤسسات ودراستها بحرية تامة او تمنع منحه المعلومات والوثائق والمستمسكات التي يحتاجها في ابحاثه ودراساته العلمية التي يحتاجها عن الاجتماع القانوني . وحالة كهذه لا بد ان تحول دون تقدم العلم ونموه .

٣-   قلة عدد المتخصصين والباحثين والعلماء والاساتذة في ميدان علم الاجتماع القانوني بسبب صعوبة الموضوع وحساسيته وعلاقته بالقوانين والمحاكم والقضاء، مع قلة الحوافز والامتيازات المادية والمعنوية التي تمنح للعاملين في مجاله (٣٢) . علماً بان ندرة وشحة الاختصاصيين والعلماء في هذا المجال تؤثر سلباً في عدد الابحاث والدراسات والكتب والمجلات التي تنشر حوله . الامر الذي يسبب محدودية الموضوع وضيق أفقه الدراسية وصعوبة قدرته على التقدم والتطور .

٤-   قلة المصادر والابحاث والكتب والمجلات والادبيات المتعلقة بعلم الاجتماع القانوني . ومثل هذه القلة تعني شحة نظرياته وقوانينه العلمية وعدم تكاملها وعجزها عن تفسير العديد من الظواهر الاجتماعية والقانونية التي تتخصص بها (٣٣) . فهناك مصادر كثيرة في علم الاجتماع وهناك مصادر كثيرة في القانون ولكن المصادر والادبيات في حقل علم الاجتماع القانوني قليلة ونادرة ويمكن ان تكون على عدد اصابع اليد . وهذا ما يدل دلالة واضحة على ان علم الاجتماع القانوني هو علم حديث وفتي لم يتيسر له الوقت الكافي الى بناء نظرياته وتراكمها وتكاملها .

٥-   قلة او ندرة الاقسام العلمية في المعاهد والكليات والجامعات التي تتولى مهمة تدريب وتخريج الكوادر والملاكات العلمية في مجال علم الاجتماع القانوني . فالكليات والجامعات التي توجد فيها اقسام مستقلة بالاجتماع القانوني هي قليلة ومحدودة . ففي الولايات المتحدة الامريكية هناك سبع جامعات فيها اقسام متخصصة في الاجتماع القانوني ، وفي بريطانيا هناك اربع جامعات فيها اقسام متخصصة في الاجتماع القانوني ، وفي المانيا هناك ثلاث جامعات تمنح شهادات في الاجتماع القانوني . أما في فرنسا فتوجد ست كليات وجامعات تمنح شهادات عليا في حقل الاجتماع القانوني . أما في هنكاريا او المجر فتوجد ثلاث معاهد وجامعات تمنح شهادات الدكتوراه بحقل علم الاجتماع القانوني .

٦- عدم تحرر الكثير من المختصين في الاجتماع القانوني من مشكلة فصل الحقائق عـن القيم اذ ان هناك العديد من علماء الاجتماع القانوني لا يتقيدون بالحقائق الاجتماعيةــ القانونيـة ، التي يتعاملون معها بل يـدخلون في عالم الاهواء والنزعات الفردية واصـدار الاحكـام القيميـة عـن الحقائق الاجتماعية القانونية التي يكتبون عنها [٣٤] . وهذا ما يسيء الى كتاباتهم العلمية ويفسد الحقائق التي يحاولون سردها. وهنا يدخل الاجتماع القانوني عنـد هـؤلاء الكتّـاب والمفكرين في عالم الاهواء والشهوات والنزعات والقيم التـي تبعـد العلـم عـن الموضوعية والعلميـة والحيـاد الادبي .

٧- من المشكلات الخطيرة التي ينزلق فيها علماء الاجتماع القانوني انهـم يتجهون نحـو التخصص الاولي او الاصلي الذي انحدروا منه. فاذا كان عالم الاجتماع القانوني ينحدر من تخصص الاجتماع فان كتاباته في الاجتماع القانوني تميل وتتحيز الى الاجتماع ولا توازن بـين الاجتماع والقانون بـل تعطي الافضلية الى الاجتماع ضد القانون [٣٥]. أما اذا كان التخصص الذي ينحدر منه عالم الاجتماع القانوني هو القانون فان كتاباته تميل نحو القانون وضد الاجتماع، أي انه يعطـي الاهميـة في التفسير والتعليل الى القانون اكثر ممـا يعطيها الى الاجتماع . وهـذا مـا يعرض علم الاجتماع القانوني الى مشكلة التشويه والتحيز واللاموضوعية .

مصادر الفصل الاول

(١) Cedrics,H. Rise and Development of Sociology of Law, Strand Press, Glasgow, ١٩٩٧,P. ١٢.

(٢) Ibid., P. ١٨.

(٣) Barrows, R. Principles of the Sociology of Law, Half, Crescent Press, London, ١٩٩٢.P. ٤.

(٤) Cedrics, H. Rise and Development of Sociology of law, P.١٥.

(٥) عبد الله محمد(الدكتور) وآخـرون. علـم الاجـتماع القـانوني والسـياسي، دار المعـارف، القـاهرة ، ١٩٨٦، الطبعة الثالثة، ص ١٧.

(٦) Gurvitch, George. Sociology of Law, London, Routledge and Kegan Paul, ١٩٨١,P. ٢٣.

(٧) Allan, M. Forces Influencing the Rise of Sociology of Law, New York , Hastings Press, ١٩٩٩, P.١١.

(٨) Ibid., P. ٢٠.

(٩) Ibid., P. ٢٤.

(١٠) Gurvitch, G. Sociology of Law, P. ٧.

(١١) Kulcsar,K. Socology of Law in Socialist Countries, Allami Kiado, Budapest , ١٩٩٠,P. ٦.

(١٢) Timasheff,N. Sociology of law , New York, John Wiley, ١٩٨٢, P.٢٥.

(١٣) Ibid., P. ١٦.

(١٤) Ibid., P.٢٠.

(١٥) Ibid., P.٢٢.

(١٦) Ibid., P.٣٤.

(١٧) Barnes, C. Sociology of Law :Theories and Perspectives, London,Allans Press, ٢٠٠٠,P. ١٠.

(١٨) Ibid., P.١٤.

(١٩)   الحسن، احسان محمد(الدكتور). علم الاجتماع السياسي، الموصل، ١٩٨٤، ص ١٢.

(٢٠)   المصدر السابق، ص ١٣.

(٢١)   المصدرالسابق، ص ١٤.

(٢٢)   المصدر السابق، ص ١٣-١٤.

(٢٣)   المصدر السابق، ص ١٥.

(٢٤)   Loomis, H. Methodology of the Sociology of Law , New York,John Wilet and Sons, ١٩٩٥, P.٩.

(٢٥)   Ibid., P.١١.

(٢٦)   Ibid., P.١٩.

(٢٧)   Ibid.,P. ٢٠.

(٢٨)   Ibid., P.٢٢.

(٢٩)   Handle, K. Major Problems of the Sociology of law ,London, Alfred Press, ١٩٩٤,P. ١٦.

(٣٠)   Ibid., P.١٧.

(٣١)   Ibid.,P. ١٩.

(٣٢)   Ibid., P.٢٦.

(٣٣)   Ibid., PP. ٢٥-٢٦.

(٣٤)   ابو الغار، ابراهيم(الدكتور) . علم الاجتماع القانوني والضبط الاجتماعي ، مكتبة نهضة الشرق – جامعة القاهرة ، ١٩٨٤، ص١٤.

(٣٥)   Barnes ,C. Sociology of law :Theories and Perspectives, P.٣.

الفصل الثاني

ابعاد علم الاجتماع القانوني ومناهجه

مقدمة تمهيدية

يهتم هذا الفصل بمعالجة موضوعين اساسيين هما موضوع ابعاد علم الاجتماع القانوني أي الموضوعات التي يدرسها ويتخصص بها ويلقي الاضواء عليها. وموضوع آخر هو مناهج علم الاجتماع القانوني أي طرق البحث التي يعتمدها في جمع المعلومات والبيانات وتصنيفها وتحليلها وتنظيرها. علماً بان مناهج علم الاجتماع القانوني كثيرة ومعقدة لعل اهمها المنهج التاريخي والمنهج المقارن ومنهج المسح الميداني ومنهج الاستقراء والاستنباط [١]. علماً بان أي بحث في علم الاجتماع القانوني لا يعتمد على منهج بحثي واحد بل يعتمد على عدة مناهج دراسية في آن واحد [٢] كاعتماده على المنهج التاريخي والمنهج المقارن ومنهج المسح الميداني . وهذه المناهج الثلاثة تتعاون فيما بينها وتجمع المادة العلمية التي يحتاجها الباحث في بحثه العلمي في ميدان الاجتماع القانوني .

ان هذا الفصل يتكون من مبحثين رئيسيين هما ما يلي :

المبحث الاول: ابعاد علم الاجتماع القانوني .

المبحث الثاني: الطرق العلمية التي يستخدمها علم الاجتماع القانوني .

والآن علينا دراسة هذه المباحث مفصلاً .

المبحث الاول: أبعاد علم الاجتماع القانوني

ينطوي علم الاجتماع القانوني على عدة ابعاد علمية ومنهجية وتطبيقية لعل اهمها ما يلي :

١- ماهية علم الاجتماع القانوني وطبيعته العلمية واهدافه ومشكلاته وكيفية مواجهتها وتذليلها [٣]

٢- علاقة علم الاجتماع القانوني بالقانون من جهة وبعلم الاجتماع من جهة اخرى ، مع علاقة علم الاجتماع القانوني بالعلوم الاجتماعية الاخرى كعلم الاجرام والتاريخ والاقتصاد والانثروبولوجيا والادب والفلسفة والدين واللاهوت واللغات.

٣- المناهج الدراسية لعلم الاجتماع القانوني وبخاصة المنهج التاريخي والمنهج المقارن ومنهج المسح الميداني والمنهج الاستنتاجي او الاستقرائي والمنهج الاستنباطي ، ودور هـذه المنـاهج في جمع معلومات علم الاجتماع القانوني وتصنيفها وتحليلها وتنظيرها .

٤- النشأة التاريخية لعلم الاجتماع القانوني مع دراسة العوامل الموضوعية والذاتيـة المسـؤولة عـن ظهور العلم ونموه وتطوره عبر الاجيال والعصور [٤].

٥- القانون الطبيعي والقانون الوضعي والقانون الاجتماعـي. مفاهيـم هـذه القـوانين والفـوارق الاساسية بينها والعوامل الموضوعية والذاتية الداعية لظهور مثل هذه القوانين .

٦- القانون والمجتمع. ويتضمن هذا الموضوع دراسة العلاقة المتفاعلة بين القانون والمجتمع، ولمـاذا يطيع الناس القانون ويخضعون لنصوصه، مـع دراسـة المصـادر الاجتماعيـة للقـانون واخـيراً دور العوامل الاجتماعية في القانون وفاعليته .

٧- العلاقة بين القانون والقيم والاعراف والعادات والتقاليد مع دراسة الفوارق الرئيسية بينها [٥].

٨- دراسة مفصلة عن الاضافات التي قدمها علماء الاجتماع القانوني وعلى رأسهم الماوردي وابن تيمية وتوماس هوبز ومونتسيكيو واوكست كونت واميل دوركهايم وكارل ماركس وماكس فيبر وكارل منهايم وجبرائيل تارد وماركيز دي بيكاريا واخيراً جورج كيرفيج وآخرون .

٩- السلطة والدولة والقانون مع أشارة خاصة الى نظريات السلطة عند افلاطون وابن خلدون وكونت وتونيز وجورج زيمل (٦) .

١٠- التحول الاجتماعي بين قوة الاعراف والتقاليد وقوة القانون .

١١- دور نظم العدالة الجنائية في مكافحة الجريمة .

١٢- دور وسائل الضبط الاجتماعي في مواجهة السلوك الاجرامي (٧) .

١٣- تأثير الاسلام في النظم والقوانين الاجتماعية .

١٤- دور الاسلام في مكافحة الجريمة .

١٥- دور القانون في الضبط الاجتماعي .

١٦- القانون والدولة .

١٧- القانون والبيروقراطية .

١٨- القانون والمؤسسات الاجتماعية البنيوية .

١٩- القانون والسياسة .

٢٠- القانون والاقتصاد .

٢١- القانون والتربية والتعليم .

٢٢- القانون والاسرة والقرابة والزواج .

٢٣- القانون والعدالة والقضاء .

٢٤- القانون والمرأة .

٢٥- القانون والسكان والانفجار السكاني (٨) .

المبحث الثاني: الطرق العلمية التي يستخدمها علم الاجتماع القانوني

يستخدم علم الاجتماع القانوني عدة طرق منهجية لجمع المعلومات الخاصة بحقله العلمي وتصنيفها وتحليلها وتنظيرها. ولولا هذه الطرق المنهجية التي يستخدمها علم الاجتماع القانوني لما استطاع على النمو والتطور ولما كان قادراً على تفسير ظواهره الاجتماعية والقانونية . والطرق التي يستخدمها علم الاجتماع القانوني كثيرة ومتعددة لعل اهمها ما يلي :

١- الطريقة التاريخية (The Historical Method) .

٢- طريقة المقارنة (The Conparative Method) .

٣- طريقة المسح الميداني (Field Survey Method) .

٤- الطريقة الاستقرائية (Inductive Method) .

٥- الطريقة الاستنباطية (Deductive Method) .

والآن علينا دراسة هذه الطرق مفصلاً .

١- الطريقة التاريخية (TheHistorical Method)

لقد برز في المنهج التاريخي عدة علماء ومفكرين لعل اهمهم ابن خلدون وفيكو واوكست كونت وهربرت سبنسر وكارل ماركس ووليم كراهام سمنر واميل دوركهايم وهوبهوس وغيرهم من علماء الاجتماع التاريخيين [٩]. يعتقد المنهج التاريخي باننا لا نفهم ماضي المجتمع ولا ماضي المؤسسة ولا ماضي الظاهرة الاجتماعية دون دراسة حاضرها . ذلك ان الماضي يساعدنا على فهم الحاضر واستيعاب طبيعته الموضوعية والذاتية . وان فهمنا لكل من الماضي والحاضر يمكنا من قراءة مستقبل المجتمع او المؤسسة او الظاهرة ، ثم بعد ذلك نستطيع اشتقاق قوانين عامة تفسر مسيرة المجتمعات والمؤسسات والظواهر الاجتماعية التي يهتم عالم الاجتماع او عالم الاجتماع القانوني بدراستها وفهمها واستيعاب كافة جوانبها [١٠].

لقد استخدم علم الاجتماع القانوني المنهج التاريخي في دراسة طبيعة السلطة وتطورها من شكل الى شكل آخر، كذلك استخدم الاجتماع القانوني المنهج التاريخي في دراسة واقع وتطور القوانين الجزائية . فضلاً عن استخدام علم الاجتماع القانوني للمنهج التاريخي عند دراسة تطور وسائل الضبط الاجتماعي .

لقد درس ماكس فيبر تطور السلطة والقانون من سلطة وقانون يرتكز على الاعتبارات التقليدية التي تعتقد باهمية الماضي السحيق الى سلطة وقانون يرتكز على الاعتبارات العقلانية المحكومة بالدستور الذي يقره ويوافق عليه اغلبية ابناء الشعب ^(١١). فالقوانين تتحول من قوانين تقليدية قائمة على الاعراف والعادات والتقاليد والسوابق الى قوانين عقلانية قائمة على الدستور الذي يقره العقل والمنطق والبصيرة الثاقبة . كذلك تتحول السلطة كما يخبرنا ماكس فيبر من سلطة تقليدية الى سلطة عقلانية بمعنى آخر ان نظام الحكم يتحول من ملكي الى جمهوري . علماً بان دستور وقانون النظام الملكي يختلف كثيراً عن دستور وقانون النظام الجمهوري .

كذلك نلاحظ تحول طبيعة القوانين الجزائية التي تعاقب المجرم او المسيء، فهذه القوانين تتحول من قوانين تلقي اللوم والتأنيب على الشخص المجرم الذي ارتكب الجريمة وتعتبره مسؤولاً بصورة كلية عن الجريمة او الجرائم التي ارتكبها الى قوانين تحمل المجرم جزءاً من المسؤولية الجنائية وتحمل المجتمع والاسرة التي ينتمي اليها المجرم الجزء الآخرمن المسؤولية الجنائية ^(١٢).

كما ان المنهج التاريخي يساعدنا على فهم طبيعة وتطور قوانين الاحوال الشخصية لاسيما تلك المتعلقة بحقوق المرأة . فقوانين الاحوال الشخصية في العراق لم تمنح المرأة حق الاعتراض على الرجل الذي يطلب الزواج منها بل ان الرجل كان يفرض عليها وبخاصة اذا كان اهل المرأة موافقين عليه. كذلك لم تمنح قوانين الاحوال الشخصية الحرية للمرأة بتطليق زوجها اذا كان غير مرغوب فيه. ولكن في عقد السبعينات من القرن العشرين حدثت عدة تغييرات على قوانين الاحوال الشخصية ، قوانين تنصف حق المرأة وتزيل العديد من المظالم الاجتماعية التي كانت تتعرض لها.

فقد عدلت قوانين الاحوال الشخصية بطريقة تعطي الحق للمرأة برفض الرجل غير المناسب الذي يريد الزواج منها حتى ولو كان اهلها موافقين عليه، ومنحت قوانين الاحوال الشخصية المعدلة الحق للمرأة بتطليق زوجها إذا كان غير مناسب لها. وهكذا تتغير القوانين الاجتماعية وفقاً للظروف والمعطيات والمشكلات التي يشهدها المجتمع . فاذا تغيرت الاوضاع الاقتصادية والاجتماعية والسياسية فان قوانين المجتمع لا بد ان تتغير لكي تتناسب مع الظروف والاوضاع المتغيرة [١٣].

٢- **المنهج المقارن (Comparative Method)**

يعتقد المنهج المقارن بان الظاهرة الاجتماعية او المجتمع او المؤسسة لا يمكن فهمها واستيعابها دون مقارنتها ببقية الظواهر والمجتمعات والمؤسسات . وبعد المقارنة نستطيع التوصل الى قوانين عامة تفسر طبيعة الظاهرة الاجتماعية او الاجتماعية القانونية التي نريد دراستها وتحليلها. والمقارنة بين الظواهر والمؤسسات تكون في دول ومجتمعات متعددة في نقطة زمنية واحدة او تكون في مجتمع واحد او مؤسسة واحدة ولكن عبر قنوات او حقب زمنية مختلفة [١٤].

وقد اعتمد المنهج المقارن العديد من المفكرين والعلماء امثال ارسطو وابن خلدون ومونتسيكيو واوكست كونت وهربرت سبنسر وباريتو وماركس وكارل منهايم والامام ابو حامد الغزالي والجاحظ والكندي .

استخدم العديد من علماء الاجتماع القانوني امثال جورج كيرفيج ونيقولا تيماشيف وكارل منهايم وهوبهوس المنهج المقارن في دراساتهم العلمية القانونية. فشرعية السلطة بنظر هوبهوس قد تحولت من شرعية قائمة على روابط القرابة الى شرعية قائمة على روابط العشيرة الى شرعية قائمة على روابط المواطنة [١٥].

فضلاً عن ان شرعية السلطة تختلف من قطر الى قطر آخر فشرعية السلطة في بريطانيا تعتمد على قوة العادات والتقاليد وفي العراق تكون قائمة على الدستور والقوانين وفي المانيا النازية تكون قائمة على الاعتبارات الكرزماتيكية وفي امريكا تكون قائمة على قوة الدستور ...الخ [١٦].

ويساعدنا المنهج المقارنم في فهم طبيعة وسائل الضبط الاجتماعي التي تعتمدها المجتمعات في مواجهة ممارسات الانحراف والجنوح والجريمة، فوسائل الضبط الاجتماعي في المجتمعات القبلية والعشائرية والمتخلفة تكمن في الاعراف والعادات والتقاليد الاجتماعية والسوابق ، بينما تكمن وسائل الضبط الاجتماعي في المجتمعات المتقدمة والمتطورة في القوانين والمحاكم وقوات الشرطة والامن والدين والتشريعات الاجتماعية . بمعنى آخر ان وسائل الضبط الاجتماعي في المجتمعات المتقدمة تكون موضوعية او خارجية، بينما تكون هذه الوسائل في المجتمعات المتخلفة والبسيطة داخلية .

وهكذا تختلف القوانين الاجتماعية باختلاف المجتمعات من حيث درجة تقدمها الحضاري التاريخي ونضجها الاجتماعي . فالقوانين تكون ديمقراطية وعلمية وعقلانية في المجتمعات المتقدمة والراقية ، بينما تكون سلطوية وضيقة الافق ومتخلفة في المجتمعات القروية والريفية والبدوية البسيطة [١٧] .

٣- **منهج المسح الميداني (Field Survey Method)**

يستخدم علم الاجتماع القانوني منهج المسح الميداني في جمع المعلومات الحقلية التي يريد العالم معرفتها نظراً لقلة او انعدام الادبيات والحقائق حولها. فقد يريد الباحث المختص في علم الاجتماع القانوني معرفة ماهية العوامل الاجتماعية المساعدة على قوة القانون وفاعليته او المساعدة على ضعف القانون وارتباكه وتهرب الافراد والجماعات من اطاعة مفرداته ومواده والالتزام بها . ومنهج المسح الميداني يعتمد على سبع مراحل اساسية هي ما يلي :

أ- تحديد موضوع البحث المزمع القيام به وابراز اهم مشكلة يعالجها او يهتم بها البحث .

ب- تصميم العينة التي يختارها الباحث من حيث طبيعتها وحجمها ومكان اختيار وحداتها .

جـ - تصميم الاستمارة الاستبيانية او اداة البحث التي هي الواسطة التي تجمع بين الباحث والمبحوث .

د - اجراء المقابلات الميدانية الرسمية منها وغير الرسمية .

هـ - تبويب البيانات الميدانية.

و - اجراء عملية التحليل الاحصائي .

ز - كتابة البحث او التقرير او الاطروحة التي تتضمن النتائج النهائية للبحث [١٨] .

والآن علينا شرح هذه الخطوات بشيء من التفصيل والتحليل .

أ- **تحديد موضوع البحث او مشكلة البحث التي يريد المختص في الاجتماع القانوني دراستها**

ان اول خطوة يقوم بها الباحث الاجتماعي تحديد موضوع البحث الذي يريد دراسته مع ذكر اهدافه واهميته النظرية والتطبيقية . وعالم الاجتماع القانوني قد يختار بحث ماهية العوامل الاجتماعية التي تساعد في قوة القانون وفاعليته. وبعد اختيار الموضوع عليه ذكر اسباب الاختيار وتحديد الموازنة بين تكاليف او مدخلات البحث وارباحه او مخرجاته. فاذا كانت المخرجات اكثر من المدخلات فان من صالح الباحث الشروع بالبحث الذي يريد القيام به [١٩] .

وبعد تحديد الموضوع عليه قراءة الادبيات والدراسات السابقة المشابهة لموضوع البحث الحالي . مع استشارة الخبراء والمختصين وأخذ آرائهم حول البحث وابعاده ومحتوياته والمناهج التي يعتمدها والنظرية التي يستعملها في تفسير البحث وتحديد هويته العلمية وفائدته العلمية في تطوير المجتمع او مؤسساته في جانب من الجوانب التي يهتم بها الباحث او العالم [٢٠] .

يدور تصميم عينة البحث حول ثلاث نقاط رئيسية هي :

١- تحديد طبيعة العينة التي يختارها الباحث، فهل هي عينة عمدية أم عشوائية، واذا كانت عشوائية فهل هي عينة عشوائية بسيطة ام عينة عشوائية طبقية ام عينة عشوائية ذات مراحل متعددة ام عينة عنقودية او عينة ذات اوجه متعددة. علماً بان تحديد طبيعة عينة البحث يعتمد على البحث نفسه من حيث سعته واهميته والشرائح الاجتماعية التي يدرسها .

٢- اختيار حجم العينة ، فالعينة قد تكون صغيرة او متوسطة او كبيرة اعتماداً على عامل الوقت والاموال والباحثين المساعدين للباحث ودقة المعلومات التي يتوخاها الباحث من بحثه العلمي. فالعينة الصغيرة هي التي يتراوح حجمها بين ٥٠-١٥٠ وحدة ، والعينة المتوسطة هي العينة التي يتراوح حجمها بين ١٥٠-٣٠٠ وحدة، والعينة الكبيرة هي العينة التي يزيد حجمها على ٣٠٠ وحدة الى حد ١٠٠٠ وحدة .

٣- المنطقة الجغرافية التي ينحصر فيها البحث ، فالبحث قد يقع في منطقة او منطقتين او اكثر اعتماداً على طبيعة العينة التي يختارها الباحث العلمي (٢١) .

جـ- تصميم الاستمارة الاستبيانية

الاستمارة الاستبيانية هي من اهم ادوات البحث فهي الواسطة التي تجمع الباحث بالمبحوث . والاستمارة عادة تتكون من ثلاثة اقسام هي القسم الاول الذي يحمل عنوان البحث واسم جهة البحث وتاريخ اجراء البحث واسم الباحث او الباحثين والمنطقة الجغرافية التي يقع فيها البحث . أما القسم الثاني من الاستمارة الاستبيانية فيحتوي على المعلومات الاساسية التي تدور حول الجنس والعمر والمهنة وعائدية السكن وترتيبات السكن والتحصيل العلمي والدخل والخلفية الاجتماعية والحالة الزوجية والموطن الاصلي للمبحوث (ريف او حضر) (٢٢) .

في حين يتعلق القسم الثالث من الاستمارة الاستبيانية بالبيانات او المعلومات الاختصاصية التي تدور حول موضوع البحث. والاسئلة ينبغي ان تكون قصيرة وقليلة العدد وواضحة وخالية من المصطلحات الفنية . اضافة الى كونها متعلقة بموضوع

البحث ولا تخرج عن نطاقه . علماً بان الاسئلة قد تكون اسئلة حقائق او اسئلة قيم ، او قد تكون اسئلة مفتوحة او اسئلة مغلقة . فالاسئلة المغلقة هي الاسئلة التي يحدد الباحث خيارات اجاباتها مقدماً . بينما الاسئلة المفتوحة هي الاسئلة التي يجيب عليها المبحوث كما يريد او يشاء[٢٣] .

د- المقابلات الميدانية

المقابلة الميدانية هي اللقاء الذي يتم بين الباحث والمبحوث، فالباحث هو الذي يحصل على البيانات او المعلومات عن طريق الاستبيان والمقابلة . والمبحوث هو الذي يزود الباحث بالبيانات المطلوبة . لذا فالمقابلة هي عملية اجتماعية تحدث بين الباحث الذي يحصل على المعلومات والمبحوث الذي يعطي او يزود المعلومات. علماً بان المقابلات تقسم الى قسمين اساسيين هما المقابلات الرسمية التي يستعمل فيها الباحث استمارة الاستبيان والمقابلة غير الرسمية التي لا يستعمل فيها الباحث الاستمارة الاستبيانية بل تكون لديه مجموعة من الاسئلة الشفهية التي يطرحها على المبحوث[٢٤] .

وعلى الباحث في المقابلة الرسمية ان يتقيد بالاسئلة الاستبيانية وان لا يعلق على الاسئلة بطريقة تقود المبحوث الى اعطاء معلومات لا يريد الادلاء بها. كما ان المقابل او الباحث في المقابلة الميدانية ينبغي ان يكون مهنياً مع المبحوث عند مقابلته أي لا يتدخل بشؤونه الشخصية ولا يفرض عليه الشروط والاوامر والتوجيهات التي تجعل المبحوث يرفض تزويد الباحث بالمعلومات التي يريدها عن العوامل الاجتماعية المساعدة في قوة القانون وفاعليته، كما ينبغي ان لا تكون المقابلة طويلة لان ذلك يجلب السأم والملل والضجر عند المبحوث .

هـ - تبويب البيانات الميدانية

بعد رجوع استمارات الاستبيان الى دائرة البحث مملوءة بالمعلومات التي يريدها الباحث تبدأ عملية تبويب المعلومات والتي تكون بثلاث مراحل رئيسية هي ما يلي :

١- تدقيق البيانات وتجبيكها (Editing) وذلك من خلال التأكد بان لكل سؤال جواب وان المبحوث قد اجاب على جميع الاسئلة الاستبيانية وان اجاباته تتسم

بالدقة والمصداقية والاتساقية اذ لا يوجد تناقض بين جواب لسؤال وجواب لسؤال آخر [٢٥] .

٢- الترميز (Coding وهو عملية تحويل الاجابات التي يدلي بها المبحوث الى رموز او ارقام لكي يصار الى عدها واحصائها بسهولة تامة. والترميز الذي يحول الاجابات الى ارقام او بيانات كمية يسهل عملية تكوين الجداول الاحصائية[٢٦] .

٣- جدولة البيانات او تكوين الجداول الاحصائية . بعد ترميز الاجابات يبدأ الباحث بتكوين الجداول الاحصائية التي تكون في البداية جداول بسيطة ثم يحولها الى جداول مركبة او معقدة عن طريق المزاوجة او الربط بين العوامل والمتغيرات الكمية. علماً بان لكل جدول رقمه وعنوانه الذي يفصح عن محتواه .

و- عملية التحليل الاحصائي

بعد تكوين الجداول الاحصائية يقوم الباحث بتحليلها احصائياً أي تفسيرها عن طريق استخلاص النتائج الاحصائية منها باستعمال مقاييس الوسط الحسابي والوسيط والربيع الاسفل والربيع الاعلى والانحراف الربيعي والتشتت والانحراف المعياري والنسب المئوية [٢٧].اضافة الى اجراء قياسات الترابط البسيط والمزدوج والتوافقي واجراء قياسات الانحدار الجزئي والكلي . كذلك القيام بالاختبارات الاحصائية كاختبارات مربع كاي ١× ٢ ، ٢×٢، ٣×٣ ٠٠٠ الخ لاختبار اهمية الفرق المعنوي بين العوامل والمتغيرات التي يتعامل معها الباحث العلمي، مع اجراء الاختبارات التائية كاختبار ت لعينة واحدة واختبار ت لعينتين مستقلتين واختبار ت لعينتين متصلتين [٢٨] .

وبعد الانتهاء من استهمال ادوات التحليل الاحصائي يخلص الباحث الى جمع نتائجه الاحصائية عن بحث دور العوامل الاجتماعية في قوة القانون وفاعليته كبحث في اختصاص علم الاجتماع القانوني .

ز- **كتابة البحث او التقرير او الاطروحة**

بعد توصل الباحث الى النتائج الاحصائية لبحثه الميداني ومعرفة ماهية ودرجة فاعلية كل عامل اجتماعي من العوامل المؤثرة في قوة القانون وفاعليته يقوم الباحث بكتابة بحثه عن طريق تقسيمه الى فصول ومباحث، كل فصل يتطرق الى عامل محدد من العوامل المؤثرة في قوة القانون كعامل عدالة القانون المشرع وعدالة رجال القانون في السلطة القضائية واشتقاق القانون من الواقع الاجتماعي والاقتصادي والثقافي للمجتمع وقوة السلطة السياسية ودعمها من قبل الجماهير وعدم وجود قوى وتيارات معارضة للقانون وخدمة القانون المشرع لمصالح واغراض ابناء المجتمع والتناغم والانسجام بين طبيعة القانون المشرع وروح العصر الذي يعيشه او يشهده المجتمع [٢٩] ... الخ .

وعند اكمال كتابة فصول العوامل المؤثرة في القانون يتوصل الباحث الى مشكلات وثغرات القانون الجديد لكي يصار الى معالجتها في فصل التوصيات .

٤- **المنهج الاستنتاجي او الاستقرائي (Inductive Method)**

الاستنتاج او الاستقراء (Induction) في علم الاجتماع القانوني هو منهج علمي يعتقد بتشخيص ماهية العناصر او الاجزاء التي تؤثر في الظاهرة الكلية التي يريد العالم او الباحث دراستها، أي منهج يبدأ من الجزء وينتهي بالكل الذي ينطوي على العناصر الجزئية للظاهرة الكلية التي يروم الباحث دراستها وتحليلها [٣٠] . لذا فالاستقراء او الاستنتاج يبدأ بالجزء وينتهي بالكل.

فقد تكون الظاهرة الكلية التي يريد دراستها وقراءتها الباحث او العالم احترام القانون وشرعيته في المجتمع . هنا ينبغي على العالم معرفة العوامل او العناصر المفضية الى احترام القانون . علماً بان المنهج الاستقرائي او الاستنتاجي في علم الاجتماع القانوني هومنهج قبلي [٢٦]،أي يدرس الظاهرة ، ظاهرة احترام القانون وشرعيته، قبل حدوثه . بمعنى آخر هل العوامل الاجتماعية الموجودة في المجتمع تساعد على احترام القانون وتثبيت شرعيته ام لا ؟ فاذا كان المجتمع يعاني من مشكلات تتعلق بطبيعة

القانون المشرع، وطبيعة الافراد، وظروف ومعطيات المجتمع، درجة الانسجام والتناغم بين القانون المشرع والمرحلة الحضارية التاريخية التي يمر بها المجتمع، أي القانون لا يخدم مصالح اغلبية الافراد ، وان الافراد منقسمون على انفسهم لانهم ينتمون الى احزاب وقوى وتيارات سياسية متناقضة، وان المجتمع يعاني من ظروف الاحتلال والفقر والجهل والتشرذم، وان المرحلة الحضارية التاريخية النى يمر بها المجتمع متطورة على القانون المشرع فان القانون يقيناً لا يحظى بالاحترام ولا يتمتع بالشرعية، بل يكون مرفوضاً وضعيفاً ولا يمكن ان يحكم الافراد ويؤثر في ممارساتهم وتفاعلاتهم الاجتماعية اليومية والتفصيلية .

والعكس هو الصحيح اذا كانت العوامل الاجتماعية التي يشهدها المجتمع تتجاوب مع القانون وتناصره وتعزز مفرداته والجهة التي شرعته . وهكذا نلاحظ بان حضور العناصر المفردة لاحترام القانون وشرعيته هي التي تساعد على نجاحه واستقراره في المجتمع .

٥- **المنهج الاستنباطي (Deductive Method)**

الاستنباط في علم الاجتماع القانوني (Deduction) هو منهج علمي يعتقد بتحليل الظاهرة الكلية الى عناصرها الجزئية الاولية التي يتكون منها، أي انه منهج يبدأ من الكل (Whole) وينتهي بالجزء او الافراد (Parts) التي يتكون منها الكل[٣٢] . لذا فالاستنباط هو منهج بحث يستعمله علم الاجتماع القانوني يبدأ بتناول الظاهرة الكلية " كضعف شرعية القانون" ويحللها الى عناصرها او مفرداتها الاولية التي لا تدفع الافراد الى احترام القانون وتنفيذه كما هو .

ان المنهج الاستنباطي هو منهج بعدي أي يحلل ظاهرة ضعف شرعية القانون وعدم الاعتراف بها بعد وقوع الظاهرة وانتشارها في اجزاء المجتمع[٣٣] . فلو فرضنا بان القانون في المجتمع العراقي لا يحظى بالشرعية ولا يتمتع بالاحترام والتقدير فما هي العوامل والقوى المسؤولة عن هذه الحقيقة؟ الجواب على هذا السؤال انه قد تكون هناك عدة عوامل وقوى مسؤولة عن ذلك . وهذه العوامل والقوى هي ما يلي :

١- القانون المشرع او القوانين المشرعة الجديدة لا تتجاوب مع مصالح وأماني وطموحات اكثرية ابناء المجتمع .

٢- ضعف السلطة والهيئات القانونية التي تطبق القانون وتفسره وتجتهد به.

٣- ضعف اجهزة العدالة الجنائية وبخاصة الشرطة الجنائية في اسناد القانون ووضعه موضع التنفيذ مع ضعف سلطة القضاة في تطبيق القانون على الحالات التي تمر امامهم .

٤- انقسام وتشرذم المجتمع الى عدد من الطوائف والملل والاحزاب والقوى والتيارات السياسية المتناقضة ، الامر الذي ينتج عن ذلك ضعف السلطة وتقويض اسسها ومرتكزاتها الجوهرية .

٥- تقاطع القانون مع الظروف والمعطيات الاقتصادية والاجتماعية والثقافية التي يعشها المجتمع بقطاعاته الفئوية والطبقية المختلفة .

٦- عدم تناغم وانسجام القانون المشرع او القوانين المشرعة الجديدة مع طبيعة المرحلة الحضارية التاريخية التي يمر بها المجتمع .

ان جميع هذه الاسباب الموضوعية تفسر ضعف شرعية القانون وعدم استعداد الجماهير على الركون اليه كوسيلة لحل المشكلات والنزاعات التي تحدث بين افرادها وجماعاتها واطيافها .

مصادر الفصل الثاني

(١)   March, T.O. Method and Problems of Sociology of Law , New York, Half- Crescent Press, ٢٠٠٠,P. ٩.

(٢)   Ibid., P.١٣.

(٣)   Wilson, W.M. Scope and Method of the Sciology of Law ,London, Sunny Press, ١٩٩٧,P. ٨.

(٤)   Ibid.,P. ٢٠.

(٥)   Ibid.,P. ٤٣.

(٦)   Ibid., P.٦١.

(٧)   الحسن، احسان محمد(الدكتور). علم الاجرام ، مطبعة الحضارة، بغداد، ٢٠٠١، ص ٢٤٦.

(٨)   الراوي، منصور(الدكتور). سكان الوطن العربي ، بغداد، بيت الحكمة ٢٠٠٢، ص ١٧٣.

(٩)   الحسن، احسان محمد(الدكتور). مناهج البحث الاجتماعي ، بغداد، ٢٠٠٤، ص ٧٤.

(١٠)   Loomis, H. Methodology of thw Sciology of Law , New YorkK John Wiley and Sons, ١٩٩٥,P. ١٩.

(١١)   Ibid.P. ٢٤.

(١٢)   Marx, Karl, CapitalmVol. ١١١, Moscow, Pragress Publishers, ١٩٩١,P. ٨١٠.

(١٣)   Ibid.,P. ١٥٤.

(١٤)   السالم، فيصل(الدكتور). والدكتور توفيق فرح، قاموس التحليل الاجتماعي، بـيروت، دار المثلـث، ١٩٨٠، ص ٤٢.

(١٥)   Hobhouse, L.T. Social Development, London, Kegan Paul, ١٩٧٣,P. ٦٦.

(١٦)   الحسن، احسان محمد (الدكتور). علم الاجتماع السياسي ، الموصل، مطابع جامعة الموصل ،
        ١٩٨٤، ص ١٣٨.

(١٧)   Kelley,H. Law and Society, London , Longman, ١٩٨٦,P. ١٢.

(١٨)   Moser, C.A. Survey Methods in Social Investigation, London, Routledge and Kegan Paul,
        ١٩٨٣, P. ٣٠١.

(١٩)   Ibid.,P. ٤.

(٢٠)   Ibid.,P. ٤-٥.

(٢١)   الحسن، احسان محمد (الدكتور). الاسس العلمية لمناهج البحث الاجتماعي، دار الطليعة ،
        بيروت، ١٩٨٦, ص ٤٩.

(٢٢)   المصدر السابقن ص ٦٧.

(٢٣)   Handbook of Household Surveys,United Nations, New York, ١٩٩٤,P. ١٣٤.

(٢٤)   Moser, C.A. Survey Methods in Social Investigation,P. ١٨٥.

(٢٥)   Ibid.,P. ٢٦٩.

(٢٦)   Ibid.,P. ٢٧٢.

(٢٧)   Spiegel, Murray,Theory and Problems of Statictics, New York, Schuman, ١٩٨٥,P. ٨٩.

(٢٨)   Ibid.,PP. ٢٥٠-٢٥٥.

(٢٩)   Ibid.,P. ٣٠٢.

(٣٠)   السالم، فيصل (الدكتور). والدكتور توفيق فرح، قاموس التحليل الاجتماعي، ص ٩٦.

(٣١)   المصدر السابق، ص ٩٧.

(٣٢)   المصدر السابق، ص ٥٥.

(٣٣)   المصدر السابق، ص ٥٦.

الفصل الثالث

علاقة علم الاجتماع القانوني بالقانون العام وعلم الاجتماع

مقدمة تمهيدية

استقل علم الاجتماع القانوني عن علم الاجتماع والقانون في النصف الاول من القرن العشرين وبخاصة بعد الحرب العالمية الثانية [1]. وان استقلالية العلم الجديد كانت ترجع الى عدة عوامل اساسية في مقدمتها تمازج الظاهرة الاجتماعية بالظاهرة القانونية مع دراسة الخلفية الاجتماعية للقانون وأثر القانون في المجتمع والبناء الاجتماعي، مع دراسة المردودات الاجتماعية للقانون ودور العوامل الاجتماعية في شرعية القانون وقوته والتزام الافراد والجماعات بمواده ونصوصه ومفرداته [2]. فضلاً عن فشل كل من القانون وعلم الاجتماع بدراسة الظاهرة القانونية دراسة اجتماعية وتبيان طبيعة التاثير المتبادل والعلاقة المتفاعلة بين ما هو قانوني وما هو اجتماعي .

وبالرغم من استقلالية علم الاجتماع القانوني عن القانون وعلم الاجتماع فان هناك ثمة صلة قوية بين العلوم الثلاثة لاسيما بين علم الاجتماع القانوني والقانون وبين علم الاجتماع القانوني وعلم الاجتماع . وهذا الفصل يطمح بدراسة هذه العلاقة من خلال توضيح اوجه الاختلاف بين العلوم الثلاثة وتوضيح العلاقة التي تربط هذه العلوم بعضها مع بعض . علماً بان الفصل يقع في مبحثين رئيسيين هما ما يلي :

المبحث الاول: العلاقة بين علم الاجتماع القانوني والقانون

المبحث الثاني: العلاقة بين علم الاجتماع القانوني وعلم الاجتماع .

علينا هنا دراسة هذين المبحثين مفصلاً .

المبحث الاول: العلاقة بين علم الاجتماع القانوني والقانون

لا نستطيع فهم طبيعة العلاقة التي تربط علم الاجتماع القانوني بالقانون دون تعريف العلمـين كل على حدة. فالتعريف بهذين الاختصاصين لا بد ان يساعدنا في تحديد اوجه الاختلاف والشبه بينهما. وبعد مثل هذه الدراسة نستطيع ان نعرج على العلاقة التي تربط بين هذين العلمين .

علم الاجتماع القانوني هو العلم الذي يدرس المؤسسة القانونية كالمحكمة مثلاً دراسة اجتماعيـة [٣] ، او هو العلم الذي يدرس الجذور الاجتماعية للقانون واثر القانون على المجتمع والبناء الاجتماعـي. أمـا القانون فهو مجموعة القواعد التي تنظم سلوك الافراد في المجتمع تنظيمـاً يحقـق الخيـر للفـرد ويكفل التقدم للجماعة عن طريق قيام الجماعة بفرض سلطتها على الافراد ضماناً لوضع مفردات القانون موضـع التنفيذ [٤] . ويتضح من هذا التعريف ان فكرة القانون تقوم على الجزاء الـذي تتـولى توقيعـه سلطة عليـا وهي الدولة وتستخدم في سبيل ذلك وسائل تقوم على القـوة والقهـر لاجبـار النـاس علـى احـترام القواعـد القانونية [٥] . وهناك تعريف آخر للقانون مفاده انه قاعدة عامة مجردة تنطبق على جميـع الافراد الـذين يعيشون في مجتمع معين وفي مكان معين ، فهي لا توضع من اجل شخص معين بالذات ولكنها توضح مـن اجل تحقيق مصالح وأماني الجميع [٦] . لذا يمكن القول بان القانون هـو ظاهرة اجتماعيـة لا يوجـد الا في ظل مجتمع، فالانسان لا يستطيع العيش الا في مجتمع يحكمه القانون. بيد ان القواعد القانونية تختلـف من مجتمع لآخر ومن زمان لآخر. فالقانون الذي ساد المجتمعات البدائية يختلـف عنـه في عصـور المدنيـة. وكذلك فان القانون الذي ساد العالم العربي قبل الاسلام يختلف عنه بعد سيادة الاسلام وعنه كـذلك بعد ظهور التصنيفات الحديثة في القرن التاسع عشر . فالقانون هو في تطور مستمر لان المجتمع الذي يحكمـه في تطور مستمر ، وقد سكون هذا التطور بطيئاً او سريعاً وفقاً لظروف المجتمع ومعطياته [٧] .

يتضح لنا من التعريفات السابقة للقانون بان القاعدة القانونية تعتبر قاعدة عامة ومجردة، كما انها تنظم سلوك الافرلد في المجتمع ، وهي ترتبط بجزاء توقعه السلطة العامة على مخالف القانون عندما يقتضي الامر ذلك.والقانون يحكم سلوك الافراد في المجتمع، أي السلوك الظاهر، أما ما يكمن في النفس فلا يتدخل فيه القانون، فهو لا يتعدى ان يكون شعوراً داخلياً خاصاً . فمشاعر الخير والشر التي تكمن في الوجدان ليست مجالاً لتطبيق احكام القانون عليها. فلو فكر الشخص في قتل آخر او احراق منزله ولم يتعد الامر هذه المرحلة فأن القانون لا شأن له به .

واذا كان القانون لا يهتم الا بالسلوك الظاهر، فهذا لا يعني انه يهمل النوايا بصفة عامة وانما يهتم بهذه النوايا اذا ارتبطت بمظاهر مادية. وهذا يعني ان نية القتل وحدها لا يهتم بها القانون، وانما يهتم بها في حالة ارتباطها بالفعل أي بارتكاب الجريمة، فالقانون يشدد العقوبة على القتل في هذه الحالة، فالقتل مع سبق الاصرار تكون عقوبته اشد من القتل البسيط (القتل غير العمد) [٨] .

بعد تعريف علم الاجتماع القانوني والقانون كل على حدة نستطيع التعرف على الفوارق الاساسية بين هذين العلمين . ان هناك ثلاثة فوارق أساسية هي:

١- القانون يدرس مجموعة القواعد التي تنظم سلوك الافراد في المجتمع تنظيماً يحقق الخير للفرد من خلال قيام الجماعة بفرض سلطانها على الافراد تنفيذاً للقوانين السائدة . بينما علم الاجتماع القانوني هو العلم الذي يدرس الجذور الاجتماعية للقانون وأثر القانون في المجتمع والبناء الاجتماعي .

٢- القانون كعلم اقدم من ناحية النشأة والتكوين من علم الاجتماع القانوني، فالقانون هو من اقدم العلوم التي اوجدها الانسان لكي يستطيع عن طريقها تنظيم المجتمع وتحديد ممارسات الافراد وتفاعلاتهم بأطر رسمية محددة . لقد وجد القانون كعلم منذ بداية الحضارات الاولى كحضارة وادي الرافدين ووادي النيل والحضارة الاغريقية والرومانية، بينما وجد علم الاجتماع القانوني في النصف الاول من القرن العشرين كما اسلفنا . ولما كان القانون كعلم

اقدم من علم الاجتماع القانوني فان العلم الاول يكون انضج من الثاني واكثر تكاملاً منه ، أي ان نظريات القانون تكون متكاملة ومتماسكة وناضجة اكثر من نظريات علم الاجتماع القانوني [٩] .

٣- علم الاجتماع القانوني يستعمل مناهج بحث تختلف عن مناهج بحث القانون. فمناهج بحث علم الاجتماع القانوني هي المنهج التاريخي والمقارن والمسح الميداني، بينما مناهج القانون هي المنهج المقارن والتاريخي والمنهج الاستنتاجي والمنهج الاستنباطي ومنهج الوثائق والمستمسكات والتشريعات القانونية (اللوائح القانونية المشرعة) [١٠] .

أما اوجه الشبه بين علم الاجتماع القانوني والقانون فهي كثيرة ومتفرعة على الرغم من اوجه الاختلاف بين هذين العلمين. واوجه الشبه بين العلمين هي ما يلي :

١- ان كلاً من علم الاجتماع القانوني والقانون يدرسان الانسان وانشطته اليومية من زوايا مختلفة فعلم الاجتماع القانوني يدرس القانون من وجهة النظر الاجتماعية بينما القانون يدرس القواعد التي تنظم سلوك الانسان وعلاقته مع الآخرين ويدرس العقوبات التي يمكن فرضها على الانسان بعد خروجه عن قواعد تنظيم السلوك .

٢- ان كلا العلمين يدرسان مصطلحات فنية مشتركة ويساهمان في شرحها وتفسيرها كمصطلحات النخبة والنخبة الحاكمة والدستور وشرعية السلطة والسيادة والقانون الوضعي والقانون الطبيعي والقانون الآلهي ... الخ[١١] .

٣- ان كلاً من القانون وعلم الاجتماع القانوني لهما فرضياتهما ونظرياتهما وقوانينهما الكونية والشمولية وان هذه الفرضيات والنظريات والقوانين قابلة على الزيادة والتراكم ولا تكون جامدة وموضوعة في قوالب جامدة . فضلاً عن تشابه الى حد كبير مناهجهما الدراسية كمنهج المسح الميداني والمنهج التاريخي والمنهج المقارن ۰۰۰۰ الخ .

ونتيجة نقاط التشابه الكثيرة بين هذين العلمين فان العلاقة بينهما تكون قوية ومتفاعلة الى درجة ان كل علم يكمل العلم الآخر ولا يمكن فصل العلمين بعضهما عن بعض مطلقاً. ان العلاقة بين العلمين تكمن بما يعطيه ويأخذ كل علم من العلم الآخر، فعلم الاجتماع القانوني يعطي للقانون معلومات قيمة عن الجذور الاجتماعية للقانون والآثار الاجتماعية التي يتركها القانون على المجتمع والبناء الاجتماعي. أما القانون فيعطي علم الاجتماع القانوني معلومات مهمة عن اصل القانون وطبيعته ونوعيته ومشكلاته وكيفية صياغته ومدى ملائمته للمجتمع وللكل الاجتماعي وكيفية نموه وتطوره من شكل الى شكل آخر [١٢].

من هنا ندرك فاعلية العلاقة بين العلمين الى درجة اننا لا نستطيع فصل العلم عن العلم الآخر، ونستطيع ان نقول بان هناك درجة من التساند والتكامل بين هذين العلمين .

المبحث الثاني: العلاقة بين علم الاجتماع القانوني وعلم الاجتماع

عند دراسة العلاقة بين علم الاجتماع القانوني وعلم الاجتماع ينبغي اولاً تعريف العلمين كل على حدة ثم دراسة اوجه الاختلاف والشبه بينهما ثم بعد ذلك تناول العلاقة العضوية والمتفاعلة بـين كـل مـن علم الاجتماع القانوني وعلم الاجتماع.

هناك عدة تعاريف لعلم الاجتماع اهمها التعريف الذي يـنص على ان علم الاجتماع هـو العلـم الذي يدرس طبيعة واسباب وآثار العلاقات الاجتماعية(١٣). وهناك من عرّف الاجتماع بالعلم الـذي يفهم ويفسر السلوك الاجتماعي(١٤)، كذلك عرّف علم الاجتماع بعلم دراسة الجماعات الاجتماعية مـن حيث طبيعتها وبنائها ووظائفها(١٥). واخيراً عرّف علم الاجتماع بعلم دراسة المجتمع أي دراسة طبيعته والعوامل المؤثرة في سكونه واستقراره والعوامل المؤثرة في حركته وتغيره وداينمكيته(١٦). أما علم الاجتماع القانوني فقد عرّف بالعلم الذي يدرس المؤسسة القانونية او القضائية دراسة اجتماعية تهتم بالانساق العمودية والافقية للمؤسسة ونظام الاتصال الموجود فيها وبنظم السلطة والمنزلة الخاصة بالمؤسسة(١٧). كـما عرّف علم الاجتماع القانوني بالعلم الذي يدرس العلاقة المتفاعلة والمتبادلة بين المجتمع والقانون، أي ماذا يعطي القانون للمجتمع وماذا يعطي المجتمع للقانون؟(١٨).

بعد تعريف العلمين نستطيع دراسة اوجه الاختلاف بينهما، وهذه الاوجه تقع في ثـلاث نقـاط رئيسية هي ما يلي:

(١)   علم الاجتماع القانوني يدرس علاقة القانون بالمجتمع بيـنما يـدرس علـم الاجتماع المجتمـع مـن حيث مؤسساته ووظائفه وتكامل مؤسساته وتنافرها لسبب او لآخر .

(٢)   علم الاجتماع اقدم تاريخياً من علم الاجتماع القانوني فقد نشـأ علـم الاجتماع في القـرن التاسـع عشر على يد كل من كونت في فرنسا وسبنسر في انكلترا،

بينما نشأ علم الاجتماع القانوني في اعقاب الحرب العالمية الثانية بعد تداخل العوامل القانونية بالعوامل الاجتماعية وصعوبة الفصل بينهما[١٩].

(٣) علم الاجتماع القانوني يستعمل عدة مناهج دراسية هي المنهج التاريخي والمقارن والمسح الميداني والمنهج الاستنتاجي والاستنباطي، في حين يستعمل علم الاجتماع المنهج التاريخي والمقارن والمشاهدة والمشاهدة بالمشاركة ومنهج المسح الميداني والمنهج التجريبي ٠٠٠٠الخ .

أما اوجه الشبه بين علم الاجتماع القانوني وعلم الاجتماع فهي كما يلي:

١- ان كلاً من علم الاجتماع وعلم الاجتماع القانوني يدرسان الانشطة الاجتماعية عند الانسان ، الا ان هذه الانشطة بالنسبة لعلم الاجتماع القانوني تتعلق بالانشطة القانونية ذات الخلفية الاجتماعية بينما الانشطة الاجتماعية لعلم الاجتماع تتعلق بكل ما له صلة مباشرة او غير مباشرة بالبناء الاجتماعي[٢٠].

٢- تتشابه فرضيات ونظريات وقوانين العلمين تشابهاً كبيراً من حيث الصياغة والفحوى والطبيعة، بيد انها تختلف من ناحية العمق والتفرع والتشعب اذ ان نظريات وقوانين علم الاجتماع اكثر واعمق من نظريات علم الاجتماع القانوني[٢١]. فضلاً عن ان كلا العلمين يستخدمان نفس المصطلحات والمفاهيم كالسكون والداينميكية والتغير والسلطة والشرعية والقانون والمنزلة والسمعة والمكانة والطبقة والانتقال الاجتماعي والتنمية والتطوير[٢٢] ٠٠٠ الخ.

٣- يتشابه العلمان في المناهج الدراسية والعلمية التي يستخدمانها في الدراسة والبحث فعلم الاجتماع يستعمل المنهج التاريخي والمقارن والمسح الميداني والتجريبي والمشاهدة والمشاهدة بالمشاركة ، بينما علم الاجتماع القانوني يستعمل تقريباً نفس المناهج التي يستعملها علم الاجتماع، عدا وجود بعض الاختلافات الطفيفة في طريقة الاستعمال ومشكلات الاستعمال .

ان التشابه بين علم الاجتماع وعلم الاجتماع القانوني يجعل الصلة بين العلمين صلة قوية ووطيدة ، اذ ان كل علم يعطي ويأخذ من العلم الاخر. فعلم الاجتماع يعطي

علم الاجتماع القانوني معلومات قيمة عـن طبيعـة البنـاء الاجتماعـي ووظائفـه ونوعيـة التغـير الاجتماعـي وأثـره في السـلوك وقيـم المجتمع واثرهـا في الالتـزام بسـلوك وتفـاعلات معينـة . ومثـل هـذه المعلومات تساعد عالم الاجتماع القانوني في فهم طبيعة البناء الاجتماعي لكي يسـتوعب بعـد ذلك القـانون الذي هو جزء لا يتجزأ من البناء الاجتماعي .

ومن جهة اخرى نلاحظ بان علم الاجتماع القانوني يمنح العالم الاجتماعـي معلومـات مهمـة عـن التفاعل بين القانون والمجتمع، ومثـل هـذه المعلومـات لا يمكـن ان يسـتغني عنهـا عـالم الاجـتماع في فهـم الجذور الاجتماعية للقانون وأثر القانون في المجتمع والبناء الاجتماعي . ومن جهة ثانية نلاحظ اهمية علم الاجتماع القانوني في شرعية السلوك والتفاعلات الاجتماعيـة ، ودور الشرعية في انتظـام السـلوك والمجتمع على حد سواء .

من هنا نخلص الى القول بان كل علم يعطي ويأخـذ مـن العلـم الآخـر . لـذا لا نسـتطيع فصل العلمين بعضهما عن بعض اذ ان كل علم متمم ومكمل للعلم الآخر [٢٣] .

القانونيون وعلماء الاجتماع

يدرس علم الاجتماع العام الظواهر والحقائق الاجتماعية دراسة موضوعية منهجية بهدف التوصل للقوانين التي تحكمها. وعلم الاجتماع القانوني يعتبر أحد فروع علم الاجتماع الحديثة النشأة الذي يهتم بدراسة القواعد والاحكام القانونية الموجودة داخل البناء الاجتماعي وطبيعة تكوينها ونشأتها . وبرغم ان علم الاجتماع القانوني اصبح علماً مستقلاً قائماً بذاته الا ان هناك بعض الجدل حول شرعية وجوده وشرعية الموضوعات التي سيبحثها. فرغم الدراسات والبحوث المختلفة التي تسعى لاضافة كل جديد الى هذا الفرع الجديد الا ان اطاره العام ما زال غير واضح المعالم . ولعل ذلك يرجع الى الاعتراضات التي ابرزها ما رفعه رجال القانون لاستنكار وجود علم الاجتماع القانوني الذي يسلبهم جزءاً من الاولوية التي يتمتعون بها في دراساتهم القانونية. فضلاً عن الاعتراضات التي برزت من جانب بعض علماء الاجتماع انفسهم الذين جادلوا في وجود فرع جديد للاجتماع القانوني[٢٤] .

ولعل من ابرز العلماء الذين ناقشوا هذه الموضوعات المحتدمة بين علماء القانون وعلماء الاجتماع، العالم جورج كيرفيج اذ ذهب الى ان اهم اسباب هذه الاختلافات ترجع الى ان دراسة الاجتماع القانوني تتصل بالقانون من جهة وبعلم الاجتماع من جهة اخرى ، ليس ذلك فحسب بل هناك اختلاف كذلك في التفكير ومناهج البحث في مجالي القانون وعلم الاجتماع القانوني[٢٥] .

كذلك نلاحظ بان فلاسفة القانون يهاجمون علم الاجتماع القانوني خوفاً من ان يهدم القانون كله كمبدأ او معيار لتنظيم الحقائق وتقييمها، خاصة وان علم الاجتماع بدأ يتجه نحو الدراسات الموضوعية وهو بذلك يبتعد عن الدراسات والاحكام القيمية (Value Judgement) .

أما علماء الاجتماع فيذهب بعضهم الى ان هذا الفرع الجديد سيدخل الاحكام القيمية في دراسة الظواهر الاجتماعية بعد ان تخلص منها علم الاجتماع العام واتجه في دراساته وبحوثه الى الموضوعية (Objectivity).

بينما يذهب البعض الآخر من علماء الاجتماع الى ان دراسة الواقع الاجتماعي كله تعتبر وظيفة علم الاجتماع، ومن هنا فانهم يعارضون بشدة تجزئة علم الاجتماع الى فروع مختلفة يدرس كل فرع منها جانباًواحداً من جوانب المجتمع، ذلك لان فصل الظواهر الاجتماعية لا يحقق الهدف الاكبر الذي يسعى علم الاجتماع العام الى تحقيقه من دراسة شؤون المجتمع ، وبذلك فانهم لا يعترفون بوجود علم الاجتماع السياسي او القانوني او غير ذلك من الفروع الاخرى ، وعلم الاجتماع في نظرهم هو علم الاجتماع العام فقط .

وهناك مجموعة أخرى من رجال الاجتماع تنادي باهمية تحديد مجال كل علم والطرق المتبعة في دراسته تحديداً دقيقاً حتى يمكن تجنب الصراع بين رجال الاجتماع ورجال القانون . وتذهب هذه الطائفة الى ان القانوني يهتم اولاً بالمبدأ والمعيار. أما عالم الاجتماع فانه يهتم بتفسير الحقائق، وان مجال علم الاجتماع مستقل تماماً عن مجال القانون ولا يمكنه التفاعل معه[٢٦]. ولكن اذا تجاهل القانونيون وعلماء الاجتماع كل منهم الآخر، واقتصر على دراسة موضوعه الخاص به فان هذا سوف يقودنا الى الاعتقاد بانه من المستحيل وجود علم للاجتماع القانوني طالما ان عالم الاجتماع سوف يبعد نفسه عن القانون .

وبرغم هذا كله فانه أمكن التغلب على مشكلة تجاهل علمي القانون والاجتماع بعضهما للبعض الآخر، ويرجع الفضل في ذلك الى التطور الذي طرأ على هذين العلمين . وقد عبّرعالم الاجتماع القانوني الفرنسي موريس هوريو عن هذا الموقف ببلاغة رائعة عندما قال بان " قليل من علم الاجتماع يبعدنا عن القانون ولكن كثيراً منه يعود بنا الى القانون مرة أخرى ، ويضيف كيرفيج الى هذا القول " ان القليل من القانون يبعدنا عن علم الاجتماع، بينما الكثير منه يعود بنا اليه".

لذلك نرى ان مجال الاجتماع والقانون يتصلان اتصالاً قوي الوشائج اذ من الممكن تطبيق علم الاجتماع في مجال دراسة النظام القانوني الذي يحفظ الامن والنظام في المجتمع ، وكذلك يدرس عالم القانون الذي يتجه في دراسته وجهة

اجتماعية ، القوانين كضوابط اجتماعية ذات مميزات خاصة في الدولة التي وصلت الى درجة لا بأس بها من النمو والتقدم .

وقد حاول روسكوباوند Roscoe Pound التقريب بين الاجتماع والقانون، اذ ذهب الى القول بان اهم التطورات التي طرأت على علم القانون الحديث تتمثل في الانتقال من الاتجاه التحليلي الى الاتجاه الوظيفي [٢٧] . ذلك ان الاتجاه الاخير يتطلب من القضاة ورجال القانون والمحامين ان يدركوا ادراكاً واعياً العلاقة بين القانون والواقع الاجتماعي. وهذا يعني ان الاتجاه الوظيفي يمثل ثورة ضد القانون التحليلي والميكانيكي الذي كان سائداً في اواخر القرن التاسع عشر واوائل القرن العشرين وكان يقضي بالفصل بين القانون وبيئته الاجتماعية . أما الاتجاه الوظيفي فيهدف الى توسيع نطاق المصادر التي يشتق منها القانون الوظيفي ، فضلاً عن ان القانون الحر (Free Law) يهتم بالواقع الاجتماعي وما فيه من جماعات تلقائية وغيرها، والتي تلعب دوراً هاماً في تحديد القانون وتكوينه. ولا ريب ان عالم الاجتماع من خلال نظرياته والمناهج التي يعتمد عليها يمكنه وحده ان يكشف عن العلاقة بين القانون والواقع الاجتماعي، وهذا يعني ان عالم الاجتماع يمكنه ان يساعد رجل الفقه في مجالات كثيرة ولا يمكن الاستغناء عنه في هذا الصدد[٢٨] .

وقد كان لروولف اهرنج الفضل في اظهار الدور السياسي للقانون في تنظيم المجتمع اذ تبين ان ما يعتبر حقاً للفرد انما هو في الحقيقة مصلحة يحميها القانون [٢٩] . وان لكل قانون هدفاً او غاية يبغي المشرع الى تحقيقها . ويذهب الى القول بان الانسان بطبيعته اناني ويميل الى تحقيق مطالبه الشخصية. ولذلك كان لزاماً ان يضع القانون الحدود والضوابط ليمنع جنوح الفرد واستبداده حتى لا يمس حقوق الغير في المجتمع. ولذلك فانه يذهب الى ان هدف القانون هو تحقيق الظروف التي تلائم الوجود والحياة الاجتماعية ، وعلى هذا نراه يسمي نظريته بنظرية المصلحة الاجتماعية (Social Interest) [٣٠] .

وقد اسهم كل من فيبر وايرلخ في ابراز اهمية الخلفية الاجتماعية للنظم القانونيـة فاوضـح فيـبر بان في خلفية كل نظام قانوني فلسفة نابعة من وجود المجتمع ذاته، وقـد تكلـم في نفـس الاتجـاه(ايـرلخ) فيما اطلق عليه" القانون الحـي" . ويفسر وجهـة نظـره قـائلاً بانـه توجـد في كـل مجتمـع مجموعـة مـن التنظيمات الاجتماعية ، وهي في مجموعها تشكل اسلوب الحياة في المجتمع وتشبه في ذلك ما يسميه علما الانثروبولوجي بنمط الثقافة (Patterns of Culture) . ويضيف ان" القانون الحـي "لـيس مفهومـاً ثابتـاً بـل داينميكياً ومتغيراً وهو ما يتطلب أجراء دراسات واقعية وميدانية للتعرف على كل تطور او تغير يحدث في الحيـاة الاجتماعيـة . وينتهـي الى القـول بانـه اذا اسـتطاع القـانون ان يغـير بصـدق مـن اسـلوب الحيـاة الاجتماعية فان احترام الناس للقانون يكون تلقائياً دون حاجة الى قصر او قهر ، ويتطلب تحقيـق ذلـك ان يتمتع المشرع بحساسية في قياس " نبض المجتمع" والتعرف على احتياجات الناس .

ويتدخل القانون في مجال التنازع بين المصالح الخاصة وذلك من اجل وضع تنظيم قـانوني يلجأ اليه الافراد ويحتكمون اليه لفض منازعاتهم الخاصة، واوضح هيك مثـالاً لمثـل هـذه التنظـيمات في احكـام الالتزامات في القانون المدني. وقد يرى المشرع ان هناك مصلحة عامة تقتضي اصـدار تنظـيم قـانوني لاحـد المجالات. وعندئذ يفرض المشرع هذا التنظيم على كافة الناس بنصوص آمرة. ولعل ابرز الامثلـة عـلى ذلـك نـص القـانون عـلى ضرورة توثيـق عقـود الـزواج، وعـلى قيـد المواليـد في دفـاتر المواليـد ، وغـير ذلـك مـن التنظيمات التي تتطلبها حياة الجماعة(٣١) .

واخيراً قد ينشأ صراع او نزاع بين المصالح العامة والمصالح الخاصة. وفي هذه الحالة يتجه البحث نحو ملاءمة تغليب المصلحة العامة والتضحية بالمصلحة الخاصة. وما من شك في ان ابرز مثال لهـذا النـوع من التنظيمات هو ما يتضمنه القانون الجنائي للتجريم، وينبغـي ان لا ننكـر ان كـلاً مـن القـانون والدولـة يرتبط بفكرة المجتمع ذاتها، ومن هنا كانت غاية كل من القانون والدولة هي الغاية من الجماعـة نفسـها، وهدف الجماعة هو الصالح المشترك العام، والصالح المشترك هو صالح الجميع سواء الجيل والاجيال المقبلة (٣٢) .

من هذا الشرح المسهب نخلص الى القول بان هناك علاقة تبادلية بين القانون والمجتمع وعلم الاجتماع القانوني . وهذه العلاقة تجعل من المستحيل فصل أي من هذه العلوم عن العلوم الاخرى اذ ان العلوم تكون مترابطة ومتكاملة ولا يمكن باية صورة من الصور فصل بعضها عن البعض الآخر .

المصادر والهوامش للفصل الثالث

(١)   Cedrics, H. Rise and Development of the Sociology of Law , Strand Press, Glasgow, ١٩٩٧,P. ٣.

(٢)   Young,A. Sociology and Law in Action , London, Oxford University Press, ٢٠٠١, P. ١٤.

(٣)   Barrows, R. Principles of the Sociology of Law , Half- Crescent Press, London, ١٩٩٢, P.١١.

(٤)   ابو الغار، ابراهيم (الدكتور). علم الاجتماع القانوني والضبط الاجتماعي، القاهرة، مكتبة نهضة الشرق، ١٩٨٥، ص ١٥.

(٥)   Benn, S. I., and R.S. Peters Social Principles and The Democratic State, London, George Allen and Unwin, ١٩٧٧, P. ٥٧.

(٦)   Ibid., P. ٦٠.

(٧)   Ibid., P. ٦٣.

(٨)   عبد الحميد، نظام الدين، جناية القتل العمد في الشريعة الاسلامية والقانون الوضعي، بغداد، مطبعة اليرموك، ١٩٧٥، ص ١٠.

(٩)   Osborne, W. Sociology , Law and Sociology of Law, London, The Green Press, ١٩٩٨,P. ١٨.

(١٠)   Loomis, H. Methodology of the Sociology of Law, New York, John Wiley and Sons, ١٩٩٥, P. ٢٩.

(١١)   Ibid., P. ٤٣.

(١٢)   Kelley, H. Law and Society, london, Longman, ١٩٨٦,P. ٣٢.

(١٣)   Ginsberg, Morris, Sociology, London, Oxford University Press, ١٩٧٠,P.٧.

(١٤)   Weber, Max. Theory of Social and Economic Organization, The Free Press of Glencoe, ١٩٨٩, P.١٥.

(١٥)   Sprott,W.Sociology,London , Hutchineon Press , London , ١٩٨٦, P.٦.

(١٦)   Marx,Karl.Capital,Vol.١١,Moscow,Progress Publishers, ٤ᵗʰ ed., ١٩٨٨, P. ٦١٢.

(١٧)   Barnes, C. Sociology of Law : Theories and Perspectives, London, Allan Press, ٢٠٠٠,P. ١٠.

(١٨)   Ibid., P.٢٨.

(١٩)   Cedrics , H. Rise and Development of Sociology of Law , P. ١٦.

(٢٠)   Kelley , H. Law and Society , London, Longman, P. ٤١.

(٢١)   Ibid., P.٥٣.

(٢٢)   Ibid., P.٥٥.

(٢٣)   Young, A. Sociology and Law in Action, P.V.

(٢٤)   Gurvich,George.Sociology of Law, London, Routledge and Kegan Paul, ١٩٧٦, P.٢١.

(٢٥)   Ibid., P,.٢.

(٢٦)   Ibid., P.٥.

(٢٧)   ابو الغار ،ابراهيم، (الدكتور). علم الاجتماع القانوني والضبط الاجتماعي، ص ١٥.

(٢٨)   المصدر السابقن ص ١٦.

(٢٩)   المصدر السابق، ص ١٦-١٧.

(٣٠)   المصدر السابق ، ص ١٧.

(٣١)   المصدر السابق، ص ١٩.

(٣٢)   عازر، عادل، النظرية العامة في ظروف الجريمة والقانون ، القاهرة، ١٩٧٦، ص ٦٢.

الفصل الرابع

القانون الطبيعي والقانون الوضعي والقانون الاجتماعـــي

مقدمة تمهيدية

ان العلاقة بين هذه الانواع من القوانين انما تدور اساساً حول علاقة الدولة (الحكام) بالقانون، وهذه العلاقة هي في الحقيقة علاقة الانسان بالقانون، فهل يضع قانون الانسان حكامه أي الاشخاص الذين يحكمونه، وهذا القانون يدعى او يسمى بالقانون الوضعي [١]. او ان للانسان قانوناً اعلى من القانون الوضعي وهو قانون الطبيعة او القانون الطبيعي او العقل [٢]. وقد يكون القانون بعيداً عن الحكام او العقل لان الانسان ليس فرداً معزولاً عن الآخرين بل هو جزء من جماعة او مجتمع . وهنا لا بد من وجود قانون تفرضه متطلبات المجتمع وحاجاته بعيداً عن الحكام او الدولة وبعيداً عن تأملات عقل الانسان ، وهذا القانون الذي لا بد من وجوده هو القانون الاجتماعي [٣].

لذا فالقانون الطبيعي يكمن في قوة العقل الذي مصدره كما يقول شيشرون في كتابه جمهورية الله سبحانه وتعالى [٤]. أما القانون الوضعي فيعدّ من اقدم القوانين لان الحكام هم الذين وضعوه لحكم من تحتهم والتحكم بمصيرهم لمصلحتهم ومصلحة المجتمع . في حين ان القانون الاجتماعي يكمن في ما تمليه الجماعة والمجتمع على الافراد من قواعد واحكام وسياقات سلوكية وتفاعلية [٥]. وعلى الرغم من اختلاف مفاهيم هذه الانواع الثلاثة من القوانين الا ان هناك درجة من الترابط والتكامل الموضوعي بينها. وهذا الترابط او التكامل يجعل من الصعوبة بمكان فصل القانون الطبيعي عن القانون الوضعي وفصل القانون الاخير عن القانون الاجتماعي .

بعد هذه المقدمة عن مفاهيم هذه الانواع الثلاثة من القوانين والترابط بينها نستطيع دراسة كل نوع من انواعها بشيء من التفصيل والتحليل وكما يلي:

المبحث الاول: القانون الطبيعي (Naturel Law)

يقصد بالقانون الطبيعي بانه مجموعة قواعد سلوك كامنة في الطبيعة ثابتة لا تتغير بمرور الزمن ولا تختلف من مكان لآخر فهي قواعد سلوك موجودة في الطبيعة، أي في عقل الانسان حيث ان العقل هو الذي يكشفها (٦). ان القانون الطبيعي اذاً يكمن في الظواهر الطبيعية التي يكشفها العقل. وقد مر القانون الطبيعي بمراحل كثيرة ومتعددة اذ عرفه الفلاسفة اليونان والرومان(٧). وقد ورثت المسيحية ورجال الكنيسة في العصر الوسيط القانون الطبيعي فجعلوه القانون الآلهي. وقد عرف المسلمون هذا القانون ثم صار به المسار في العصور الحديثة حيث ازدادت اهميته في اوربا الى ابعد الحدود. وقد اهتم بالقانون الطبيعي كل من هوبز ولوك وروسو اذ كشف هؤلاء بان معظم العلاقات بين الدول تقوم على هذا القانون .

وظهرت فكرة القانون الطبيعي قديماً عند فلاسفة اليونان فكما لفت نظرهم وجود علاقات مضطردة بين الظواهر الطبيعية والتي ارجعوها الى قوة عليا هي الطبيعية فقد لفت نظرهم كذلك معاملات الناس التي تظهر بشكل متشابه عند العديد من الشعوب . وقد اعتقد هؤلاء المفكرون بان هناك قواعد طبيعية تسيطر على هذه النظم وهي قواعد طبيعية لا تتغير في الزمان والمكان (٨) . ان القانون الطبيعي بالنسبة لهؤلاء هو المثل الاعلى الذي يمثل الكمال ويكشف عنه العقل البشري ليصيغ القانون الوضعي على نهجه. ويعتبر القانون الوضعي الذي يضعه القادة والحكام عادلاً او ظالماً بقدر ما يتفق عليه او يختلف عن القانون الطبيعي .

وقد اخذت فكرة القانون الطبيعي في العصور الوسطى في اوربا الشكل الديني على يد رجال الكنيسة فاصبح القانون الطبيعي هو القانون السماوي الذي يعلو على القانون الوضعي (٩). فاذا كان هذا القانون كما عرفه فلاسفة اليونان والرومان قانوناً ثابتاً لا يتغير بتغير الزمان ولا يختلف من مكان لآخر فان الله خالق الطبيعة هو الذي أوجده (١٠) . وقد ذهب البعض الى التفريق بين ثلاثة انواع من القوانين القانون

الآلهي والقانون الطبيعي والقانون الوضعي او الانساني. فالقانون الآلهي هو مشيئة الله تصل الى الناس عن طريق الوحي والشعور ويؤمنون ايماناً لا يستند الى الاستدلال العقلي، وأما القانون الطبيعي فيمثل غاية ما يستطيع العقل البشري ادراكه من القانون الآلهي [١١] . أما القانون الوضعي فهو ما يصنعه الانسان ويجب ان يستلهم القانون الطبيعي ويتطابق مع مبادئه وتعاليمه[١٢] .

وقد تطور القانون الطبيعي في اوربا خلال القرنين السابع عشر والثامن عشر، ويرجع ذلك الى ان اوربا في ذلك الوقت كانت قد استكملت قومياتها وتحررت من سلطان الكنيسة ، فنشأت الدول الحديثة مستقلة لا سلطان لدولة منها على الاخرى، فظهرت الحاجة اولاً الى قواعد تنظيم علاقات هذه الدول بعضها ببعض، وثانياً الى قواعد تنظيم علاقة الحكام بالمحكومين داخل الدولة. ولقد استخدمت فكرة القانون الطبيعي في هذين المجالين للالتجاء الى العقل لوضع الاسس التي تقوم عليها العلاقات فيما بين هذه الدول، وكان المفكرون في حاجة الى تدعيم الآراء التي يهتدون اليها بعقولهم فلجأوا الى فكرة القانون الطبيعي . كما ان ظهور مبدأ سيادة الدولة الى حد القول بانها سيادة مطلقة أي ليس هناك ما يلزم الدولة بشيء تجاه الافراد، وكان نتيجة لهذه المغالاة ظهور الحاجة الى فكرة القانون الطبيعي كوسيلة للحد من هذه السيادة وحماية الافراد من طغيان الدولة .

ويعتبر الفقيه القانوني الهولندي كروتيوس اول من ابرز فكرة القانون الطبيعي في العصر الحديث، والفكرة هي متحررة من الصفة الدينية التي اصطبغت بها في القرون الوسطى [١٣] . وقد عرف القانون الطبيعي بانه "القاعدة التي يوصي بها العقل القويم والتي نحكم بمقتضاها على ان عملاً ما يعتبر ظلماً او عدلاً وفقاً لمخالفته او موافقته للمعقول " . وقد اتخذ من هذا القانون الطبيعي وسيلة لتوجيه القوانين الوضعية وجهة العدل ليخلصها من سيطرة اصحاب السلطان. وقد دعا كروتيوس الى اقامة علاقات الدول بعضها بالبعض الآخر على اساس القانون الطبيعي في السلم والحرب . ولذلك فان كروتيوس يعتبر المؤسس للقانون الدولي العام . ولكن كروتيوس عندما فصل قواعد القانون الطبيعي نراه قد أقر كثيراً من العادات التي

كانت متبعة في عصره رغم ما فيها من قسوة وشدة، نراه يقر الرق والفتح أي استعباد الانسان للانسان واستعباد الدولة " فالاصل عنده ان الانسان حر تبعاً للقانون الطبيعي ولكنه يفقد حريته على اثر حرب تقوم، كما انه يستطيع ان يتنازل عن حريته فالامة تستطيع ان تفعل ذلك فتضع نفسها في دائرة امة أخرى تكون سيدة عليها وتقوم بحمايتها والدفاع عنها".

وقد حقق القانون الطبيعي انتشاراً واسعاً خلال هذين القرنين واعتنقه كثير من المفكرين . وقد نظر كثير منهم الى القانون الطبيعي على انه يتضمن قواعد تفصيلية تواجه كل ما يعرض في الحياة العملية من حالات وتبين احكامها العادلة المعقولة . وعلى هذا الاساس بدأ القانون الطبيعي قانوناً نموذجياً كاملاً، وينحصر دور المشرع في الكشف عن هذه القواعد وتحويلها الى قانون وضعي .

ونتيجة لنمو فكرة القانون الطبيعي على يد كروتيوس وغيره من الفقهاء والفلاسفة في ذلك العصر ظهر ما يسمى "المذهب الفردي" حيث بدأ هؤلاء في تحديد قواعد القانون الطبيعي لتوضيح ما يجب ان يقوم عليه النظام الاجتماعي عن طريق البحث عن الحقوق الطبيعية التي كان يتمتع بها الانسان قبل ان يشترك مع غيره في حياة اجتماعية وفقاً لما يطلق عليه" العقد الاجتماعي" . لقد ذهب هؤلاء الى ان الانسان كان يعيش في عهد الفطرة مزوداً بحقوق طبيعية بمقتضى القانون الطبيعي، ثم قام بعمل عقد هو العقد الاجتماعي، انقلوا بمقتضاه من عهد الفطرة الى عهد النظام [١٤] . وينبغي ان لا يغيب عن الاذهان ما حدث من تطور في كيفية الاهتداء الى القانون الطبيعي، فبعد ان كان القانون الطبيعي هو ما يكشف عنه العقل القويم ليحكم علاقات الناس في حياتهم الاجتماعية ، اصبح هو القانون الذي كان سائداً في عهد الفطرة الذي ادعى هؤلاء المفكرون وجوده قبل الحياة الاجتماعية المنظمة.

وقد ساعدت الثورة الفرنسية في اعلاء مذهب القانون الطبيعي . فعندما جاءت الثورة الفرنسية حرص ممثلو الشعب على تصدير" اعلان حقوق الانسان والمواطن" جاءت بالتنبيه الى انه " اعتباراً منهم بان جهل حقوق الانسان او نسيانها او احتقارها هي

الاسباب الوحيدة للبؤس العام ولفساد الحكام، قد عقدوا العزم على ان يسجلوا في اعلان رسمي حقوق الانسان الطبيعية المقدسة التي يمتنع التنازل عنها حتى يذكر هذا الاعلان دائماً افراد الهيئة الاجتماعية بحقوقهم وواجباتهم، وحتى تكون تصرفات السلطة التشريعية والسلطة التنفيذية اكثر احتراماً نتيجة لمقارنتها في كل لحظة بالغاية من كل نظام سياسي .

ونص الاعلان في المادة الاولى منه على ان "يولد الناس ويظلون احراراً ومتساوين امام القانون" . ثم نص في المادة الثانية على ان " هدف كل مجتمع سياسي هو المحافظة على حقوق الانسان الطبيعية التي لا تزول" وهذه الحقوق هي الحرية والملكية والامن ومقاومة الطغيان [١٥] . ونص في المادة الرابعة على ان "الحرية هي فعل كامل لا يضر بالغير. ولذلك ليس لاستعمال الحقوق الطبيعية لكل فرد من قيود الا تلك التي تكفل لباقي الاعضاء في الجماعة التمتع بالقيود نفسها".

ولقد كان هذا الاعلان اقراراً رسمياً بوجود الحقوق الطبيعية (Natural Rigths) ويتضمن اقراراً ضمنياً بوجود قانون طبيعي هو الذي يعطي الانسان هذه الحقوق ، بل ان واضعي تقنين نابليون قد اصدروا مشروع هذا التقنين بالنص في المادة الاولى منه على انه" يوجد قانون عالمي لا يتغير، وهو مصدر كل القوانين الوضعية، وهو ليس الا العقل الطبيعي من حيث انه يحكم كل البشر " .

ولكن مذهب القانون الطبيعي واجه نقداً شديداً خلال القرن التاسع عشر في صحته وقلل من انصاره. وقد تناول النقد مذهب القانون الطبيعي اولاً فيما يدعيه انصاره من وجود قانون ثابت لا يتغير في الزمان ولا في المكان ، وقد كان ذلك بصفة خاصة من انصار المذهب التاريخي الذين يقولون بانه ليس هناك قانون ثابت صالح لكل زمان ومكان، فالقانون الوضعي يختلف من مجتمع الى آخر ويتطور بتطور الظروف الاجتماعية [١٦] . وثانياً فيما يترتب على هذا القانون ، عند انصاره من حقوق طبيعية للانسان حيث ظهر مذهب مضاد للمذهب الفردي هو المذهب الاشتراكي . أما المفهوم الحديث للقانون الطبيعي فانه يؤكد على ان القانون الوضعي هو المنطلق

الاساس للقانون الطبيعي . ان القانون الطبيعي بالمفهوم الحديث هو جزء من القانون الوضعي لا لان المشرع الوضعي مرغم على ترجمته في قواعده وبالتالي ملتزم بقواعده ونصوصه، بل لانه الجـزء مـن القانون الوضعي الذي يتماشى مع العقل وطبيعة الاشياء. وعليه فان ما نسميه بالقانون الطبيعي هو ذلك الجزء من القانون الوضعي الذي يظهر متماشياً مع طبيعة الاشياء ومع العقل، وبالتالي فهـو احـد العنـاصر الاساسية للقانون الوضعي .

وعليه فان اشتقاق القانون الطبيعـي لا بـد ان يكون مـن القانون الوضـعي، أي مـن مجموعـة القواعد التي تحكم وتنظم الممارسات والتصرفات البشرية. وهذا الاشتقاق يـتم عـن طريـق العقل. بهـذا المعنى ان كل ما يتماشى مع العقل وطبيعة الاشياء من قواعد القانون الوضعي سيكون في الحقيقـة قانونـاً طبيعياً.

لذا فالقانون الطبيعي هو نتيجة " لتعقيل" القانون الوضعي واستخراج كل ما من شأنه ان يصح في الزمان والمكان ويقبله الجميع. وهذا المجهود العقلي في استخراج القانون الوضعي او اكتشافه سيوصلنا الى نوع من " القانون العلمي" الذي سيكون في الحقيقة هو القانون الطبيعي . وعليه لا يحدث بعد الآن أي تعارض بين القانون الوضعي والقانون الطبيعي لان القانون الاخير ليس الا القانون الوضعي المعقل. والقانون الطبيعي في هذا التصور سيحتفظ بموضوعيته لانه ذلك الجزء من القانون الوضعي الذي يـتماشى مع العقل وطبيعة الاشياء (١٧) .

المبحث الثاني: القانون الوضعي

لكي يتحقق القانون لا بد من وجود سلطة، والسلطة تفترض وجود مجتمع. لكن كلاً من السلطة والمجتمع يفترضان وجود دولة. بيد ان القانون هو الذي يرتب حقوق وواجبات الافراد . والقانون الذي يعمل خارج الدولة والمجتمع ليس بقانون، بل رأياً او فكرة مثالية او اخلاقية عن وجود القانون. أما القانون فلا وجود له الا في مجتمع تحكمه سلطة ويضعه قادة او مسؤولو السلطة. لذا فلا قانون غير القانون الوضعي حيث ان مذهب القانون الوضعي يعتقد بالمعادلة التالية: القانون = القانون الوضعي، أي القانون الذي تضعه السلطة لتنظيم المجتمع والسيطرة على شؤونه[١٨].

ومذهب القانون الوضعي نجده متمثلاً بما اطقوا عليه الوضعية القانونية (Judicial Positivism) . وقد انطلق تيار من الوضعية القانونية اطلق عليه اسم السننية القانونية (Judicial Normativism)علينا تحليل كل من الوضعية القانونية والوضعية السننية لكي نفهم ونستوعب طبيعة وابعاد القانون الوضعي .

١- الوضعية القانونية :

ان ما يميز الوضعية القانونية بصورة عامة هو أولاً ان القانون هو القانون الوضعي وبالتالي فانه من وضع ارادة بشرية حاكمة [١٩] ، وثانياً ان القانون يكون نظاماً منطقياً مغلقاً، أي ان الحلول القانونية تستقى من القواعد القانونية الوضعية ومنها فقط دون اللجوء الى كل ما هو خارج عن النظام القانوني من قيم اخلاقية او سياسية او اجتماعية .لذا فهناك فصل مطلق بين القانون كما هو وبين السياسة من جهة وبين القانون والاخلاق من جهة اخرى .

لقد نشأت الوضعية القانونية كموقف فكري او كمذهب عندما استندت الى الروح الفلسفية التي سادت اوربا في القرن التاسع عشر ولاسيما في فرنسا.أما الوضعية القانونية كطريقة اومنهج فانها قديمة جداً وان كانت هناك علاقة واضحة بين الطريقة والنظرية، وبهذا المعنى ان الطريقة هيأت الانتقال من الممارسة الى النظرية.

فكل قاعدة قانونية تحتاج بحكم وجودها الى شرح وتفسير، فالقانوني بحكم مهنته واهتماماته يمارس الوضعية القانونية وذلك حين يقتصر على دراسة النصوص القانونية وعلى تفسيرها. غير ان الوضعية القانونية ليست هي طريقة تقتصر على دراسة النص وشرحه فحسب، بل هي موقف او نظرية مدينة بوجودها الى الفلسفة الوضعية التي سادت في القرن التاسع عشر[٢٠] .

وفي هذا المجال فان مؤسس علم الاجتماع الحديث الفيلسوف الفرنسي- اوكست كونت ١٧٩٨-١٨٧٥ قد لعب دوراً مهماً في تفسير القانون الوضعي. فبالنسبة له ان التفكير البشري قد مر بثلاث مراحل هي المرحلة اللاهوتية والمرحلة الميتافيزيقية والمرحلة الوضعية [٢١] . والانسانية بعد ان سيطر على تفكيرها واجتهادها الفكري الجو اللاهوتي، وبعد ان اجتازت المرحلة الميتافيزيقية (القانون الطبيعي) . تكون قد دخلت مرحلة التفكير الوضعي، أي الانطلاق من التجربة العلمية في تفسير الظواهر . فالفلسفة الوضعية تهدف اذن الى بلوغ الحقيقة عن طريق الملاحظة والاستقراء او الاستنتاج. وبناءً على ذلك فان الفلسفة الوضعية وتقدم العلوم الطبيعية في القرن التاسع عشر لا يمكن الا ان تترك اثرها على الدراسات الاجتماعية ومنها دراسة القانون، فالقانون لم يعدّ مجرد شيء تصوري يفرضه العقل (القانون الطبيعي) وانما هو ظاهرة طبيعية ملموسة يمكن اقرار وجودها في الزمان والمكان، ولهذا فهي تدرس كما تدرس الظواهر الطبيعية الاخرى وبالطريقة التجريبية نفسها بعيداً عن الاعتبارات الميتافيريقية او الاخلاقية او السياسية ، فالقانون يجب ان يدرس بروح علمية وبالتالي يكون علماً هو علم القانون[٢٢] .

والوضعية القانونية لم تكن مدينة في نشاتها لاعتبارات فكرية ونظرية فحسب، بل خضعت ايضاً لاعتبارات تاريخية وسياسية ، فحركة التقنين التي اعقبت صدور القانون المدني الفرنسي- في عصر- نابليون جعلت القانوني يقتصر في دراسته على شرح هذه القوانين وتفسيرها والتي هي ظواهر طبيعية ملموسة ذات كيان ووجود. كما انها تمثل بالنسبة لتلك الفترة : قمة الحكمة كما قيل، فلّم البحث اذن عن قانون آخر

كالقانون الطبيعي لاسيما ان هذه التشريعات الوضعية اعتبرت الترجمة الصحيحة والكاملة لهذا القانون .

ومن اهم رواد القانون الوضعي الفقيه الانكليزي جون اوستن الذي يقول بان القانون هو مشيئة الدولة [٢٢] . ويأخذ معه بنفس الرأي مدرسة"الشرح على المتون " او مدرسة " الالتزام بالنص" في فرنسا وتتلخص افكار اوستن في ان القانون في وضعه وتنفيذه يعتمد على سلطان الدولة، فسلطان الدولة هو الذي يضع القانون، وهو في الوقت نفسه الذي يلزم الافراد بطاعته او الخضوع له .

ويمكن تحديد اركان القانون الوضعي عند اوستن في ثلاثة عناصر هي:

١- هيئة سياسية معينة (حاكم سياسي) .

٢- أمر او نهي يصدر عن هذه الهيئة .

٣- ارتباط هذا الامر بجزاء دنيوي تقوم الدولة بتوقيعه على من يخالف القانون ويتمرد عليه .

وبالنسبة للهيئة السياسية يميز " اوستن" في كل مجتمع سياسي شخصاً معيناً او هيئة معينة يكون لها السلطان . وهذا يمثل القوة المسيطرة على كل القوى في الدولة وتخضع لها كل القوى ، وهذه الحقيقة هي التي تتولى وحدها تنظيم العلاقات الاجتماعية من خلال قوانين تصدرها .

ان علم القانون عند اوستن هو علم القانون الوضعي ، او ان علم القانون موضوعه الوحيد القواعد القانونية الوضعية . وبهذا الصدد يقول اوستن ان علم القانون يتعلق بالقوانين الوضعية او يتعلق بالقوانين الوضعية او القوانين بالمعنى الدقيق للكلمة وذلك بصرف النظر عن صفتها الجيدة او الرديئة [٢٤] .

وبناء على ذلك فان ليس من اختصاص القانوني ان يكوّن احكاماً قيمية عن القوانين الوضعية، انما عليه ان يهتم بدراستها كما هي. لذا فأوستن يفصل بين القوانين والاخلاق كما انه لا يعطي القانون الطبيعي اية قيمة قانونية. وتأسيساً على

ذلك فان القواعد لا تصدر بصورة مباشرة او غير مباشرة على السلطة التي لا تمتلك الصفة القانونية ، كالقواعد المنظمة للنوادي وقواعد القانون الدولي ...الخ . ان مثل هذه القواعد يطلق عليها اوستن اسم الاخلاق الوضعية تمييزاً لها عن القوانين الوضعية .

ولما كان الحكام المسؤولون هم الذين يضعون القواعد القانونية فهذا يعني انها تجد اساسها في ارادتهم، واذا كان الامر كذلك فمن الصعب ان يتقيد الحكام بالقانون. نعم قد يتقيد الحكام بالقانون الذي يضعونه الا انه تقييد اختياري او ذاتي بحيث يمكنهم التخلص منه متى وكيف ما شاؤوا . أما المبادىء العليا الاخرى التي قد يخضع الحكام انفسهم لها فانها لا تقيدهم من الناحية القانونية ما دام اوستن ينزع كل صفة قانونية عن القوانين الآلهية او قواعد القانون الطبيعي .

القانون بالنسبة لاوستن هو القانون الوضعي ولا يمكن ان يكون غير ذلك، فهو يقول في كتابه " طبيعة مصادر القانون" ان " القانون ليس بمثل اعلى هو شيء يوجد في الواقع " الا ان القانون الوضعي ليس هو القواعد التي يضعها صاحب القرار (الحاكم) كما عند اوستن ، بل ما تقره الهيئات القضائية في الدولة من قواعد على انها القانون [٢٥] . وفي هذا يقول " لكي تحدد الحقوق والالتزامات فان القضاة يحددون الوقائع الموجودة ويضعون القواعد التي وفقها يستخلصون النتائج القانونية للوقائع وهذه القواعد هي القانون .

ان القانون الوضعي يعمل تحت ظل التنظيم الاجتماعي (المجتمع)، والمجتمع هو الذي يضمن نجاح القانون ، لكن القانون لا يكون ناجحاً الا اذا كان مقروناً بالجزاء. وهذه الحقيقة يؤكدها البروفسور كاره دمالبر عندما يقول "ان القانون بالمعنى الدقيق للكلمة يفترض في الحقيقة الجزاء عن طريق الارغام [٢٦]". الا ان الدولة وحدها هي التي يمكنها ان توقع الجزاء لانها وحدها التي تمتلك قوة الارغام او السلطة. ان ما يميز الدولة عن كل الفئات الاخرى هو السلطة التي تمتلكها هذه السلطة التي هي وحدها جديرة بها. والسلطة التي تمارسها الدولة وفقاً للقانون سميت

بالفرنسية بالسيادة [٢٧] . وبناء على ذلك فان القانون لا يمكن ان يوجد الا بواسطة الدولة. بهذا المعنى ان الدولة وحدها هي التي تخلق القانون .

٢- السننية القانونية :

ان تقدم العلوم التجريبية وانتصار البرجوازية الليبرالية في القرن التاسع عشر قد نتجا في ظهور ردود الافعال المضادة ازاء التفكير الميتافيزيقي وهجر القانون الطبيعي وتبني الوضعية القانونية ، الا ان هذا التطور لم يكن كاملاً. فالقانون على سبيل المثال لم يعدّ يعتبر مقولةخالدة ومطلقة بل ظاهرة تتأثر بتغيير الزمان والمكان. ولكن مع هذا فقد تمسك المذهب الوضعي في القانون بفكرة العدالة حين نادى بضرورة تمسك القانون بحد ادنى من الاخلاقية، الا ان نظرية تواجد الحد الادنى من الاخلاقية في القانون ما هي الا صورة هجينة لمذهب القانون الطبيعي.

ان الاخلاق كالقانون لها صفة سننية يعبر عنها في فكرة الواجب، وعليه فالامر الذي يتضمنه القانون لايمكن ان يكون مجرداًعن كل قيمة اخلاقية " اعمل هذا لانه جيد او عادل " [٢٨].

وبناء على ذلك فان الوضعية القانونية قد لازمتها مسحة ايديولوجية اخلاقية في القرن التاسع عشر ، وهذا ما دعا البروفسور كلسن ان يضع في مطلع القرن العشرين اسس النظرية المحضة او الصرفة للقانون التي ترمي الى استبعاد كل عنصر اديولوجي واخلاقي وذلك حين تحدد مفهوم" السنّة القانونية" بمعزل عن السنّة الاخلاقية ومن ثم تؤكد استقلال القانون عن الاخلاق وتبعد القانوني وبالتالي علم القانون عن كل العلوم الاخرى .

أما اسس النظرية المحضة للقانون (او النظرية السنية للقانون) فيقول البروفسور كلسن عنها بان النظرية المحضة او السنية للقانون هي نظرية للقانون الوضعي بصورة عامة وليست لقانون معين، فهي نظرية عامة للقانون وليست تفسيراً لهذا النظام القانوني او ذاك . وهي تريد ان تبقي نظرية وتقتصر على معرفة موضوعها باستثناء أي موضوع آخر. وتهدف الى تحديد ما هو القانون وكيف يتكون، دون ان تتساءل ماذا

يجب ان يكون وكيف يجب ان يتكون. فهي ليست سياسة قانونية بل علماً للقانون وحين تعطي نفسها صفة النظرية المحضة فهي تشير الى انها تقصر تكوين علم يكون القانون موضوعه الوحيد ويتجاهل كل ما لا يستجيب بالضبط لتعريفه (٢٩) . فالمبدأ الاساس اذن لطريقتها هو استبعاد كل العناصر الغريبة على علم القانون .

واذا كانت هذه هي اهداف النظرية المحضة للقانون او علم القانون بالمعنى الدقيق للكلمة . فكيف يدرك كلسن القانون وما هو الاساس الذي يقوم عليه؟

ينطلق كلسن من تمييز اساسي بين الفلسفة الكانتية بين عالم الطبيعة او عالم ما هو كائن وعالم الالزام او عالم ما ينبغي ان يكون .

فعالم الطبيعة يحكمه مبدأ السببية ،فالطبيعة هي مجموعة ظواهر يرتبط بعضها بالبعض الآخر ارتباط السبب بالنتيجة" . وبناء على عالم الطبيعة فهناك قانون يقضي بان المعدن يتمدد او ينصهر حين يعرض الى الحرارة، في الواقع ان هناك علاقة بين سبب (الحرارة) ونتيجة (الانصهار او التمدد) . ولهذا فان قوانين الطبيعة لا يمكن ان تخرق لاننا لا نستطيع ان نجعل مما هو كائن ما لا يكون (٣٠) .

أما عالم الالزام فيحكمه مبدأ العزو . فالعلاقات الاجتماعية بين الافراد تنظمها سنن قانونية آمرة. وبناء على ذلك فالسنّة القانونية تقيم علاقة بين فعل غير مشروع والجزاء الذي يجب ان يتبعه، بحيث ان الجزاء يعزو الى الفعل غير المشروع بمقتضى السنّة القانونية . وهذه القواعد الآمرة لا تفرضها الضرورة كالقواعد التي تحكم عالم الطبيعة بل يمكن مخالفتها او خرقها دون ان يؤدي ذلك الى انتفاء وجودها (٣١) .

وبناء على ذلك فالقاعدة القانونية كالقانون الذي يحكم الطبيعة تقيم علاقة بين واقعتين ، الا ان هذه العلاقة بين الواقعتين هي في قوانين الطبيعة علاقة يحكمها مبدأ السببية ، بينما هي في القواعد القانونية يحكمها مبدأ العزو. فحين تؤكد القاعدة القانونية " اذا ارتكب فرد جريمة فيجب ان يعاقب"، فلا يعني هذا ان الجريمة سبب للجزاء وان الجزاء نتيجة للجريمة ". فالعلاقة التي توجد بين الواقعتين تنتج من

سنة تأمر او تجيز سلوكاً معيناً. فالجزاء يتبع الفعل غير المشروع لان هناك سنة تأمر او تجيز ايقاع الجزاء في حالة ارتكاب فعل غير مشروع [٣٢].

وليس الامر كذلك بالنسبة لقوانين الطبيعة التي تحكمها العلاقة السببية، فالنتيجة لا تتبع السبب لان سنة امرت او اجازت ذلك، بل ان النتيجة تحدث بدون تدخل أي سنة أقامها البشر [٣٣].

وبناء عليه فان مبدأ السببية كمبدأ العزو يقيم علاقة بين ظرف ونتيجة. الا ان طبيعة هذه العلاقة ليست واحدة في الحالتين. فمبدأ السببية يقول " اذا تحقق الظرف (أ) فالنتيجة (ب) ستتم. اذا سخن معدن فانه سيتمدد او ينصهر، أما مبدأ العزو فيقول " اذا تحقق الظرف (أ) فالنتيجة (ب) يجب ان تتم: من يسرق (الظرف) يجب ان يسجن (النتيجة) . مما ذكر اعلاه من معلومات عن السننية القانونية نخلص الى القول لان السننية القانونية هي نموذجاً او تياراً من الوضعية القانونية تتقيد بالقانون فقط ولا تجتهد به ولا تصنع العوامل الاخرى في نظر الاعتبار عند اصدار قرار الحكم. فالقاضي الذي يعتمد السننية القانونية ينظر فقط الى العمل او الفعل المنحرف الذي ارتكبه الجاني ولا ينظر الى ظروف الجاني او الاسباب الاخرى التي دفعته الى القيام بمثل هذا السلوك المنحرف، وعليه فانه يطبق القانون او القوانين التي تنطبق مع السلوك المنحرف، اذ يصدر القاضي الحكم بالسجن المؤبد او الاعدام دون النظر الى ظروف وملابسات الواقعة، أي ينظر الى الموضوع الجرمي نظرة قانونية صرفة فيطبق القانون على الجريمة ويصدر قرار الحكم بالسجن المؤبد او الاعدام اذا كانت القضية قضية قتل، غير ان فعل القتل له سنّة يأخذها القاضي في الحسبان قبل ان يفرض الجزاء [٣٤] . اذن السنّة تقع بين الفعل الاجرامي والجزاء القانوني .

المبحث الثالث : القانون الاجتماعي (Social Law)

يلعب القانون دوراً اساسياً في المجتمعات البشرية، فهو الذي ينظم حياة هذه المجتمعات ويحدد الحقوق والواجبات. والقانون في معناه الواسع يوجد في كل مكان واينما توجد حياة انسانية. كما ان لكل شكل من اشكال الحياة قانونها الذي يحكمها ليضمن بقاءها واستمرارها. فبدون القانون لا يمكن ان يقوم نظام، وبدون النظام يضلّ الناس طريقهم ويضربون في الارض دون وعي او ادراك بطبيعة الاهداف والاعمال التي تحقق مصالحهم المختلفة. ويحتوي المجتمع نوعين من القوانين، القانون الاجتماعي (Social Law) ويتمثل في العادات والتقاليد ويتجه جزء من هذا القانون الى ان يتجسد في قانون الدولة [٣٥]. وهناك القانون الفردي الذي يصنعه الفرد ليخدم مصالحه واغراضه والدافع لوجود القانون الفردي هو تنظيم ممارسة كل فرد لحريته واستخدامه لحقوقه. والقانون الفردي يعتقد بضرورة عدم تدخل القانون في حرية الفرد الا بالقدر الذي يساعده في تحقيق هدفه او اهدافه التي يسعى لتحقيقها [٣٦].

وقد كانت الحياة الاولى التي وجدت عليها البشرية تمثل نسقاً من العلاقات المنظمة في مستويات مختلفة . وقد تمتع القانون البدائي بالتقديس والاحترام المتزايد، هذا على الرغم من انه لم يكن من وضع مشرع ولكنه كان قانوناً غير مدون يعبّر عن روح الجماعة وينبض بمشاعرها ويتمثل في الاعراف والتقاليد والقيم والمعايير الخلقية .

وكان القانون البدائي مقدساً له قواعده التنظيمية وجزاءاته الضابطة ، وفي سبيل تحقيق ذلك يستخدم القوة والقهر من اجل تحقيق الامن والنظام داخل المجتمع، وذلك عن طريق طائفة مسؤولة تتحمل مهمة توقيع الجزاءات، وهذه الطائفة هم كبار السن. وبذلك فان الالتجاء المشروع للقوة من خلال طائفة او هيئة مسؤولة يوليها المجتمع للقيام بهذا العمل يعدّ عنصراً اساسياً يتميز به القانون في أي مجتمع من المجتمعات سواء كان هذا المجتمع متحضراً او بدائياً .

ويعتبر اوكلن براون من ابرز علماء الانثروبولوجيا الذين قالوا بان القانون يعتبر عاملاً من عوامل المحافظة على النظام الاجتماعي او توطيد هذا النظام داخل نطاق اقليمي معين عن طريق ممارسة سلطة القهر او القسر (Coercion) واستخدام القوة الفيزيقية اذا لزم الامر .

وتأسيساً على ذلك يمكن القول بان القانون قد نشأت فكرته عند الانسان منذ القدم لكي يحافظ على الحياة التي يعيشها ويضع الضوابط والقواعد المنظمة للسلوك حتى يعيش في أمن وطمأنينة وحتى يعمل ويرتقي بمستوى معيشته [٣٧].

واذا كان علماء الاجتماع والانثروبولوجيا يذهبون الى ان القانون لا ينشأ الا في ظل المجتمع من اجل تحقيق الاستقرار والتوازن في داخله من خلال استخدام الجزاءات المختلفة، فهذا دليل للتاكيد على ان القانون ينشأ نشأة اجتماعية ويعبّر عن واقع اجتماعي معين .

لقد ظهر القانون الاجتماعي او ما يسمى بالقانون الاشتراكي بعد الانتقادات اللاذعة التي تعرض لها المذهب الاشتراكي في منتصف القرن التاسع عشر . وقد اخذت هجمات المذهب الاشتراكي او الاجتماعي الذي انبثق منه القانون الاجتماعي تقوى وتشتد على النظام الرأسمالي منذ أوائل القرن العشرين . ويقوم المذهب الاجتماعي على اسس تختلف كلية عن تلك التي يقوم عليها المذهب الفردي او الرأسمالي . فالجماعة وليس الفرد عند انصار هذا المذهب هي الغاية التي يسعى اليها القانون. وتعتبر الجماعة كياناً يتميز ويختلف عن مجموع الافراد الذين يكونونها، وينبغي تقديم مصالح الجماعة على مصالح الافراد . فاذا كان هناك تعارض بين المصلحتين ففي هذه الحالة تقدم مصلحة الجماعة على مصالح الافراد. ويؤكد انصار هذا المذهب انه بتحقيق الصالح العام أي صالح الجماعة سيتحقق تبعاً لذلك الصالح الخاص للافراد. ذلك لان الفرد ما هو الا جزء من كيان الجماعة[٣٨].

تأسيساً على ذلك فان الحرية الفردية ليست حقاً طبيعياً كما يقول انصار المذهب الفردي، وانما هي منحة للفرد من الجماعة تتقيد بكل القيود التي تحددها من

اجل تحقيق الصالح العام. وقد ادى هذا التفكير الى توسيع نطاق القاعدة القانونية وزيادة تدخل الدولة . فلم يعدّ دور القانون دوراً سلبياً وانما اتخذ مظاهر ايجابية متعددة.

من خلال هذا العرض للمذهب الاشتراكي او الاجتماعي نلاحظ صورتين له. الصورة الاولى متطرفة وهي تلغي كيان الفرد كلية ولا تؤمن بالملكية الفردية نظراً لكون الملكية ملكية الجماعة. والصورة الثانية معتدلة لا تقضي على كيان الفرد تماماً، وانما تخدم وجوده وملكيته بشرط ان لا يكون هناك تعارض في ذلك مع مصلحة الجماعة .

تقييم المذهب الاشتراكي او الاجتماعي :

ادى الاخذ بهذا المذهب الاشتراكي الى زيادة تدخل الدولة وتسلطها على حساب حرية الافراد. فبعد ان كانت الدولة مجرد حارسة تقف مكتوفة اليدين في المجالات الاجتماعية والاقتصادية، اصبحت الدولة الحديثة مطالبة بالتدخل في جميع مجالات الحياة في المجتمع. ففي المجال السياسي زاد تدخل الدولة ،أما في المجال الاقتصادي فقد تطلب تحقيق العدل الاجتماعي النظر الى الظروف الواقعية القائمة .

نستطيع هنا دراسة القانون الاجتماعي من حيث اساسه واهميته وآثاره في تنمية الحياة الاجتماعية. اذ كان القانون بالنسبة لمذهب القانون الطبيعي يجد اساسه في مباديء خالدة وذات وجود موضوعي يكشفها العقل البشري او يجدها في طبيعة الاشياء، واذا كان القانون كل القانون يجد اساسه في ارادة المشرع (الدولة) وفقاً لمذهب القانون الوضعي، فان مذهب القانون الاجتماعي يؤكد حقيقة اخرى وهي ان القانون يجد اساسه في المجتمع، وبناء على ذلك فان القواعد القانونية ليست مدينة بوجودها لارادة المشرع ولا للعقل، بل ينجبها المجتمع تلقائياً لمجرد ان هناك حياة جماعية مشتركة. فمتطلبات او ضرورات الحياة الاجتماعية هي التي تنجب القواعد القانونية بحيث يكون لكل فئة اجتماعية قواعدها القانونية التي تفرض على اعضائها حكاماً كانوا ام محكومين .

الا ان هذه الرؤية للقانون لم تتبلور وتأخذ شكلها المذهبي الا نتيجة لنشأة علم الاجتماع وتطوره . ولذلك ينبغي الالمام بمذهب القانون الاجتماعي ان نوضح العلاقة بين علم الاجتماع والقانون. غير ان القانوني الذي جاء بنظرية كاملة لنشأة القانون وأساسه انطلاقاً من علم الاجتماع هو العميد دكي[٣٩] .

وعليه لا بد لنا من تخصيص فصل لدراسة مذهب القانون الاجتماعي نبحث فيه العلاقة بين علم الاجتماع والقانون. لقد كانت في السابق طريقة دراسة الانسان والمجتمع تقوم على الاحكام القيمية التي تحدد قيمة الاشياء وسيرة الحوادث وفقاً لاحكام ذات قيمة مطلقة تتعلق بالخير والشر وبالعدل والظلم .

لذا لم تكن الدراسة الاجتماعية تقوم على احكام الحقيقة التي تحدد قيمة الاشياء ومسيرة الحوادث وفقاً لما هي عليه في حقيقتها . كانت هناك محاولات عديدة سبقت دراسة الواقع الاجتماعي دراسة علمية كدراسات ارسطو وابن خلدون وميكافيلي وبودان، الا ان هذه الدراسات لم تخل من الاعتبارات الفلسفية والاخلاقية بحيث يمكن القول ان احكام الحقيقة اختلطت في الوقت نفسه بالاحكام القيمية .

وفي منتصف القرن الثامن عشر قال مونتيسكيو في كتابه" روح القوانين" اننا هنا بصدد ما هو كائن وليس ما يجب ان يكون . الا ان هذا الموقف العلمي بقى معزولاً ولم يكن له الصدى الكافي في ميدان الدراسة العلمية للوقائع الاجتماعية .

لهذا كان يجب ان ننتظر حتى القرن التاسع عشر لنشهد ولادة علم المجتمع او علم الاجتماع. وقد استعمل اوكست كونت هذه التسمية لاول مرة عام ١٨٣٩ في الجزء الرابع من مؤلفه " محاضرات في الفلسفة الوضعية" . ورغبة اوكست كونت في تسمية هذا العلم في البداية باسم الفيزياء الاجتماعية تنم عن قصده في تأكيد الدراسة الموضوعية للوقائع الاجتماعية ، أي تطبيق الطريقة نفسها التي تستخدمها العلوم الطبيعية في البحث ومنها الفيزياء .

ومن هنا كانت بداية الانطلاق في تكوين المدرسة السوسيولوجية التي تبغي دراسة الوقائع او الظواهر الاجتماعية ومنها القانون وفقاً للطريقة التجريدية ولمبدأ السببية .

وقد وجدت المدرسة السسيولوجية اسسها في نهاية القرن التاسع عشر عند (اميل دوركهايم) التي اعلنها في كتابيه الرئيسيين تقسيم العمل الاجتماعي، وقواعد المنهج. فبالنسبة لهذه المدرسة ان الوقائع الاجتماعية والقانون مثلها النموذجي يجب ان تعامل كما تعامل الاشياء، فالوقائع الاجتماعية كما يقول دوركهايم هي اساليب تصرف وتفكير واحساس توجد خارج المشاعر الفردية، وعليه فان الطريقة التي يجب ان تتبع في دراسة الوقائع الاجتماعية هي الطريقة الاستقرائية التي تقوم على الملاحظة المباشرة للوقائع كما هو الامر في العلوم الفيزيائية والطبيعية [٤٠] .

ان هدف المدرسة السسيولوجية هو دمج علم الاجتماع في النظام العام لعلوم الطبيعة كما يقول دوركهايم ، والانسان لا يستطيع العيش خارج المجتمع، فطبيعته تملي عليه ذلك، ومن يعيش او يمكن ان يعيش خارج المجتمع فهو اما ان يكون وحشاً او الهاً على حد تعبير ارسطو، أي شيئاً ما اقل او اكثر من الانسان. لكن المجتمع ليس مجرد تجميع لافراد يعيش بعضهم بجانب البعض، وانما هذا التجمع الانساني من شأنه ان يخلق كائناً جماعياً له حياته الخاصة المستقلة عن حياة الافراد المكونين له. فالمجتمع له اذن وجود مستقل عن وجود الافراد وهو يعلو عليهم .

وفي مثل هذا المنظار للامور يكون القانون نتيجة لتدخل المجتمع بغية حماية وجوده وتطوره. فالمجتمعات التي لم تستطع تنظيم نفسها حيث سادتها الفوضى ، انتهى بها الامر الى الزوال. فمقتضيات وجود المجتمع وضرورة تطوره هي التي امنت وجود القانون [٤١] .

اذن نشأت فكرة القانون بشكل لاحق على حياة الجماعة، فالمجتمعات قد منعت السرقة والسلب مثلاً لان ذلك يسبب اضطراباً في حياة الجماعة ويعيق تطورها، بل يجعل وجودها في خطر. ونتيجة لهذا نشأ القانون لينظم حق التملك وحقوق الملكية .

هذه الحقوق اقتضتها طبيعة الحياة الجماعية ولم يفرضها بشكل مسبق عقل عاقل كما في مذهب القانون الطبيعي . فالقانون سيكون مجموع القواعد التي من شأنها ان تحافظ على حياة المجتمع وتضمن تطوره، فهو اذن قانون موضوعي فرضته متطلبات التضامن الاجتماعي.

مصادر الفصل الرابع

(١)   الشاوي، منذر(الدكتور). مذاهب القانون ، دار الحكمة، ١٩٩١، ص٩.

(٢)   المصدر السابق، ص ٨-٩.

(٣)   المصدر السابق، ص ١٠.

(٤)   المصدر السابق، ص ٢٥.

(٥)   المصدر السابق، ص ٢٨.

(٦)   Henderson, M. Natural Law and logical ldeals. Birmingham, Swift River Press, ١٩٩٩, P. ٨.

(٧)   Anderson, C. Natural Law and Social Development Stockton-On –Tees, The Modern Press, ١٩٩٢, P.٢١.

(٨)   Ibid., P. ٢٣.

(٩)   Maine, Henry. Ancient Law Calculta, Oxford Publishing Co., ١٩٧٢,P. ١٣٣.

(١٠)   ابو الغار، ابراهيم(الدكتور). علم الاجتماع القانوني والضبط الاجتماعي، مكتبة نهضة الشرق، جامعة القاهرة، ١٩٨٥، ص ٧٣.

(١١)   المصدر السابق، ص ٧٣-٧٤.

(١٢)   المصدر السابق، ص٧٤.

(١٣)   المصدر السابق، ص ٧٧.

(١٤)   Silvester , J.R. Natural Law and Social Law, Leeds, the Lion Press, ١٩٩٠,P. ١٧.

(١٥)   Ibid., P.٣٣.

(١٦)   Ibid.,P. ٤١.

(١٧) Tony, B. M. Natural Law and Positivist Law, London, The Corner Press, ١٩٩٢, P. ٣٥.

(١٨) الشاوي، منذر(الدكتور). مذاهب القانون، ص ٧٣.

(١٩) المصدر السابق، ص ٧٥.

(٢٠) المصدر السابق، ص ٧٨.

(٢١) الحسن، احسان محمد(الدكتور). رواد الفكر الاجتماعي، بغداد، مطبعة دار الحكمة، وزارة التعليم العالي والبحث العلمي، ١٩٩٠، ص١٣٣.

(٢٢) المصدر السابق، ص ١٢٣.

(٢٣) Benn, S.I. and R.S. Peters. Social Principles and the Democratic State, London, George Allen and Unwin, ١٩٧٧,P. ٨٣.

(٢٤) Austin, J. Lectures On Jurisprudenenence, London, ١٩٥٥,P. ٣٣.

(٢٥) Ibid., P. ٤٢.

(٢٦) Ibid., P. ٤٨.

(٢٧) الحسن، احسان محمد(الدكتور). علم الاجتماع السياسي، مطابع الموصل، الموصل، ١٩٨٤، ص ١٢٣-١٢٤.

(٢٨) الشاوي، منذر(الدكتور). مذاهب القانون، ص ١١٤.

(٢٩) المصدر السابق ، ص ١١٥.

(٣٠) المصدر السابق، ص ١١٦.

(٣١) Goodhart, S.C. Positivist Law in Transition, Sheffield , The Black Swon Publication House, ١٩٩٦,P. ١٤.

(٣٢) Ibid., P.١٥.

(٣٣) Ibid., P.٢١.

(٣٤) Ibid., P.٤٤.

(٣٥) الشاوي، منذر(الدكتور). مذاهب القانون، ص ١٣٧.

(٣٦)   المصدر السابقن ص ١٣٨.

(٣٧)   Henry, J. M. The Characteristics of Social Law,New York, The Free Press of Glencoe, ١٩٩٣, P.٢٩.

(٣٨)   Ibid., P.٤٤.

(٣٩)   Ibid., P.٦٣.

(٤٠)   Kulcsar,K. Sociology of Law in Socialist Countries, Allami Kiado, Budapest, ١٩٩٨, P.٥١.

(٤١)   Ibid., P.٥٣.

الفصل الخامس

القانون والمجتمع

لقد ظهر القانون لحكم المجتمع واستقراره وطمأنينته، فلا يوجد مجتمع بدون قانون، القانون الذي ينظم المجتمع ويضبط سلوك وعلاقات افراده ويحدد واجباتهم وحقوقهم [١]. غير ان القانون لا يكون فاعلاً دون وجود دولة قوية ومقتدرة تستطيع وضع بنوده ومفرداته موضع التنفيذ [٢]. كما ان القانون لا يظهر الا في المجتمع وتحت ارادة دولة تصرف شؤونه وتنفذ مفرداته وتحاسب من يخرج عن بنوده وتعليماته وصيغه الشرعية. لذا توجد علاقة جدلية بين القانون والمجتمع، فالقانون غالباً ما يظهر لتنظيم شؤون المجتمع وترتيب اوضاعه وتصريف شؤونه والزام الافراد على انتهاج سلوك معين يتأتى من طبيعة قانون المجتمع . والمجتمع لا يمكن ان يكون مجتمعاً دون امتلاكه لقانون ينظمه ويهيمن على اوضاعه ويدير شؤونه العامة والخاصة . لذا لا يمكن فصل القانون عن المجتمع لان كل طرف يكمل الطرف الآخر .

ان هذا الفصل يتكون من اربعة مباحث رئيسية هي ما يلي :

المبحث الاول: العلاقة المتفاعلة بين القانون والمجتمع .

المبحث الثاني: لماذا يطيع الناس القانون ويخضعون له ؟

المبحث الثالث: المصادر الاجتماعية للقانون .

المبحث الرابع : دور العوامل الاجتماعية في قوة القانون وفاعليته .

والآن علينا دراسة هذه المباحث الاربعة مفصلاً .

المبحث الاول: العلاقة المتفاعلة بين القانون والمجتمع

نعني بالعلاقة المتفاعلة بين القانون والمجتمع وظائف القانون للمجتمع أي ما يقدمه القانون من مهام للمجتمع وما يقدمه المجتمع من وظائف ومهام للقانون . ان الوظائف التي يقدمها القانون للمجتمع تقع في ست نقاط رئيسية هي ما يلي :

١- يؤدي القانون دوره الكبير في حل المنازعات بين الناس، فالقانون يأخذ الحقوق من لا يستحقها ويمنحها الى من يستحقها [٣] . وفعل كهذا يهدأ غضب الناس عن طريق ازالة اسباب الظلم والجور الذي تعرضوا له .

٢- القانون ينشر العدالة في ربوع المجتمع لانه يسعى الى تحقيق الموازنة بين الواجبات والحقوق [٤] ، ان القانون يردع الظالم ويأخذ الحق منه ويعطيه للمظلوم بطريقة هادئة بعيدة عن ممارسات الشجار والعنف والعدوان والانتقام.

٣- عندما يسعى القانون الى حل المنازعات والمشكلات بين الناس وينشر العدالة والمساواة بينهم فان هذا لا بد ان يوحد بين الناس ويجلب بعضهم الى البعض الآخر . الامر الذي يكون عاملاً مهماً من عوامل الوحدة والتضامن الاجتماعي الذي لا بد ان يقضي على عوامل الفرقة والانقسام والبعثرة والضعف والتداعي[٥] .

٤- القوانين المدونة او غير المدونة يمكن ان يطلع عليها الافراد والجماعات . وهذا ما يجعل سلوكهم يتوافق مع حكم القانون (Rule of Law) أي يكون سلوكاً عقلانياً هادفاً من ناحية الواسطة والغاية. ومثل هذا النموذج من السلوك يسمى بالسلوك المثالي الذي يعدّ اداة من ادوات تقدم المجتمع ونهضته وتطوره في المجالات كافة[٦] . لذا فالقوانين هي التي تحكم سلوك الافراد ، ومثل هذا السلوك يكون متوقعاً طالما انه ينطبق مع صيغ القانون ومفرداته وتعاليمه المدونة او غير المدونة .

٥- لا يمكـن ان يكـون القـانون موجـوداً في المجتمـع بـدون التشريـع القـانوني (Legislation) فعـن التشريع القانوني يظهر القانون ويكـون فـاعلاً في المجتمـع . ولكـن التشريـع القـانوني يحتـاج الى بحث علمي وخطة وبرامج. وبعد تشريع القانون ينبغي تنفيذه أي وضعه موضع التنفيذ لاسيما بعد مصادقته مـن قبـل الملـك او رئيس الدولـة والنظـام . وعنـد التنفيـذ تـأتي مرحلـة المتابعـة والتقويم.

٦- يؤدي القانون دوره الفاعل في حماية الفرد او المواطن من الاستغلال وغمط الحقـوق . فالقـانون يحرص حرصاً تاماً على ان الشخص يأخذ حقه ولا يأخـذ حـق غـيره. لان الظلـم يبـدأ مـن هـذه النقطة . فاذا اخذ كل مـواطن حقـه فـان العدالـة لا بـد ان تنتشر في ربـوع المجتمـع وتتعمـق وتصبح جزءاً لا يتجزأ من حياة الافراد الذاتية والموضوعية [٧] . وهذا يـدعو الى التنميـة والتقـدم والتكامل الاجتماعي لان المواطـن يرى بان ازالة الظلم والتعسف والقهر عنه لا بد ان تدفعه الى العمل الدؤوب والناجز الذي يحقق الاهداف المتوخاة .

أما الوظائف التي يقدمها المجتمع للقانون فيمكن تحديـدها بخمـس نقـاط اساسـية هـي عـلى النحو الآتي :

١- المجتمع هو الذي يعين الجهة او الهيئة التي ترعى استعمال القانون وتطبيقـه لـكي يفعـل فعلـه المؤثر في ادارة المجتمع وتنظيمه [٨] . فاذا كانـت الهيئـة او الجهـة قويـة ومحترمـة ومهابـة فـان القانون يأخذ طريقه الى التنفيذ، والعكس هو الصحيح اذا كانت الجهة الراعية للقـانون ضـعيفة ومذبذبة وتنقصها الارادة والقدرة والكفاءة .

٢- المجتمع هو الذي ينفق الاموال لتشريع القوانين وتنفيـذها [٩] . فضـلاً عـن انـه يؤسـس الهيئـات والمنظمات القضائية والقانونية التي تعمل من اجل تنفيذ القانون .

٣- المجتمع هو الذي يجهز الهيئات القانونية والمؤسسات القضائية بالملاكات والكوادر العلمية والادارية المتخصصة التي من شأنها ان تصنع القوانين وتلغيها او تعدلها وتضعها موضع التنفيذ (١٠)

٤- معظم القوانين تعتمد على عادات وتقاليد وقيم ودين المجتمع . وبدون العادات والتقاليد والقيم والاديان من الصعوبة بمكان صناعة القانون . ذلك ان العادات والتقاليد والاديان والقيم تعدّ من اهم المصادر الاجتماعية للقانون (١١) . واذا تغيرت العادات والتقاليد والقيم فان القوانين لا بد ان تتغير لتتجاوب وتتناغم معها .

٥- المجتمع هو الذي يوعز بتشريع القوانين . والقوانين التي يحتاجها المجتمع انما تعتمد على ظروفه ومعطياته ومشكلاته الموضوعية والذاتية. وتشريع القوانين لا يتم دون وجود دراسة تطبيقية لجانب او مشكلة من مشكلات المجتمع ودون وضع خطة لها واسطة وغاية. وبعد انجاز التشريع القانوني تبدأ عملية التنفيذ الاداري ثم المتابعة والتقويم، وهي عمليات يتبناها المجتمع لانها تخدم اغراضه وتحقق اهدافه وطموحاته . لذا فالقانون يعبّر عن طبيعة المجتمع وظروفه ومعطياته ومشكلاته. علماً بان المجتمع هو الذي يحدد طبيعة القوانين المشرعة من حيث حزمها وشدتها وصلابتها او من حيث تساهلها او ليونتها وشفافيتها. لذا فاننا نستطيع معرفة طبيعة المجتمع من معرفة طبيعة قوانينه. وهنا يؤدي المجتمع دوره الفاعل والمهم في طبيعة وجوهر القوانين التي يعتمدها في تنظيم شؤونه وحياته.

المبحث الثاني: لماذا يطيع الناس القانون ويخضعون لنصوصه ؟

هناك عدة عوامل نفسية واجتماعية وفلسفية ودينية وسياسية تدفع الناس الى طاعة القوانين والعمل بموجب بنودها ومفرداتها. ذلك ان طاعة القوانين والعمل بها وتنفيذها انما هي عملية اسهل بكثير من عدم الطاعة والعصيان والتمرد. ذلك ان طاعة القوانين والعمل بها تجلب لصاحبها القبول والاستحسان والرضا بينما عدم اطاعة القوانين تجلب لصاحبها الرفض والاستهجان والطرد وربما العقوبة. ان هناك العديد من العوامل التي تفسر خضوع الناس للقوانين وطاعتهم لها والعمل وفقاً لمفرداتها وبنودها. ومن اهم هذه العوامل ما يلي :

١- العمل بموجب القوانين وطاعتها وتنفيذها كما هي تجعل الفرد يشعر بان عمله هذا هو عمل صحيح ومحق لان القوانين جاءت لخدمة المصلحة الجماعية وان طاعتها تخدم الصالح العام بينما عصيانها يقف ضد الصالح العام ويتحدى مشيئة المجتمع .

٢- القانون يتماشى مع العدل وان طاعته انما هو عمل عادل، بينما مخالفته وعصيانه يقف ضد مبدأ العدالة والاستقامة ويتحدى المجموع.

٣- يطاع القانون لانه يتمتع بدرجة عالية من المصداقية والصوابية وانه ينطبق مع العقل والمنطق والحكمة فضلاً عن كونه منزلاً من الاعلى[١٢]. بينما عصيان القانون ورفض العمل وفقاً لمفرداته انما يتعارض مع المنطق والعقل والحكمة والبصيرة ويرفض المصدر الاعلى الذي اشتق القانون منه.

٤- يطاع القانون لانه يمثل الارادة المقدسة، أي ارادة الله سبحانه وتعالى لاسيما اذا كانت السلطة القانونية تستند على نظرية التفويض الآلهي[١٣]. فالملك او صاحب السلطة السياسية هو في حالة اتصال دائم مع الله سبحانه وتعالى وانه حلقة وصل بين الله والناس لاسيما وانه ظل الله في الارض . فالذي يطيع القانون فهو يطيع الله سبحانه وتعالى والذي يعصي القانون ولا يطيعه فانه يعصي ـ ارادة الله سبحانه وتعالى ولا يطيعه لان القانون منزّل من الله سبحانه وتعالى عبر الملك او الحاكم او

الخليفة. لذا فطاعة القانون تعتمد على قدسيته لانه منزّل من الله سبحانه وتعالى[١٤] .

٥- هناك سبب آخر يدفع الناس الى طاعة القانون هـو ان القـانون جـاء لينظم المجتمع وينشر الامـن والسلام والطمأنينة في ربوعه .فاذا حظي القانون بالطاعة فانه ينجح في اداء مهامه ووظائفـه التـي هي تنظيم المجتمع وتصريف شؤونه ونشر العدل والسلام والاستقرار في ربوعه[١٥] . أما اذا لم يحظـى القانون بالطاعـة والاحـترام فانـه لا بـد ان يفشـل في اداء وظائفـه الاساسية وهـي تنظيم المجتمـع والسيطرة على شؤونه ونشر الامن والاستقرار في ربوعه .

٦- يطاع القانون ويحترم لانه يدافع عن مصالح مجموع ابناء المجتمع ولا يدافع عن مصالح واماني زمرة او شرذمة من افراده[١٦] . فطالما يخدم القانون مصـالح واهـداف وأمـاني اغلبيـة ابنـاء المجتمـع فـان طاعته تكون واجبة. والعكس هو الصحيح اذا كان القانون يخدم مصـالح جماعـة اقليـة ذات نـوازع غرضية ضيقة.

٧- يطيع الناس القانون لان نصوصه وبنوده ومفرداته تتطابق مـع الادراك الـواعي للعقـل وان القـانون يعبّر عن الارادة الطبيعية بمعنى آخر ان بنوده ونصوصه تكون مبررة ومسندة بـالحجج والمسـوغات العقلانية الواعية وتبتعد كل البعد عن العاطفة والانفعال والمصلحة الذاتية الضـيقة[١٧] . لـذا تكـون طاعة مثل هذا القانون واجبة على الجميع من ذوي العقول الراجحة والمفكرة والواعية .

٨- يكون القانون نافذاً ومطاعاً اذا كـان ينبـع مـن روح الالتـزام الاخلاقـي (Moral Obligation) أي كـان مشبعاً بالقيم الاخلاقية التي تقوّم المجتمع وتبني الانسان وتفجر طاقاته المبدعـة والخلاقـة[١٨] . امـا اذا كان القانون يبتعد عن روح الالتزام الاخلاقي ولا ينطوي على القيم الاخلاقية التي يثمنها الجميـع فان الافراد ينفرون من ذلك القانون ولا يقبلونه بل يتهربون منه كلما اسـتطاعوا الى ذلـك سـبيلا لان القانون ببساطة خال من القيم الانسانية والاخلاقية ويضرّ بمصالح المجموع لانه لا يساعد الناس على التعاون والتكاتف من اجل الوصول الى اهدافهم وطموحاتهم القريبة والبعيدة .

المبحث الثالث : المصادر الاجتماعية للقانون

هناك عدة مصادر اجتماعية للقانون لعل اهمها ما يلي :

١- الدين .

٢- العادات والتقاليد الاجتماعية .

٣- القيم الاجتماعية .

٤- الظروف والمعطيات الاقتصادية والاجتماعية .

٥- اديولوجية النظام الاجتماعي - السياسي .

والآن علينا دراسة مصادر القانون هذه بشيء من التفصيل والتحليل .

١- الدين :

يعدّ الدين من اهم مصادر القانون حيث ان العديد من القوانين والتشريعات القانونية تستند الى مصادر دينية مقدسة (١٩)، فالاسلام مثلاً هو المصدر الاول للقوانين التي تعمل بها الدول العربية والاسلامية . ان الاسلام يشع بالقيم الدينية الخيرة التي تدعو الى الخير والفضيلة والكمال والطهارة وتوصي بالصدق في القول والاخلاص في العمل ومساعدة الناس وعدم الحاق الاذى والضرر بهم وتريد نشر العدالة والحرية والمساواة بين الافراد والجماعات . فضلاً عن الاوامر والنواهي الدينية التي يؤكد عليها الاسلام ويسعى الى نشرها بين الناس وبلورتها في النفوس. علماً بان العديد من الاوامر والنواهي قد اصبحت من الدعائم الاساسية للتشريع القانوني في الاسلام كالحفاظ على الامانة والابتعاد عن شرور القتل والسرقة والابتزاز والكذب والتزوير ٠٠٠٠ الخ مع ضرورة تحلي المسلم بالتواضع وعدم التكبر والابتعاد عن العنجهية والغرور. وقد اكد القرآن الكريم والاحاديث النبوية الشريفة والشريعة الاسلامية في اكثر من مناسبة واحدة على اهمية هذه القيم والتعاليم والاوامر الدينية في تقدم المجتمع ورفعته وفي سمو الشخصية وتكامل عناصرها وتكيفها مع المجتمع . علماً بان اهمية هذه القيم

السلوكية قد تجسدت في القوانين والتشريعات الاجتماعية التي يعتمدها المجتمع العربي الاسلامي في ترتيب حياته وتنظيم علاقاته الانسانية .

وفي هذا المجال علينا ان نشير الى ان التزام الافراد والجماعات بالقيم والقوانين المتأتية من الدين الاسلامي قد شاركت في تحرر الفرد من العقد والامراض والادران النفسية والاجتماعية وزيادة حيويته وفاعليته الى درجة انه يستطيع اداء مهامه في بناء المجتمع والحضارة بناءاً قويماً وصلداً [٢٠] .

٢- العادات والتقاليد الاجتماعية :

من المصادر الاخرى للقانون في المجتمع العربي الاسلامي العادات والتقاليد الاجتماعية . فالعادات هي اشكال وطرق التفكير والسلوك المستقر عند الافراد والجماعات [٢١] . وهي التي تصف الممارسات الروتينية للحياة اليومية والاحكام الداخلة ضمن الروتين والنماذج الحضارية المستمدة من التصرفات المتكررة والمستقرة [٢٢] .أما التقاليد فهي مجموعة النماذج السلوكية التي ينبغي الالتزام بها من قبل الافراد لما لها من اهمية تقليدية واجتماعية وحضارية بالغة في التفاهم والمودة والتماسك والوحدة [٢٣] . علماً بان العادات والتقاليد الاجتماعية تشكل جزءاً كبيراً من القوانين والتشريعات الاجتماعية التي تحكم سلوكنا وعلاقاتنا اليومية والتفصيلية .

ان القوانين والتشريعات الاجتماعية التي تعتمد على قوة العادات والتقاليد ذات السمات الحضارية المتميزة والخصوصيات الوطنية الظاهرة لا بد ان تمنح المجتمع خصاله النادرة وصفاته التاريخية التي تجعله يختلف كل الاختلاف عن المجتمعات الاخرى في شخصيته الوطنية وهويته القومية وحضارته الاجتماعية[٢٤]. ومثل هذا التباين في القوانين بين المجتمع العراقي قيد الدراسة والفحص والمجتمعات الاخرى يجعل المجتمع العراقي متمتعاً بدرجة من الاستقلالية والاعتماد على الذات . الامر الذي يمكنه من بلوغ النهوض والتقدم والرفاهية والاستقرار .

٣- القيم الاجتماعية :

تعدّ القيم الاجتماعية بنوعيها الايجابي والسلبي مصدراً مهماً من مصادر القانون والتشريعات الاجتماعية طالما ان المشرع القانوني دائماً يهتدي بقيم مجتمعه لاسيما الايجابية منها عندما يصنع القوانين او يشرعها. لو نظرنا الى قانون الاحداث او قانون الشباب او قوانين الاحوال المدنية المتعلقة بالمرأة او قوانين الزواج والطلاق والميراث او قوانين تنظيم حياة الاسرة نشاهد بان هذه القوانين تكون عادة مشتقة من القيم الاجتماعية التي تنظم حياة الاحداث والشباب والنساء والعوائل . علماً بان تعريف القيم هو انها ضوابط سلوكية وتفاعلية تضع ممارسات الافراد وتفاعلاتهم الاجتماعية في قوالب معينة يوافق عليها المجتمع ويرتضيها لانها تكون منسجمة مع طبيعة الحياة الاجتماعية [٢٥] .

والقيم سواء كانت ايجابية او سلبية يتعلمها الفرد من محيطه الذي يعيش فيه ويتفاعل معها. من امثلة القيم الايجابية الصدق والتعاون والتواضع والصراحة والنقد والنقد الذاتي والثقة العالية بالنفس والتفاؤل والعدالة والديمقراطية والمساواة، ومن القيم السلبية الكذب والغش والنميمة والنفاق والجبن والطائفية والطبقية والعنصرية وعدم احترام الاعمال الحرة والمحسوبية والمنسوبية ٠٠٠٠ الخ من القيم الضارة التي يدينها المجتمع .

لو ربطنا قانون جنوح الاحداث بالقيم لشاهدنا بان القانون الذي يدين الفعل المشين الذي يقوم به الحدث كالسرقة والقتل والغش والتزوير والاحتيال انما يعتمد على الادانة التي يوجهها المجتمع للقيم والافعال السلبية التي يرتكبها الاحداث كالاختلاط بابناء السوء والكذب والغش وجلب الضرر للآخرين والغدر والخسة ٠٠٠٠ الخ . والقانون يحاول اصلاح الاحداث الجانحين من خلال اعتماد القيم الايجابية التي يثمنها المجتمع .

وقوانين الاحوال الشخصية الخاصة بانصاف المرأة وازالة الغبن والحيف والضرر الذي غالباً ما تتعرض اليه يعتمد على القيم الاجتماعية التي تدافع عن حقوق

المرأة وتنصفها وتزيل الغبن عنها (٢٦) . وهذه القيم تتجسد بتقدير المرأة واحترامها وافساح المجال امامها بالمشاركة في بناء الصرح الحضاري للمجتمع وتربية الابناء تربية سليمة وصالحة ٠٠٠٠ الخ.

٤- **المعطيات والظروف الاقتصادية والاجتماعية :**

من المصادر الاخرى للقانون المعطيات والظروف الاقتصادية والاجتماعية التي يشهدها المجتمع . فهذه المعطيات والظروف هي التي تملي على رجال القانون والتشريع صياغة القوانين التي تسهل المسيرة الاقتصادية والاجتماعية للمجتمع وتحافظ عليها الى درجة ان القوانين المشرعة تعزز عملية البناء الاقتصادي والاجتماعي وتدعمها وتمكنها من السير الى أمام وتقف ضد كل ما من شأنه ان يضر بالقطاعات والمؤسسات الاقتصادية والاجتماعية (٢٧) .

ان التزاوج بين الرواسب المادية وغير المادية التي ورثها المجتمع من الفترات السابقة وبين الاوضاع الاقتصادية والاجتماعية الجديدة التي عاصرها في ظل ظروف التنمية والتطوير قد ادى دوره الفاعل في تشريع قوانين جديدة تدعو الى العمل الجماعي وتحترم العمل اليدوي وتساوي بين ابناء الفئات والطبقات الاجتماعية في الواجبات والحقوق وتفسح المجال امام المرأة بالدخول الى شتى الاعمال والمهن وتحفز الافراد على اكتساب التربية والتعليم بغض النظر عن الفئات والشرائح الاجتماعية التي ينحدرون منها

ناهيك عن التشريعات الجديدة التي تعمق ممارسات الحرية والديمقراطية وتحارب الاحتكار والاستغلال والتسلط وتخفف الفوارق الحضارية بين المدينة والريف وتحث الافراد على احترام العمل وتقديسه .

وعلى الرغم من الظروف والملابسات والاحداث الصعبة التي شهدها المجتمع العراقي في تاريخه الحديث فان القوانين المشرعة بقيت مستمرة ومتجددة على طول العصور والازمان لان لها قيمتها الذاتية ومبادءها الانسانية القابلة على الانتشار والتعميم، فهي توفق بين ارادة الحاكم وحرية المحكوم وتحترم الملكية الفردية .

فضلاً عن دور هذه القوانين في عدم التفريق بين الاجناس والالوان وتصر على قسط معين من الادب والحشمة في حياة الجنسين الرجل والمرأة وتساوي بينهما الا في حالات معدودة في الحقوق والواجبات (٢٨) .

٥- اديولوجية النظام الاجتماعي - السياسي :

ان اديولوجية النظام الاجتماعي - السياسي هي من اهم مصادر القانون . فالقوانين التي تشرعها المجتمعات تعتمد على طبيعة نظمها السياسية والاجتماعية . فالقوانين الاشتراكية تختلف عن القوانين الرأسمالية ، والقوانين الاخيرة تختلف عن القوانين الاسلامية . ومهما يكن من امر فان طبيعة النظام الاجتماعي - السياسي تملي عليه اديولوجية معينة كالاديولوجية الرأسمالية او الاشتراكية او الشيوعية او الاسلامية. ومن صميم هذه الاديولوجية تنبثق القوانين والتشريعات الاجتماعية التي تتوافق مع طبيعة النظام الاجتماعي السياسي (٢٩) .

تكون قوانين وتشريعات المجتمع الرأسمالي منحازة للفرد ضد الجماعة اذ تعتبر الفرد المحور الاساس الذي يتقدم على الجماعة والمجتمع. لذا تمنح القوانين الرأسمالية المكاسب والتسهيلات للفرد وتعطيه الحرية الكاملة في مزاولة جميع نشاطاته . بينما تنحاز القوانين في المجتمعات الاشتراكية والدول الشيوعية الى الجماعة وضد الفرد، اذ تقيد حريات الفرد وتوسع حريات الجماعات والنظم الجماعية . وهنا تكون القوانين معاكسة لارادة الافراد ومع ما تريده الجماعة وتصبو اليه .

أما في المجتمعات الاسلامية فتكون القوانين والتشريعات الاجتماعية منصفة لحقوق الفرد وحقوق الجماعة على حد سواء . ذلك ان الحريات تمنح للافراد والجماعات دون تفضيل اية جهة على الجهة الاخرى . ومع هذا فان المجتمع الاسلامي لا يكون منحازاً للجماعة ضد الفرد، بينما يكون معتدلاً ومتوازناً في نظرته الانسانية لكل من الفرد والجماعة .

المبحث الرابع: دور العوامل الاجتماعية في قوة القانون وفاعليته

قد يكون القانون الذي يعمل فيه فاعلاً ومؤثراً ويحظى بقبول الجميع من ابناء المجتمع ويستطيع تنظيم المجتمع وتصريف شؤونه وحسم النزاعات والصراعات بين افراده، او قد يكون ضعيفاً وهزيلاً لا يقوى على حل أي نزاع او مشكلة قائمة ويفشل في تنظيم المجتمع وقيادته بطريقة تضمن تحقيق اهدافه وطموحاته القريبة والبعيدة . وهناك سبعة عوامل اساسية تدعو الى قوة القانون وفاعليته في المجتمع . وهذه العوامل هي على النحو الآتي :

١- **اشتقاق القانون من الواقع الاجتماعي والبيئي الذي يعمل فيه:**

يكون القانون فاعلاً وذا قوة كبيرة في حل النزاعات وحسمها بين الافراد والجماعات اذا كان متأتياً من الواقع الاجتماعي والبيئي الذي يعمل فيه، أي ان لا يكون غريباً عن واقع المواطنين ومجتمعهم وقيمهم وعاداتهم وتقاليدهم . واذا كان القانون واقعياً وموضوعياً فانهم يفهمونه ويستوعبون مفرداته ويحترمون نصوصه ويأخذون بها في حياتهم اليومية والتفصيلية . كما ان مثل هذا القانون يستطيع معالجة مشكلاتهم وتذليلها وجلب الامن والاستقرار والطمأنينة لهم .

أما اذا كان القانون بعيداً عن واقع الافراد والجماعات وانهم لا يفهمونه ولا يستوعبون مضامينه ولا يمكن ان يخدمهم بشيء فان القانون يكون ضعيفاً وغير قوي، أي لا يكون فاعلاً في تطوير اوضاعهم او حل مشكلاتهم الآنية والمستقبلية.

لذا فموضوعية وواقعية وعلمية القانون تكون بمثابة العامل الاساس الذي يساعد في قوته وفاعليته واقتداره على تحسين اوضاع الناس وتنمية مجتمعهم المحلي وتخفيف حدة مشكلاتهم ومعاناتهم اليومية والتفصيلية . وهنا يكون القانون ناجحاً في ضبط سلوك الناس وتصريف شؤونهم وتسوية النزاعات التي قد تقع بينهم لانه جاء من وسطهم الاجتماعي والحضاري والبيئي الذي يعيشون فيه ويتفاعلون معه.

٢- **قوة السلطة القضائية التي تدعم القانون وتستخدمه في احلال العدالة بين الناس :**

ان قوة القانون وفاعليته في المجتمع انما تعتمدان على قوة وهيبة السلطة القضائية او قوة اجهزة العدالة الجنائية التي تدعم القانون وتستخدمه في احلال العدالة بين الناس (٣٠). وقوة السلطة القضائية تعني سرعة اجراء المحاكمات الاصولية بعد جمع الادلة والبيانات والمستمسكات والشواهد عن القضية المعروضة امام المحكمة مع فاعلية نفوذ وشخصية القضاة وحسم القضايا المعروضة على المحاكم باسرع وقت ممكن وعدالة الحكم وتنفيذ قراره بالسرعة الممكنة. فضلاً عن جلب اطراف القضية الى المحكمة لتتم عملية محاكمتهم . واخيراً ينبغي ان تكون السلطة القضائية مدعومة من قبل الدولة والسلطة السياسية الحاكمة .

أما اذا كانت السلطة القضائية التي تستعمل القانون في حل القضايا والنزاعات ضعيفة ومنحازة لطرف من الاطراف ولا تحسم القضايا المحالة اليها بالسرعة الممكنة فان القانون الذي بيدها سوف يكون هزيلاً وغير فاعل اذ لا يحظى باحترام وتقدير الافراد والجماعات ويكون مجرد حبراً على ورق (٣١).

٣- **حيادية القانون وعدم تحيزه لاية جهة او فئة :**

من العوامل المساعدة على قوة القانون وفاعليته ان يكون محايداً وغير منحاز لاية جهة او فئة او زمرة من زمر المجتمع . فالقانون هو واحد وانه يطبق على الجميع بدون استثناء (٣٢). ذلك ان الكل سواسية امام القانون فلا فرق بين غني وفقير وبين حزبي وغير حزبي وبين مواطن اسود ومواطن ابيض، فالكل يخضعون للقانون بغض النظر عن الخلفية الاجتماعية والمعتقد السياسي والطبقة الاجتماعية والانحدار الاثني والقومي. عندما يكون القانون محايداً وينطوي على نصوص قانونية منصفة للجميع فانه يكون محترماً ويحظى بتأييد الجميع .

أما اذا كان القانون من حيث فحواه او تطبيقه منحازاً الى فئة من الناس دون الفئة الاخرى او يطبق على فئة ولا يطبق على فئة أخرى لاعتبارات تتعلق بالحسب

والنسب والطائفة والعشيرة والعنصر فان القانون لا يكون محترماً من قبل الناس لانه منحاز ومتعصب. وعليه فانه لا يكون قوياً ولا فاعلاً في حسم القضايا وحل المنازعات وتصريف أمورالدولة والمجتمع .

٤- خدمة القانون لمصالح الافراد والجماعات :

من العوامل المؤدية الى قوة وفاعلية القانون خدمته لمصالح الافراد والجماعات عن طريق جلب الوئام والانسجام بينهم وحل النزاعات والخصومات التي قد تنشب فيما بينهم وتحقيق العدالة بين الناس . فضلاً عن اهمية القانون في الانتصار للمظلوم ضد الظالم واتخاذ القرارات القضائية التي من شأنها ان تجلب الخير العميم والرفاهية والاستقرار والسلام والتفاهم بين الافراد والجماعات [٣٣] .

اذ ثبت للناس بان القانون يسعى لجلب الخير والرفاهية بين الناس ويحل النزاعات ويجلب الهدوء والاستقرار والسلام لهم فانه أي القانون يكون قوياً وفاعلاً في المجتمع الذي يعمل فيه. أما اذا ثبت العكس أي ان القانون دائماً يجلب الشر والاذى للناس ولا ينصف احوالهم ولا يستطيع حل النزاع والخصام بينهم ويغمط حقوق الناس ويسيء الى سمعتهم ويظلمهم عمداً فان الناس ينتقدون القانون ويستخفون به. لذا لا يكون القانون قوياً وفاعلاً وذا تأثير في المجتمع لانه لا يعمل لمصالح الناس بل يعمل دائماً للنيل منها والاستهتار بها .

٥- استناد القانون على الشرعية السياسية والاخلاقية :

ومن العوامل الاجتماعية الاخرى المساعدة على قوة القانون وفاعليته استناده على الشرعية السياسية والاخلاقية . بمعنى ان القانون يستند على مبرر سياسي كأن يكون عقلانية ودستورية وديمقراطية النظام السياسي أي انه منتخباً انتخاباً ديمقراطياً حراً من قبل الجماهير ويحظى بصفة الشرعية والقانونية [٣٤] . وهنا يكون النظام السياسي وقوانينه المعتمدة شرعية ومقبولة من لدن الشعب بجميع عناصره وفئاته السكانية .وقد تستند الشرعية السياسية على مبرر الصالح العام ، أي ان النظام يعمل لمصلحة المجموع ولا يعمل لمصلحة فئة او زمرة معينة ، وعندما يكون النظام السياسي

شرعياً نتيجة مسوغ الصالح العام فان القوانين التي يعتمدها النظام السياسي تكون شرعية ومطاعة وتحظى بقبول الجماهير .

أما الشرعية الاخلاقية التي يتمتع بها القانون فهي ان القانون يتجاوب مع اخلاق وقيم ومثل وآداب المجتمع لانه مشتق منها. وعندما تكون الاخلاق والقيم والمثل مقبولة فان القانون المتأتي منها يكون شرعياً ايضاً،أي يحظى بقبول وتجاوب اغلبية ابناء الشعب او المواطنين . في حين لا يكون القانون شرعياً ولا اخلاقياً اذا لم يستند على سلطة شرعية تنبثق شرعيتها من المبرر العقلاني او الكرزماتيكي او مبرر الصالح العام . كمالا يكون القانون اخلاقياً اذا تبين بانه يتعارض مع الاخلاق والقيم والمثل التي يتبناها المجتمع ويحتضنها .

٦- تماسك المجتمع وعدم وجود الانقسامات السياسية والاجتماعية والعقائدية والعنصرية بين افراده :

تكون القوانين فاعلة وقوية ومحترمة في المجتمع اذا كان الاخير متماسكاً وخالياً من الانقسامات السياسية والاجتماعية والعقائدية والعنصرية[٣٥]. ذلك ان وحدة المجتمع وتماسكه تقودان الى قوة القانون في ضبط سلوك الافراد والجماعات . فتماسك المجتمع ينتج في هيبة وقوةووقار السلطة الحاكمة التي تشرع القوانين وتطبقها في محاولة منها لحكم المجتمع وتصريف شؤونه والسيطرة على مشكلاته .

أما اذا كان المجتمع منقسماً على نفسه الى شيع واحزاب وجماعات وطبقات متنافرة فان سلطته العليا تكون ضعيفة وغير محترمة وان قوانينها تكون ضعيفة ومذبذبة وغير فاعلة في حل القضايا والنزاعات وتسوية الخلافات التي قد تحدث بين ابناء وفئات المجتمع وعاجزة عن تحقيق التنمية والتقدم في قطاعات المجتمع المختلفة[٣٦]. اذاً درجة تماسك المجتمع تلعب الدور الفاعل في قوة القانون واقتداره .

٧- قوة الدولة وبسط نفوذها على جميع المناطق الحضرية والريفية والقروية :

ان قوة القانون وفاعليته هي من قوة الدولة وبسط سلطانها على جميع مناطقها الحضرية والريفية والقروية . اذا كانت الدولة قوية في قيادتها وامكاناتها المادية

والاعتبارية والعسكرية والامنية فان قوانينها التي تحاول تطبيقها في الاصقاع التي تسيطر عليها تكون قوية وفاعلة ، أي يطيعها المواطنون ويحترمونها ويعتبرونها وسائل ناجعة في تنظيم المجتمع واستقراره والسيطرة على انشطته [٣٧]. فالدولة القوية هي القادرة على حمل المواطنين على اطاعة قوانينها والعمل وفقاً لنصوصها .

أما اذا كانت الدولة ضعيفة ومشتتة السيادة اذ ان سيادتها لا تسيطر على جميع اجزائها فان قوانينها تكون ضعيفة في ضبط سلوكية وتفاعلات افرادها، أي ان القانون لا يحظى بالاحترام والتقدير لانه لا توجد الدولة القوية التي تستطيع فرضه على الناس سواء كانوا ظالمين او مظلومين [٣٨]. لذا لا يستطيع القانون ان يكون وسيلة ضبط اجتماعي فاعلة اذا كانت الجهة التي تدعمه مذبذبة وهزيلة .

مصادر الفصل الخامس

(١)   Broom .L. and P. Selznick , Sociology, New York, Harper and Row Publishers, ١٨٩٨١, P. ٣٧٩.

(٢)   Ibid., P. ٣٨٠.

(٣)   Headley,H. Functions of Law to Society , New York, Sunny Press, ١٩٩٩,P. ١٢.

(٤)   Ibid., P. ١٠.

(٥)   Ibid., P. ١٥.

(٦)   Ibid., P. ٢٠.

(٧)   Makenzie, R.T. Law and Justice, London, the Modern Press, ١٩٨٢, P.٢٩.

(٨)   Rime, K. The Importance of Society to Law, London, the Corner Press, ١٩٩٨, P.٤٥.

(٩)   Ibid., P. ٤٦.

(١٠)   Ibid., P. ٥١.

(١١)   Collis, N. Law and Society, London, Longman, ١٩٩١, P. ٣٩.

(١٢)   Benn, S. I. And R.S. Peters.Social Principles and the Democratic State, George Allen and Unwin, ١٩٧١, P. ٥٨.

(١٣)   الحسن، احسان محمد(الدكتور). علم الاجتماع السياسي، مطبعة جامعة الموصل، الموصل، ١٩٨٤، ص ١٣٨.

(١٤)   المصدر السابق، ص ١٣٨-١٣٩.

(١٥)   Stacey, A. The Foundations of Law, London, Thames Press, ١٩٩٣, P. ١١.

(١٦)   Green, T. H. Lectures On the Principles of Political Obligation , London, The University of Cambridge Press, ١٩٨٨, P. ٣٦.

(١٧)   Simon, R. The Philosophy of Democratic Government , Chicago, ١٩٧١, PP. ٢٠-٢١.

(١٨)   Green, T. H. Lectures On the Principles, of Political Obligation,P. ٤١.

(١٩)   Thomas, W. I. The Major Sources of Law, London, Henry's Press, ٢٠٠١, P.V.

(٢٠)   Ibid., P. ١١٤.

(٢١)   العقاد، انور(الدكتور). المجتمع العربي، حلب، مطبعة الشرق، ١٩٨٥، ص ٨.

(٢٢)   المصدر السابق ، ص ١٠.

(٢٣)   الحسن،احسان محمد(الدكتور). طبيعة المجتمع العراقي، بغداد، ٢٠٠٤، ص ١٨٩.

(٢٤)   المصدر السابق، ص ١٩٠.

(٢٥)   المصدر السابق، ص ١٨٨.

(٢٦)   المصدر السابق، ص ٨٩.

(٢٧)   الحسن، احسان محمد(الدكتور). مقومات المجتمع الانساني، دراسة منشـورة في كتـاب دراسـات في المجتمع العربي، عمان ، ١٩٨٥، ص ١٢-١٤.

(٢٨)   المصدر السابق، ص ٢٠.

(٢٩)   Barrows,R. Principles of the Sociology of Law , Half- Crescent Press, London , ١٩٩٢, P. ١٦.

(٣٠)   Kulcsar, Kalman. Factors Influencing the Effectiveness of Law , Budapest, Kiado Allami, ١٩٩٣, P.V.

(٣١)   Ibid., P.١١.

(٣٢)   Ibid.,P. ٢٥.

(٣٣)   Ibid., P.٢٨.

(٣٤)   Kelley, H. Law and Society, London, Longman, ١٩٨٦,P. ٥٥.

(٣٥)   Davis, H. Law in Action, new York , John Wiley, ١٩٩١, P. ٥٩.

(٣٦)   Ibid. P. ٧٣.

(٣٧)   Ibid.,P. ٧٩.

(٣٨)   Ibid.,P. ٨٢.

الفصل السادس

العلاقة بين القانون والدين والاخلاق والقيم والعادات والتقاليد

مقدمة تمهيدية

هناك علاقة متفاعلة بين القانون والدين من جهة والقانون والاخلاق والقيم والعادات والتقاليد من جهة اخرى طالما ان جميع هذه الاشياء هي ضوابط اجتماعية تحدد سلوك الانسان وتحدد علاقته باخيه الانسان في المجتمع وترسم الاطار الذي تتحرك فيه الجماعة داخل المجتمع وترسم صورة التفاعل بين الانسان والجماعة والمجتمع . بيد ان هذه الضوابط الاجتماعية مهما تكن تسمياتها هي وسائل ضبط اجتماعي قد تكون داخلية كالاخلاق والقيم والضمير او الوجدان او قد تكون خارجية كالقانون والدين والعادات والتقاليد الاجتماعية [١]. غير ان هذه الوسائل الضبطية بنوعيها الداخلي والخارجي هي وسائل مترابطة بعضها مع بعض ، فكل وسيلة ضبطية تؤثر وتتأثر بالوسيلة الضبطية الاخرى ولا يمكن فصل اية وسيلة منها عن الوسائل الاخرى [٢].

غير ان القانون يكون اكثر فاعلية من الوسائل الاخرى لانه يستطيع محاسبة الشخص الذي يخرج او يشط عن وسائل الضبط الاجتماعية الاخرى، وانه يتلاءم مع واقع المجتمع وظروفه الآنية والمستقبلية لانه مشتق من المجتمع ومعطياته وملابساته واشكالياته [٣].

ومن الجدير بالذكر ان وسائل الضبط الاجتماعي سواء كانت خارجية او داخلية تساعد على التقارب والتفاهم بين الناس وتزيل اسباب الفرقة والانقسام بينهم وتساعد في تحقيق حالة التماسك الاجتماعي بين ابناء المجتمع. طالما ان ايمان ابناء المجتمع بوسائل ضبطية واحدة ومتجانسة يقود الى وحدة المجتمع وتضامنه [٤]. لذا تعدّ

وسائل الضبط الاجتماعي بمثابة الادوات التي تدعو الى الوحدة والتعاون والتكاتف والتماسك الاجتماعي .

ان هذا الفصل يتكون من اربعة مباحث رئيسية هي ما يلي :

المبحث الاول: العلاقة بين القانون والدين .

المبحث الثاني: العلاقة بين القانون والاخلاق .

المبحث الثالث: القانون والقيم الاجتماعية .

المبحث الرابع: القانون والعادات والتقاليد .

والآن علينا دراسة هذه المباحث مفصلاً .

المبحث الاول: العلاقة بين القانون والدين

ان الذي يميز الدين عن القانون هو ان الدين يعني مجموعة القواعد التي يعتقد بها الناس لانها منزلة من الله سبحانه وتعالى عن طريق الانبياء والرسل ليلتزموا بها ويطيعوها والا تعرضوا لعقاب الله. فالدين ينظم علاقة الفرد بربه كالتوحيد والعبادات وعلاقته بنفسه كالتحلي بالاخلاق الفاضلة وابتعاده عن الرذائل والموبقات [٥] . والدين ينظم علاقة الفرد بغيره من افراد المجتمع كتحريم القتل والسرقة والحث على الوفاء بالعهد. والوظيفة الاخيرة التي يقوم بها الدين تقرب بين الدين والقانون. فكلاهما يهدف الى تنظيم العلاقات والروابط الاجتماعية .

ان الدين اوسع نطاقاً من القانون . ذلك ان القانون ينظم علاقة الفرد بغيره من الافراد ، وهو يتفق مع الدين في ذلك، الا ان الدين ينظم بالاضافة الى ذلك علاقة الانسان بربه وبنفسه [٦] .

أما بالنسبة للجزاء فيمكن القول بان الجزاء المقرر لمخالفة أوامر الدين انما هو جزاء اخروي يوقعه الله سبحانه وتعالى في الآخرة. والآية الكريمة التالية خير دليل على ذلك " وكل انسان الزمناه طائره في عنقه ونخرج له يوم القيامة كتاباً يلقاه منشوراً اقرأ كتابك كفى بنفسك اليوم عليك حسيبا" صدق الله العظيم ، أما جزاء مخالفة القانون فيعتبر جزاءاً مادياً توقعه السلطة العليا في المجتمع [٧] .

ويذهب البعض الى القول بان مخالفة اوامر الدين يترتب عليه جزاءان، احدهما دنيوي والثاني أخروي، ويجب التمييز بين نوعين من القواعد الدينية، فهناك قواعد دينية تنظم اموراً معينة وتضع جزاءات على مخالفتها في الحياة الدنيا يعتقد بها المشرع الوضعي ، ويضعها في صلب القانون بصورة نصوص قاونية اذ تعتبر بجانب كونها قواعد دينية قواعد قانونية وضعية [٨] .

أما العلاقة بين القانون والشرائع الدينية فهي قوية جداً. ان الدين كما اسلفنا يرتكز في اساسه على الواجب الذي يقوم به الانسان نحو خالقه ونحو نفسه . وهو

بذلك يعتمد على المظهر الداخلي في الانسان (النيات) . أما القانون فانه يحاسب على السلوك الظاهر ولا يعول على النية. ومن الاديان ما يتوسع في تناول واجب الانسان نحو غيره مثلما هو الحال في واجبه نحو الله سبحانه وتعالى ونحو نفسه كالدين الاسلامي والدين اليهودي . وهذه تعتبر مصدراً خصباً للقانون. ومن هذه الاديان ما يهتم بالواجب نحو الانسان (النفس) ولا يلقي اهمية ذات شأن يذكر بالواجب نحو الغير، كما هو الحال في الدين المسيحي، ويمثل هذا مصدراً للقانون في حدود ضيقة [٩] .

أما دور الدين في القوانين الغربية فقد سبق ان عرضنا رأي الفقيه كاربونييه الذي يعتقد بالفصل بين الدين والقانون ، وهو بذلك لا ينادي بان يكون القانون محتوياً للدين وقواعده المختلفة، وليس هذا بغريب او شاذ فان حظ الدين في القوانين الغربية يعتبر قليلاً ولا يكاد يذكر. ولعل مرد ذلك الى ان القانون الروماني قد انتشر في البلاد الغربية قبل انتشار المسيحية والاستقرار فيها. وهذا القانون يعدّ من ارقى القوانين التي عرفتها البشرية وان المسيحية لم تتمكن من السيطرة على هذه الشريعة القديمة وتقويضها [١٠] .

ومن ناحية اخرى فان الدين المسيحي لم يتعرض كثيراً لامور الدنيا، اذ كان لليهود شريعة قديمة منزلة . ولو ان السيد المسيح عليه السلام ارسل الى قوم غير اليهود، وبعث في عهد من عهود البداوة لكان من المحتمل ان تكون رسالته مزيجاً بين الدين والقانون . وهذا يعني ان الدين المسيحي لم يعالج امور الدنيا لدرجة يمكن ان تستفيد منه القوانين في الدول الغربية [١١] .

ولكن يجب ان نقول بان القوانين الغربية قد تأثرت بقوانين الكنيسة . ويمكن القول بان التمييز بين ما جاء به الدين المسيحي وقانون الكنيسة ينحصر في ان كل ما جاء عن السيد المسيح ونسب اليه هو الدين المسيحي. ولذلك نرى ان السيد المسيح يقول كلمته المأثورة " دع ما لقيصر لقيصر وما لله لله " .

ولذلك كانت القواعد الدينية التي جاء بها السيد المسيح لتنظيم المجتمع والعلاقات الاجتماعية قليلة ولا تفي بمقابلة متطلبات الحياة المختلفة. أما قانون

الكنيسة فان مصدره هو تشريع الكنيسة وفقه رجال الدين، وقد تأثر كل من التشريع والفقه فيه بروح الدين المسيحي والقانون الروماني والقانون الطبيعي[١٢].

وكان نتيجة لضعف السلطة الزمنية (سلطة الدولة) ان انتهزت الكنيسة هذه الفرصة لتضمن تشريعها اموراً عديدة من بينها الزواج والطلاق والنسب والميراث والوصية والعقود. ذلك ان الكنيسة اعتبرت هذه المسائل تدخل ضمن نطاق اختصاصها لارتباطها بالدين واتصالها به. وفي هذا الاطار تمكنت الكنيسة من بسط سلطانها وتركيز قوتها في شخص البابا .وعلى هذا الاساس اصبح هناك قانون كنسي من صنع الكنيسة خضعت له البلاد الغربية والبلاد الشرقية المسيحية في القرون الوسطى لفترات زمنية طويلة [١٣].

بيد ان السلطة الزمنية (الدولة) استطاعت فيما بعد ان تسترد سلطانها، واوكلت كل الامور الى المحاكم المدنية ، واصبح هناك انفصال بين الكنيسة والدولة، وعلى الرغم من ذلك ظل الدين مصدراً تاريخياً للقوانين المرتبطة بالزواج بصفة خاصة [١٤].

أما مصدر الدين في القوانين الشرقية فهو مصدر غني وثر اذ نرى في اليهودية كثيراً من القواعد التي تنظم علاقات الاسرة والعلاقات المالية . والاسلام كدين سماوي يعتبر ديناً ودولة. والشريعة الاسلامية لها خصائصها ومميزاتها التي تميزها عن غيرها من الشرائع . فالشريعة الاسلامية مصدرها ألالهي إذ ترجع الى مصدرين اساسيين هما القرآن الكريم والسنّة النبوية الشريفة،ويلحق بهما الاجماع والقياس [١٥] . ولقد اجمع جمهورالفقهاء على هذه المصادر الاربعة، الا ان الاجماع والقياس يرجعان في الحقيقة الى القرآن الكريم والسنّة النبوية لان الاجماع لا بد له من دليل، وهذا الدليل أما قرآن او سنّة ، والقياس لابد فيه من مقيس عليه ودليله أما قرآن او سنّة .أما التفقه والاجتهاد في الدين فلا يعتد بهما الا اذا كانا دائرين في تلك الشريعة التي ترتكز اساساً على القرآن والسنّة [١٦].

ولقد وضع القرآن الكريم والسنّة النبوية الشريفة كثيراً من القوانين التي تنظم العلاقات الاجتماعية بين الناس، وفيها الكثير مما يتصل بشؤون الزواج والطلاق والنسب والميراث والوصية والمعاملات التجارية والمالية ٠٠٠٠ الخ فكل قاعدة قانونية تؤخذ مباشرة من القرآن او السنّة يكون مصدرها الرسمي الدين. لذلك نرى بان القرآن الكريم والسنّة النبوية الشريفة قد جاءا وافيين بكل ما يحتاج اليه البشر في شؤون دينهم ودنياهم [١٧].

وهكذا نلاحظ علاقة القانون بالدين، ان الدين يزود القانون بالعديد من المواد القانونية التي تحدد سلوك البشر وعلاقاتهم وحقوقهم وواجباتهم . ولو لا الدين لكان القانون يفتقر الى الكثير من القوانين الجوهرية التي تحكم علاقات البشر على الصعيدين الرسمي وغير الرسمي. وهنا لا يمكن فصل الدين عن القانون لان كلاً منهما يسند ويعضد الآخر .

المبحث الثاني: العلاقة بين القانون والاخلاق

يقيناً ان هناك اتصالاً وثيقاً بين القانون والاخلاق ، اذ ان كثيراً من قواعد القانون تقوم على مبادىء اخلاقية، كما ان القانون والاخلاق يجمع بينهما أطار مشترك . ويمكن تمييز اوجه الاختلاف بين القانون والاخلاق على النحو الآتي :

١- تعدّ دائرة الاخلاق اوسع واشمل من دائرة القانون. والاخلاق تشمل واجب الانسان نحو الله وواجبه نحو نفسه، وهذه هي الاخلاق الشخصية ، وواجبه نحو غيره هو الاخلاق الاجتماعية [١٨] . أما القانون فلا يشمل الا علاقة الانسان بغيره في صورتها الظاهرة، ولا يهتم بمجرد النوايا، على عكس قواعد الاخلاق ، الا اذا اقترنت هذه النوايا بافعال مادية ظاهرة، وهذا يعني ان القانون لا يهتم بما يدور داخل الانسان لانه لا يهتم الا بالمظهر الخارجي. فالاخلاق في هذا المجال تعدّ اوسع نطاقاً من الاخلاق في نظر الفقهاء. فالقانون يهتم ببعض الموضوعات التي يرى بعض الفقهاء انها لا تمت بصلة الى الاخلاق كالقواعد التي تنظم حركة المرور، فالاخلاق في هذا المجال لا يعنيها ان يتم تنظيم المرور باي شكل من الاشكال، الا ان هناك رأياً آخر من جانب الفقه يذهب الى ان المقصود من وضع نظام المرور هو منع وقوع الحوادث [١٩]، ومن ثم المحافظة على ارواح الناس جميعاً، وهذه كلها اغراض تدعو اليها الاخلاق .

٢- من حيث الجزاء نرى ان جزاء القواعد القانونية جزاء مادي توقعه الدولة بما تملك من وسائل قهر كالحبس او الاشغال الشاقة ٠٠٠٠الخ. أما جزاء القواعد الاخلاقية فانها تتمثل في تأنيب او احتقار المجتمع وسخطه [٢٠].

٣- من حيث الغاية ان القانون يهدف الى اقامة النظام وتحقيق الاستقرار في المجتمع، أي ان غاية القانون نفعية اجتماعية ، بينما نرى ان الاخلاق غايتها مثالية، اذ انها تسعى الى تحقيق الكمال للانسان [٢١].

ورغم ذلك تبقى هناك حقيقة لا جدال فيها وهي ان الصلة بين القانون والاخلاق تعتبر متينة وقوية، لان القانون في تطوره انما يتجه الى استلهام مبادئه من الاخلاق فاصبحت هناك مجموعة من الواجبات الخلقية تدخل في دائرة واختصاص القانون. والمثال على ذلك كانت مساعدة العجز والمرض قديماً واجباً خلقياً على اصحاب الاعمال، واصبحت واجباً قانونياً في القوانين العمالية الحديثة وتمثل جبراً والزاماً على اصحاب الاعمال [٢١].

لقد كانت الاخلاق حتى زمن قريب مجالاً للدراسات الفلسفية النظرية يدرسها الفلاسفة وعلماء الاخلاق . وقد وجد الفلاسفة الاخلاق في موقف يتساوى مع المنطق وعلم الجمال، وقد ذهبوا الى القول بان موضوعها هو قيمة الخير. واهتم علم الاجتماع كذلك في دراسة الاخلاق وظهر فرع من علم الاجتماع العام يختص بدراسة علم الاجتماع الاخلاقي (Ethical Sociology) ، وتنحصر وظيفته في دراسة الظاهرة الاخلاقية، دراسة اجتماعية علمية [٢٢].

وعند التحدث عن الاخلاق فأننا نقصد بها غالباً مجموعة القواعد السلوكية التي تأخذ بها مجموعة من الناس في فترة زمنية محددة، ويرجع الفضل الى المدرسة الاجتماعية الفرنسية في انها اوضحت امام الباحثين بان الظواهر الخلقية تعدّ ظواهر اجتماعية مثل غيرها من الظواهر الانسانية ، وان هذه الظواهر ليست الا قواعد يمكن التعرف عليها نظراً لانها تتميز بصفات خاصة تميزها عن غيرها[٢٣].

وقد ذهب دوركهايم في كتابه التربية الاخلاقية الى ان " هناك صفة تشترك فيها كل الافعال التي نصفها عادة بانها خلقية وهي انها تخضع جميعاً لقواعد سبق تحديدها، فلكي تكون تصرفاتنا خلقية يجب ان نشير حسب مقاييس موضوعية الى طبيعة السلوك الذي نتبعه . فعالم الاخلاق هو عالم الواجب وما الواجب الا القيام بعمل يفرض علينا، على ان ذلك لايمنع من قيام مشكلات يتعين على الضمير الخلقي البت فيها [٢٤].

يمكن القول بان الاخلاق هي عبارة مجموعة من القواعد التي تحدد سلوكنا وتحدد لنا كيف يجب ان نفعل في الحالات المختلفة التي تعرض لنا. فلكي تضمن لتصرفاتك السداد يجب ان تعرف كيف تطيع . ان العنصر الاول للظاهرة الاخلاقية هو روح الخضوع للنظام، وحقيقة الامر ان القواعد والاخلاق بفضل تلك السلطة الكامنة فيها، تعتبر قوى حقيقية تصطدم بها رغباتنا وحاجاتنا وشهواتنا المختلفة عندما تميل الى تجاوز حدود الاعتدال. صحيح ان هذه القوى ليست مادية ولكنها مع ذلك قادرة على التحريك وتحويل الاتجاه، فهي وان لم تقو على تحريك الاجسام بطريقة مباشرة ، تحرك النفوس وتوجهها حيث تشاء، فلها في ذاتها كل ما يلزم لتحويل أرادتنا عن قصدها واجبارها على السير في طريق معين وعلى حصرها وتوجيهها في اتجاه دون آخر [٢٥].

ان الخضوع للنظام كما يقول دوركهايم له فائدته لا من اجل صالح المجتمع فحسب، وليس فقط وسيلة لا غنى عنها ولا يتم بدونها تعاون منتظم، وانما من اجل صالح الفرد ايضاً. فيه نعتاد الاعتدال في رغباتنا، وهو الاعتدال الذي لا يمكن ان يشعر الانسان بالسعادة بدونه. لذا فله دوره الكبير في تكوين اهم ما يتصف به الانسان الا وهو شخصيته. ان اخلاق المجتمع غالباً ما تتجسد في قوانينه، فالقانون يجسد اخلاق المجتمع ويوجهها من خلال تقييمها [٢٦].

المبحث الثالث : العلاقة بين القانون والقيم

هناك علاقة متفاعلة وجدلية بين القانون والقيم، فليس للقانون وجود بدون القيم وان القانون هو الذي يستعمل في تقييم او تثمين القيم او ذمها. وهنا لا فصل بين القانون والقيم اذ ان كل طرف يعطي ويأخذ من الطرف الآخر، هناك العديد من القوانين الشرعية التي تستخدم في المحاكم تكون مشتقة من القيم وبخاصة القيم الايجابية التي يثمنها المجتمع. وهناك قوانين تنطوي على الكثير من النواهي والاوامر المتأتية من القيم التي تدين نمطاً معيناً من السلوك او التفاعلات الاجتماعية . والقانون هو الذي يستخدم في تقييم السلوك القيمي، أي السلوك المشتق من قيم ايجابية او قيم سلبية (٢٧) .

ومهما يكن من امر فان القيم هي مصدر مهم من مصادر القانون، وان القانون هو الذي يوجه مسار القيم في المجتمع. لذا لا يمكن ان يستغني القانون عن القيم ولا يمكن ان تستغني القيم عن القانون. لذا يحتاج كل جانب او طرف الى الجانب الاخر .

ان التباين بين قوانين الدول والشعوب انما يرجع الى تباين قيم هذه الدول والشعوب . فالقيم السلوكية التي تعتمدها الدول والمجتمعات انما تؤثر في طبيعة قوانينها التي تستعملها في اقرار العدالة والاستقرار والطمأنينة والسلام (٢٨) . لذا لا يمكن عزل القيم عن القوانين وبخاصة القوانين الوضعية. علماً بان القوانين هي وسيلة ضبط اجتماعي خارجية، بينما القيم هي وسيلة ضبط اجتماعي داخلية. وان تغيير القوانين يكون اسرع من تغيير القيم، وان القوانين تحسم القضايا الجنائية بصورة اسرع وأدق واكثر عقلانية من القيم السلوكية والمثالية (٢٩) .

ان القوانين والتشريعات القانونية يتأتى الكثير منها من القيم الدنيوية والاخروية. ويمكن هنا دراسة القيم في المجتمع دراسة مفصلة. يمكننا تعريف القيم بانها معيار عام ضمني او صريح، فردي او جماعي يعتمده الافراد والجماعات في الحكم على السلوك الاجتماعي قبولاً او رفضاً (٣٠) . ان القيم هي مقاييس اجتماعية

وخلقية ، وجمالية تقررها الحضارة التي ينتمي اليها افراد المجتمع وفقاً لتقاليد المجتمع واحتياجاته واهدافه في الحياة. كما هناك من عرّف القيم على انها مجموعة مبادىء وضوابط سلوكية واخلاقية تحدد تصرفات الافراد والجماعات ضمن مسارات معينة اذ تصبها في قالب معين ينسجم مع عادات وتقاليد واعراف وقوانين المجتمع. لذا فالقيم الاجتماعية انما هي نوع من المعايير السلوكية والاخلاقية التي ترتبط بمعايير اخرى يحددها الاطار العام للمجتمع والمرحلة الحضارية التاريخية التي يمر بها والظروف الموضوعية والذاتية المحيطة به والمؤثرة في ظواهره وعملياته الاجتماعية[٣١] .

ولعل من المفيد ان نشير هنا الى ان المجتمع العربي في عصر النهوض والانبعاث الوطني والحضاري قد شهد واقع العلاقة المنطقية بين القيم والسلوك. فالمعطيات الاجتماعية والحضارية التي شهدها المجتمع العربي قد احييت وبلورت الكثير من القيم الايجابية وحاولت نشرها وزرعها في نفوس الافراد والجماعات، وهذه القيم تتجسد في الايثار والتضحية، والصدق والاخلاص في العمل والثقة العالية بالنفس والشجاعة والبطولة وتحمل المسؤولية والتواضع [٣٢] .

وقد نجحت معظم الدول العربية الى درجة كبيرة في زرع وبلورة القيم عند الافراد والجماعات وذلك بفضل فاعلية وكفاءة قنوات التوجيه الفكري والتربوي التي اعتمدتها هذه الدول في تغيير المواقف والاتجاهات والقيم القديمة خصوصاً وسائل الاعلام الجماهيرية والمنظمات والجمعيات والنقابات المهنية والمدارس ومؤسسات التعليم العالي والقيادات المؤسسية والمجتمعية والاسر واماكن العمل والجوامع والمساجد والمحاكم والمؤسسات الشرعية والقضائية والمجتمعات المحلية التي يتفاعل معها الافراد على اختلاف انحداراتهم الاجتماعية ومستوياتهم الثقافية والمهنية [٣٣] .

وقد ادت القيم التي اكد القادة والمسؤولون في الدول العربية على اهميتها وفاعليتها في عملية التحول الاجتماعي ودورها المتميز في مجالات البناء والتطوير وفي مهام الدفاع عن الدولة وحماية اراضيها ووحدتها من الاخطار والتحديات الخارجية[٣٤] . فالقيم التي استوعبها ابناء الدول العربية التي استقلت حديثاً من الاستعمار، قد

مكنتهم من النهوض بمهامهم واعبائهم التنموية والحضارية والقومية بحيث اصبحوا مدفوعين الى بناء الوطن وتحديث قوانينه ووضعه على اسس رصينة وهادفة . لهذا استطاعت الدول العربية هذه تحقيق الكثير من المكاسب والمنجزات في جميع الاصعدة والميادين كتشريع القوانين الجديدة وانشاء المشاريع العمرانية وبناء المدارس ومؤسسات التعليم العالي وتشييد الطرق والجسور والقنوات وتنمية الزراعة وبناء قاعدتها العلمية مع وضع القواعد المادية للتصنيع ونقل التكنولوجيا وزيادة آفاق التبادل التجاري وزيادة معدلات الاستثمار والتوفير وزيادة القوة الشرائية للافراد [٣٥] .

واذا نظرنا الى المجتمع العربي بكافة شرائحه وعناصره السكانية لوجدنا بان ابناءه يتمتعون بوحدة القيم. فالعرب على كافة انحداراتهم الاجتماعية ومستوياتهم الثقافية والمهنية يتطبعون بقيم سلوكية انحدرت لهم من الآباء والاجداد كالعفة والشرف والطهارة والكرم وتقدير الجار وعدم الاعتداء عليه والمحافظة على الامانة وردها الى اصحابها الشرعيين . فضلاً عن قيم الصدق والثقة العالية بالنفس والموازنة بين الحقوق والواجبات. ان تمسك العرب بالقيم الفاضلة انما يؤثر في شعورهم النفسي تاثيراً ايجابياً يدفعهم الى بناء الحياة الاجتماعية والحضارية ورسم صورة معالمها، هذه الحياة التي تميز المجتمع العربي عن غيره من المجتمعات الاخرى [٣٦] .

لعل من اهم القيم التي يتمسك بها العرب والتي لها علاقة قوية بعلم الاجتماع القانوني قيمة الموازنة بين الحقوق والواجبات . لقد تطورت في المجتمع العربي في النصف الثاني من القرن العشرين قيمة وتعاليم جديدة في غاية الاهمية تلك هي قيمة الموازنة بين الحقوق والواجبات ، ففي ظل ركود المجتمع وتخلفه الحضاري ليس بالامكان ايجاد موازنة بين الحقوق والواجبات. فالفرد والمجتمع العربي ينظران الى السلطة نظرة احترام وتقدير، وان كل ما تفرضه السلطة عليهما من واجبات ينظر اليها من هذا المنظار . لذا فالفرد والمجتمع في مثل هذه الحالة يعرفان ما هي واجباتهما وما هي حقوقهما . لكن هذه الموازنة لا تكون الا في مجتمع تكون فيه السلطة مخلصة اولاً وعادلة ثانياً ومرتبطة ارتباطاً وثيقاً بمصالح اغلبية الشعب ثالثاً. بهذه المعادلة يمكن تحقيق

الموازنة، ومع ذلك فان تحقيق هذه الموازنة يتطلب وقتاً طويلاً وجهوداً مضنية في التربية والسلوك [٣٧] .

غير ان تحقيق الموازنة بين الحقوق والواجبات لا بد ان يتمخض عنه ظهور نتائج ايجابية تؤثر في التطور الاجتماعي والروحي للمواطن العربي، فالموازنة في الحقوق والواجبات تعني المساواة بين ما يقدمه الفرد من خدمات ونشاطات للمجتمع وما يحصله من المجتمع من مكافآت وامتيازات مادية ومعنوية . ومثل هذه المساواة تنطبق مع مبدأ العدالة الاجتماعية وتجعل الفرد يعتقد بانه يعيش وسط مجتمع عادل ومنصف يثمن جهوده واتعابه ويضعه في المكان الملائم الذي يتناسب مع قابلياته ومواهبه ومؤهلاته. وشعورالفرد بالعدل والمساواة لا بد ان يحفزه على بذل المزيد من الجهود والتضحيات في سبيل خدمة المجتمع ورفع مستوياته المادية وغير المادية . اضافة الى ان هذا الشعور لا بد ان يشجعه على التعاون والتضامن مع الآخرين في سبيل تحقيق اهداف المجتمع العربي وامانيه القريبة والبعيدة .

ان قيمة الموازنة بين الحقوق والواجبات هي قيمة تدعو الى الديمقراطية والمساواة والعدالة الاجتماعية. ومثل هذه الدعوة تلقى كل الدعم والتأييد والاسناد من القانون وعلم الاجتماع القانوني .

المبحث الرابع: العلاقة بين القانون والعادات والتقاليد الاجتماعية

ان العلاقة التي تربط بين القانون والعادات والتقاليد الاجتماعية هي ان العادات والتقاليد الاجتماعية تؤدي دورها الكبير والفاعل في ظهور القانون لان العديد من النصوص القانونية تكون عادة مشتقة من عادات وتقاليد المجتمع. وان القانون عندما يكون بوحي من العادات والتقاليد فانه يكون قوياً وفاعلاً في المجتمع، أي يحظى بالقوة والفاعلية لانه مسند من اوساط كبيرة من الجماهير[٣٨]، من عادات المجتمع العربي تكريم الضيف واحترامه وتقديره واغداق العطاء عليه . والقانون يقر تكريم الضيف ويطلب من المضيف تقديم كل ما يحتاجه الضيف. فضلاً عن الصلة القوية بين التقاليد والقانون فمن التقاليد المهمة التي يقرها مجتمعنا العربي ان الزوج هو الذي يتحمل تكاليف الزواج ، ونتيجة لهذه التقاليد نلاحظ بان القانون يقرها اذ يفرض على الزوج دفع المهر المتقدم والمتأخر للزوجة، اذا أرادت الزوجة ذلك [٣٩] .

بعد النظر الى العلاقة بين القانون والعادات والتقاليد الاجتماعية نستطيع دراسة العادات والتقاليد بشيء من التفصيل علماً بان حكمها واثرها لا يكون مؤثراً كما في حالة القانون .

يعتمد المجتمع الانساني على مقومات مهمة كالعادات والتقاليد، التي تعدّ بمثابة الضوابط السلوكية والاخلاقية التي تحدد انماط علاقات الافراد وتصرفاتهم اليومية في مؤسسات وهياكل المجتمع المختلفة . وتعتمد على العادات والتقاليد فاعلية المجتمع وداينميكيته وترتكز عليها عوامل وحدته وتماسكه وشعوره واحاسيسه المشتركة. ان لكل مجتمع عادات وتقاليد معينة، وهذه تختلف من مجتمع لآخر ومن فترة زمنية معينة الى فترة اخرى، واختلافها وعدم تجانسها بين المجتمعات والشعوب انما يعزى الى طبيعة ظروفها الاجتماعية والاقتصادية والمرحلة الحضارية التاريخية التي تمر بها ونماذج مؤسساتها البنيوية، واخيراً انظمتها السياسية والدينية والايديولوجية وانماط ايكولوجيتها الطبيعية .

في هذا المقام يتطلب منا تعريف معنى العادات والتقاليد وضرب الامثلة الحية التي توضح مفاهيمها ودلالاتها الاجتماعية ومظاهرها وفاعليتها في صب النماذج السلوكية للافراد والجماعات في قالب معين. العادات تشير الى اشكال وطرق التفكير والسلوك المستقرة عند الافراد والجماعات ، وتصف الممارسات الروتينية للحياة اليومية والاحكام الداخلية ضمن الروتين والنماذج الحضارية المستمدة من التصرفات المتكررة والمستقرة (٤٠). يقول العالم الانثروبولوجي البولندي مالنوفسكي عن العادات بانها روتين الحياة الحقيقية الذي يشهده الافراد، ذلك الروتين الذي يتعلق بطبيعة اللغة واللهجة التي تستعمل في الحياة اليومية وتتفاعل مع الرموز السلوكية فتكون جملة ظواهر اجتماعية معقدة يصعب على العالم تدوينها او وصفها او تحويلها الى ارقام، ولكن يمكن مشاهدتها وقت حدوثها او التكلم عنها. وتنعكس العادات الاجتماعية في احترام الكبير والعطف على الصغير ومساعدة الفقير والمحتاج واطاعة اوامر القادة والمسؤولين واحترام القانون والتواضع وعدم التكبر على الآخرين (٤١).

والتقاليد هي مجموعة النماذج السلوكية التي ينبغي الالتزام بها من قبل الافراد لما لها من اهمية تقليدية واجتماعية وحضارية بالغة في التفاهم والمودة والتماسك والوحدة (٤٢).والوقوف ضد التعاليم الاساسية للتقاليد وممارساتها الطقوسية يستلزم العقاب ضد المخالفين والخارجين عن مفاهيمها ونصوصها ورسالتها السلوكية والخلقية المشتقة من العادات والاعراف والقيم والطقوس الاجتماعية . وتغير التقاليد وتبدلها يحتاج وقتاً طويلاً ، غير ان اهميتها تتجسد في المحافظة على صورة النظام الاجتماعي وشكليته ومضمونه(٤٣). وتتجسد التقاليد الاجتماعية في الممارسات السلوكية التي ترافق مناسبات المسرات والمآتم كحفلات الزواج والمهر والختان والحزن والتشييع والبكاء على الموتى والسلام والتحيات الطقوسية بين الاحبة والاصدقاء والاصحاب واحترام الملكية وعدم الاعتداء عليها والتعاون والعدالة وتكافؤ الفرص بين المواطنين (٤٤). ان العديد من القوانين تشتق من هذه التقاليد الاجتماعية .

ان العادات والتقاليد التي تشكل جزءاً من الحضارة غير المادية للامة تعتبر في الاساس ظاهرة تأريخية تمثل مرحلة معينة من تطور المجتمعات البشرية . فهي ليست مجردة عن الزمان والمكان، وانما تختلف العناصر المسيطرة عليها حسب الظروف التاريخية والاجتماعية ، فتبرز احياناً الناحية العلمية واحياناً الناحية الادبية او الفنية ، وتارة تعود العقيدة الدينية وتارة اخرى النزعة المادية. كما ان العادات والتقاليد تنتقل من جيل الى آخر عن طريق التربية والتعليم والتثقيف وبواسطة التقليد والايحاء، وتتبدل مضامينها وتتطور بصورة بطيئة او سريعة ، وتتجسد بما يحدث في المجتمع نفسه من اكتشافات واختراعات او بما يقتبسه عن المجتمعات الاخرى . وهكذا تصبح عناصر الحضارة غير المادية هذه تراثاً مشتركاً تساهم فيه الاجيال المتعاقبة ويربط بين الماضي والمستقبل (٤٥) .

ان العادات والتقاليد التي تعتبر من مقومات المجتمع المهمة تساعد الافراد على التفاهم والعيش معاً، وتمكنهم من تحقيق الانسجام والاتساق بين ما هو داخلي في انفسهم وبما هو خارجي من بيئتهم، بين حياتهم الباطنية وسلوكهم الاجتماعي . وبذلك تقوم الحضارة غير المادية بوظيفة اجتماعية هامة تنعكس على تماسك المجتمع وتضامنه. كما ان هناك علاقة وثيقة بين عناصر الحضارة غير المادية والحياة الاجتماعية ، وربما كان الاصح ان لا نفصل احداهما عن الاخرى لان الحضارة غير المادية ليست في الحقيقة سوى مظهر من مظاهر الحياة الاجتماعية ومرآة تعكس عليها نشاطها والقوى والتيارات السائدة فيها. ان العادات والتقاليد العربية بقيت مستمرة ومتجددة على طول العصور لان لها قيمتها الذاتية ومثلها الانسانية القابلة للانتشار والتعميم، فهي توفق بين الحاكم وحرية المحكوم وتحترم الملكية الفردية وتدعو الى التعاون بين الطبقات والفئات والقضاء على الاستغلال، وهي لا تفرق بين الالوان والاجناس، وتصر على قسط معين من الادب والاحتشام في حياة الجنسين الرجل والمرأة وتساوي بينهما الا في حالات معدودة في الواجبات والحقوق .

مما ذكر اعلاه من معلومات نخلص الى القول بان العادات والتقاليد تلقي بظلالها على القانون ، اذ ان القانون او التشريع يتأثر بطريقة او اخرى بتيار العادات والتقاليد الاجتماعية التي تسّير القانون او القوانين باتجاه معين يتماشى مع تعاليمها ومفرداتها وسياقاتها التي تأخذ بعين الاعتبار طرق السلوك المألوفة في المجتمع واعراف المجتمع ونماذجه السلوكية التي يلتزم بها الافراد لما لها من اهمية تقليدية واجتماعية وحضارية بالغة لجميع افراده وجماعاته .

مصادر الفصل السادس

(١) الحسن، احسان محمد ، علم الاجرام، بغداد، مطبعة الحضارة، ٢٠٠١، ص ٢٤٩.

(٢) المصدر السابق، ص ٢٥٠.

(٣) المصدر السابق، ص ٢٥٢.

(٤) المصدر السابق، ص ٢٥٥.

(٥) ابو الغار، ابراهيم (الدكتور). علم الاجتماع القانوني والضبط الاجتماعي، القاهرة، مكتبة نهضة الشرق ، ١٩٨٥، ص ٤٣.

(٦) المصدر السابق، ص ٤٣-٤٤.

(٧) الشرقاوي، جميل(الدكتور). دروس في اصول القانون، ١٩٧١، ص٣٠.

(٨) المصدر السابق، ص ٣١.

(٩) Thomas, H. B. Relations Between Law and Religion, London, ١٩٩٣, P. ١١٠.

(١٠) Ibid., P. ١٣.

(١١) Ibid., P. ٢٤.

(١٢) Ibid.,P. ٣١.

(١٣) Ibid.,P. ٣٦.

(١٤) السنهوري، عبد الرزاق واحمد حشمت، اصول القانون، مطبعة دار التأليف والترجمة، القاهرة، ١٩٦٩، ص ١٠٠.

(١٥) المصدر السابق، ص ١٠٣.

(١٦)   بدر، محمد (الدكتور). تأريخ النظم القانونية والاجتماعية، القاهرة، الهيئة العامة للكتاب ، ١٩٨١، ص ١٧.

(١٧)   المصدر السابق، ص ٢٠.

(١٨)   ابو الغار، ابراهيم(الدكتور). علم الاجتماع القانوني والضبط الاجتماعي، ص ٤٥.

(١٩)   Ginsberg, M. Law and Morals, London, ١٩٨٢,P. ٧.

(٢٠)   Ibid.,P. ١٠.

(٢١)   Ibid.,P. ١٣.

(٢٢)   ابراهيم، زكريا (الدكتور). الاخلاق والمجتمع ، المكتبة الثقافية ، الدار المصرية للتأليف والترجمة ، القاهرة، ١٩٧٣، ص ٣.

(٢٣)   المصدر السابق، ص ٥-٧.

(٢٤)   اسماعيل، قباري (الدكتور). قضايا علم الاخلاق، دراسة نقدية من زاوية علم الاجتماع ، الهيئة المصرية العامة للكتاب، القاهرة، ١٩٧٩، ص١٧.

(٢٥)   Durkheim, Emile . Moral Education, London , Kegan Paul, ١٩٧٣,P. ١٦.

(٢٦)   Ibid.,P. ٣٠.

(٢٧)   الحسن، احسان محمد(الدكتور) . العادات والتقاليد والقيم الموروثة، مجلة العلوم الاجتماعية، العدد ٣٩ لسنة ٢٠٠٤، ص ١٢.

(٢٨)   Cousins,M. Relativity of Values, Glasgow, The Rivers Press, ١٩٩٣, P.٤.

(٢٩)   Silvester, Differences Between Laws and Values ,Indian Journal of Morals, Calcutta, ١٩٨٩,P. ٥.

(٣٠)   Ibid.,P. ٧.

(٣١)   Mitchell,D. A. A Dictionary of Socioligy, London, Routledge and Kegan Paul, ١٩٨٥, P. ٢١٨.

(٣٢)   Ibid.,P. ٢١٩.

(٣٣)   الحسن، احسان محمد(الدكتور). العادات والتعاليم والقيم الموروثة ، ص ١٧.

(٣٤)   الحسن، احسان محمد (الدكتور). مقومات المجتمع العربي، آفاق عربية، العدد السادس لسنة ١٩٨٧، ص ٢٩.

(٣٥)   المصدر السابق، ص ٣٠.

(٣٦)   Nobbs, J. Sociology, london, Macmillan Education, ١٩٨٠, P. ٢٩٨.

(٣٧)   Chadwich, T. Social Exchange Theory, London , ١٩٨٦, P. ٧٧.

(٣٨)   Kulcsar, Kalman. Factors Influencing the Effectiveness of Laws, Budapest, ١٩٨٠, ٢ nd Ed. P. ١٩.

(٣٩)   الحسن، احسان محمد(الدكتور). مقومات المجتمع العربي، ص ٣٢.

(٤٠)   النجار، محمد رجب(الدكتور). القيم والعادات والتقاليد العربية، دراسات في المجتمع العربي، اتحاد الجامعات العربية، عمان، ١٩٨٥، ص ٣٠٧.

(٤١)   المصدر السابق، ص ٣٠٨.

(٤٢)   المصدر السابق، ص ٣١٠.

(٤٣)   Ericson, J. Arab Customs and Traditions in Arab Gulf Countries , London, Evans Press, ١٩٨٦, P. ١٢.

(٤٤)   Ibid.,P. ١٤.

(٤٥)   Ibid.,P. ١٦.

الفصل السابع
أعلام الاجتماع القانوني قبل ظهور العالم
اوكست كونت

يهتم هذا الفصل بدراسة السيرة والمسيرة لستة اعلام من اعلام الاجتماع القانوني هم ارسطو والماوردي، وابن خلدون وابن تيمية وتوماس هوبز ومونتيسكيو . والدراسة تستعرض السيرة العلمية لكل من هؤلاء المفكرين واعمالهم ونتاجاتهم العلمية والاضافات التي قدموها لنمو علم الاجتماع القانوني وتطوره. وهؤلاء الاعلام قد ظهروا قبل مجيء العلامة الفرنسي اوكست كونت الذي يعدّ الاب الروحي لعلم الاجتماع الحديث بصورة عامة وعلم الاجتماع القانوني بصورة خاصة .

والآن علينا دراسة الاضافات التي قدمها اعلام علم الاجتماع القانوني الستة في ستة مباحث اساسية وكما هو موضح ادناه :

المبحث الاول: ارسطو رائد علم الاجتماع القانوني

يعدّ ارسطو ٣٨٤-٣٢٢ ق.م اول من اهتم بالدراسة الاجتماعية للقانون في كتابه " السياسة" وكتابه الآخر " الاخلاق" وهي تدخل في فلسفته العملية التي تدرس الاهداف الغائية للسلوك الفردي والجمعي ووسائل الوصول اليها [١] .وقد ذهب ارسطو الى ان حقيقة القانون الحية لا تستطيع ان تثبت ذاتها الا في محيط اجتماعي، ويتكون المحيط الاجتماعي في نظره من الاشكال المختلفة للروح الاجتماعية والجماعات المحددة [٢].

ويرى ارسطو انه لا وجه للمفاضلة بين حكم الفيلسوف وحكم القانون لان الحكومة التي تستشير حكماءها تلتزم في نفس الوقت بحكم القانون . وسيادة القانون ليست مجرد ضرورة يفرضها ضعف النفس البشرية، بل انها علاقة الدولة الصالحة، ولا غنى لاحكام الحكام عن القانون الذي"هو العقل مجرداً عن الهوى"(٣).

ويهتم ارسطو بدراسة الدولة ويعرفها بانها نوع من الجماعة، والجماعة هي اتحاد افراد مختلفين يستطيعون بحكم ما بينهم من فوارق ان يحققوا حاجاتهم عن طريق تبادل السلع والخدمات . والدولة عنده تمر بعدة مراحل اجتماعية حتى تصل الى مرحلة الدولة. ويبدأ دراسته لاصل الدولة بدراسة الاسرة، وهي النوع البدائي للمجتمع، وقد تكون الاسرة نتيجة للحاجات الضرورية التي يشعر بها الانسان كالحاجة الى الطعام والمأوى والتناسل، ويظل الافراد يعيشون في اسر منعزلة ما داموا لا يشعرون باشباع الحاجات الضرورية للانسان، أما اذا ما بدأ الافراد بالسعي لتحقيق هذه الحاجات تكوّن مجتمع القرية الذي يتكون من مجموعة اسر، ومن مجموعة قرى تتكون المدينة التي تعتبر من اكبر الوحدات الاجتماعية (٤) . والدولة تتكون من اتحاد مدن، وبذلك يتضح ان الدولة تنشأ نتيجة للنمو، وهي تعمل جاهدة لتوفير حياة فاضلة للمواطنين من حيث اشباع رغباتهم المتطورة . ويذهب ارسطو الى ان الانسان حيوان سياسي بغريزته وانه المخلوق الوحيد الذي يعيش في المدن، ويخضع نفسه للقوانين، وينتج العلم والفن والدين وجميع مظاهر الحضارة ، وتمثل هذه الاشياء كلها كمال التطور الانساني ، ولا يمكن للانسان ان يصل الى تحقيقها الا في المجتمعات المتمدنة أي في الدولة ، والانسان الذي يستطيع ان يعيش بدون هذه الاشياء اما ان يكون حيواناً او يكون الهاً .

ويرى ارسطو ان الدولة تنظم حياة المواطنين عن طريق القوانين وينبغي ان يكون مضمون القوانين هو العدل، واساسه العدل في المساواة . فالمساواة اذن هي المبدأ الذي يصدر عنه ارسطو فيما يجب ان تكون عليه التشريعات ولكنه يرى ان هذه المساواة تختلف صور تطبيقها على النحو الآتي: ذلك ان العدل عند ارسطو انواع اولها العدل التوزيعي او العدل بالمعنى السياسي. ويقصد به العدل في توزيع الاعباء والخبرات،

ويستهدف ان ينال كل مواطن نصيباً متساوياً مساوياً لمزاياه، فاذا كان الناس غير متساويين في المزايا، فالعدل ان لا تكون انصبتهم متساوية (٥). لذا فالعدل التوزيعي يقوم على علاقة تناسب عرفها ارسطو، بالتناسب الهندسي او القياس الهندسي، والنوع الثاني من العدل هو التبادلي او عدم التسوية او العدل التصحيحي او التعويض، ، وهو المنظم لروابط التعامل وفيه ينطبق ايضاً مبدأ المساواة (٦).

القانون الطبيعي والتشريعي عند ارسطو :

يرى ارسطو ان هناك تناسقاً بين الطبيعة والقانون، اذ انه يعتقد في خضوع الطبيعة لنظام منطقي، ويرى انه لما كان القانون الطبيعي قائماً على العقل الموجود في الناس جميعاً فهو قانون عام، ويرى كذلك انه يوجد عدل طبيعي هو الفضيلة بالمعنى الامثل، وبهذا العدل يجب ان يعمل القانون على ان تسود المساواة بين الناس .

وبجانب القانون الطبيعي توجد تشريعات انسانية تحدد تنظيم العلاقات الاجتماعية ويستخرج ارسطو الخصائص الاساسية لهذه التشريعات على النحو الآتي: بما ان التشريع قد أريد به تحقيق الصالح العام فهو مقبول من الجميع، ومن ثم يلزمهم جميعاً. ذلك ان المواطن بتصويته على التشريع يرتبط باحترامه وتكون مخالفته له نقضاً للعهد (٧).

تقسيم السلطات عند ارسطو :

لقد كان ارسطو اول من تكلم عن تقسيم السلطات الى تشريعية وتنفيذية وقضائية، ولكنه لم يكن ينظر الى هذا التقسيم على انه يؤدي الى الفصل بينها وانما يرجع الكلام عن نظرية الفصل بين السلطات هذه الى زمن قريب هو زمن مونتيسكيو الذي عبّر عنها في مؤلفاته . ذلك ان ارسطو يرى انه مهما يكن الهيكل السياسي للدولة فان هناك مشكلات ثلاث يجب حسمها وهي الشورى في الامور العامة او ما نسميه بالسلطة التشريعية ، واختبار الحكام وتنظيم المناصب العامة، واخيراً السلطة القضائية (٨).

فالسلطة التشريعية تتولى تنظيم الامور الحيوية للدولة اذ انها هي التـي تقـرر السـلم والحـرب وتحدد العقوبات الخطيرة، وتفصل في الجرائم الكبيرة كالاعدام والمصـادرة والنفـي. فضـلاً عـن انهـا تصـدر التشريعات وتنظر في حسابات الدولة. في حين ان السلطة التنفيذية يتولاها حكام لهـم حـق اتخـاذ القـرار والامر، ويختلف اختصاصهم باختلاف شكل الحكومة ، كذلك تختلف طرق اختيارهم . ففـي الارسـتقراطية يتم اختيارهم من بين المتعلمين ، وفي حكم القلة يكونون من بـين الاغنيـاء، وفي الديمقراطيـة يكونـون مـن بيـن الرجال الاحرار.

أما السلطة الثالثة والاخيرة فهي السلطة القضائية، ويميز فيها ارسطو بين ثمانية انواع من المحاكم هي محكمة للمحاسبات واخرى للنظر في الاضرار التي تصـيب الامـلاك العامـة ، وثالثـة خاصـة بـالنظر في حالات المساس بالدستور، ورابعة للطعن في الغرامات التي يوقعها الحكـام عـلى الافـراد، وخامسـة تخـتص بالعقود المهمة بين الافراد، وسادسة لجرائم القتل، وسابعة لشؤون الاجانب، واخيراً محكمة ثامنة للنظـر في التزامات الافراد .

المبحث الثاني: علم الاجتماع القانوني عند ابن خلدون

يعدّ ابن خلدون ١٣٣٢-١٤٠٦م من اهم علم الاجتماع القانوني. وقد تطرق الى علم الاجتماع القانوني في سياق كلامه عن العمران السياسي والعمران الديني. فالقانون الذي تحدث عنه ابن خلدون يحتل موقعاً مهماً في موضوع تفسيره للعلية او السببية الاجتماعية اذ يعتقد في كتابه" العبر وديوان المبتدأ والخبر وتاريخ العرب والعجم والبربر ومن عاصرهم من ذوي السلطان الاكبر" وبخاصة في كتاب المقدمة الذي هو الجزء الاول من كتاب العبر بان الانسان هو حيوان اجتماعي بالطبيعة ، وان اجتماعية الانسان دعته الى التفاعل والتضامن مع الآخرين من اجل الدفاع عن نفسه ومن أجل اشباع حاجاته الى الطعام [٩]. واجتماعية الانسان دفعته الى تكوين انواع مختلفة من التضامن كالتضامن الديني والتضامن الاقتصادي والتضامن الاسري والتضامن التربوي، وانواع التضامن هذه ولّدت عنده نظم العمران البشري كالعمران الديني والعمران السياسي . ونظم العمران هذه تعتمد على القوانين التي تنظم العلاقات بين البشر ـ[١٠]. وهكذا يكون القانون الاساس في بناء نظم العمران البشري التي تعدّ الاساس في ظهور البناء الاجتماعي .

واهتم ابن خلدون بموضوع الضبط الاجتماعي بجانب اهتمامه بنظم العمران البشري التي تستند على القوانين . يعتقد ابن خلدون بان الانسان رغم انه مدني بطبعه الا ان له ميولاً عدوانية تتطلب اداة لضبط سلوكه. وقد اعتبر الدين اهم واقوى الضوابط الاجتماعية لاسيما اذا كان الدين يشمل واجب الانسان نحو غيره واهميته في تنظيم العلاقات الاجتماعية والمعاملات والاحوال الشخصية كما هو الحال بالنسبة للدين الاسلامي . وفي هذه الحالة يكون الدين منطوياً على القانون الذي يعدّ من اهم ادوات الضبط الاجتماعي[١١].

وقد ذهب ابن خلدون الى التعبير عن كثير من الضوابط الاجتماعية بمصطلحات قانونية فاستخدام مثلاً عبارة " كون قوانين علم الاجتماع طبيعية" بهدف الاشارة الى الاعراف الاجتماعية وكل ما يسير الناس وفقاً له. وتمتد السياسة العقلية

عنده الى القوانين المستمدة من احكام الدين والشريعة التي تعتمد على الآداب الاخلاقية والمثل العليا والعادات الجمعية والتقاليد الجماعية. وهذه في نظره هي وسائل الضبط الاجتماعي التي يهتم بها علماء الاجتماع القانوني المتمثلة في الضوابط التلقائية المتفق عليها (١٢).

ويربط ابن خلدون بين نظرته الى القانون وبين نظريته في الدولة لانه على حد تعبيره" اذا خلت الدولة من مثل هذه السياسة لا يتم استتباب امرها ولا يتم استيلاؤها ، وتختلف تلك السياسة التي تمثلها تلك القوانين حسب مضمونها. ويصنفها ابن خلدون في فصل اسماه " معنى الخلافة والامامة" ، وفي فصل" ان العمران البشري لا بد له من سياسة ينتظم بها الى اربعة انواع:

١- سياسة دينية مستندة الى شرع منزل من عند الله، وهي نافعة في الدنيا وفي الآخرة .

٢- سياسة عقلية تتمثل في القوانين المفروضة من " العقلاء وأكابر الدولة وبصرائها وتقصد" حمل الكافة على مقتضى النظر العقلي في جانب المصالح الدنيوية ودفع المضار " .

٣- سياسة طبيعية وهي حمل الكافة(جموع الشعب) على مقتضى الغرض والشهوة .

٤- سياسة مدنية معناها عند الحكماء ما يجب ان يكون عليه كل واحد من اهل ذلك المجتمع في نفسه وخلقه حتى يستغنوا عن الحكام رأساً (١٣).

ويتضح لنا الافكار السابقة ان ابن خلدون اهتم بالقوى الاجتماعية التي تساعد في تكوين القانون وتشكيله، وتتمثل هذه القوى الاجتماعية (Social Forces) في الدين والاعراف والعادات والتقاليد الاجتماعية (١٤).

المبحث الثالث : علم الاجتماع القانوني عند الماوردي

ابو الحسن الماوردي ٩٤٣- ١٠٩٢م. ولد في البصرة ودرس في كل من البصرة وبغداد، وبعد انهاء دراساته الفقهية والادبية واللغوية وتميزه بالكتابة والبحث مارس مهنة القضاء وتميز بها الى درجة انه اصبح شيخ القضاة في عدة مدن عربية واسلامية لما عرف عنه من استقامة وعدالة ومعرفة واسعة بالامور الدينية والفقهية والشرعية ^(١٥). وقد عينه الخلفاء العباسيون قبيل نهاية حياته بمركز قاضي القضاة في بغداد. توفي الماوردي في بغداد عام ١٠٩٢م ودفن في مقبرة باب حرب التي كانت من اكبر واشهر مقابر بغداد آنذاك .

لقد تخصص الماوردي في عدة حقول دراسية هي القضاء والقانون والشريعة والادب والاجتماع والسياسة . أما مؤلفاته في القانون والاجتماع القانوني فهي :

١- ادب الدنيا والدين .

٢- الاحكام السلطانية .

٣- قوانين الوزارة وسياسة الملك .

٤- الحاوي الكبير في فروع الفقه الشافعي .

العلاقة المتبادلة بين الحاكم والمحكوم :

من اهم الاضافات التي قدمها الماوردي الى تطور علم الاجتماع القانوني دراسة العلاقة المتبادلة بين الحاكم والمحكوم دراسة علمية. والعلاقة هذه تنطوي على الخدمات والمسؤوليات التي يضطلع بها الحاكم ازاء الرعية والخدمات والمسؤوليات التي تقدمها الرعية للحاكم ^(١٦).

فاذا توازنت كمية الخدمات التي يقدمها الحاكم للرعية مع الخدمات التي تقدمها الرعية للحاكم فان العلاقة بين الطرفين سوف تقوى وتتعمق. وهنا تتحقق وحدة المجتمع السياسي وتماسكه. ان الواجبات التي يقدمها الحاكم للرعية هي ما يلي :

١- معاملة الرعية معاملة واحدة قائمة على مبادىء المساواة والعدالة الاجتماعية، واذا ما مال الراعي لجهة او طرف من الاطراف فان هذا الميل ينبغي ان يستند على اسس عقلانية تدعو الى الميل لطرف دون الطرف الآخر. والراعي يمكن ان يحقق هذه المهمة اذا نظر الى الجميع نظرة واحدة وطبق عليهم نفس القانون وعاملهم معاملة واحدة قائمة على مبدأ تكافؤ الفرص بين الافراد والجماعات والوحدات الاجتماعية .

٢- ان يبادر الراعي بحماية رعيته والدفاع عنها عندما تتعرض الى الاخطار والتحديات، وان يرد عنها شرور الاذى والضرر التي قد تمسها في الداخل والخارج. وهذه المهمة لا يمكن للراعي ان يؤديها الا اذا كان يمتلك قوة عسكرية وامنية وجهاز قضاء كفوء وعادل يستطيع ان يأخذ الحق من القوي ويعطيه الى الضعيف والمغلوب على أمره (١٧) .

٣- ان يعمل الراعي على جلب السعادة والرفاهية والاستقرار للرعية، وان يبعد عنها كل ما من شأنه ان يجلب لها الشقاء والفقر والمرض والجهل والالم وعدم الاستقرار .

٤- ان يكون الراعي مستعداً على تقديم المساعدات للرعية اذا تعرضت للعوز والحاجة او اصابتها ملمات الدهر وتحديات الزمن، وان يطلع على احوالها وظروفها ويتعرف على نقاط قوتها وضعفها (١٨) .

أما الخدمات او المهام التي ينبغي على الرعية تقديمها للراعي (الحاكم او الخليفة او الملك) فيحددها الماوردي بالنقاط الآتية :

١- ان تنصر الرعية راعيها وتمكنه من اعدائه وخصومه، وان تقف الى جانبه في الشدائد والملمات والظروف الصعبة والقاهرة، وان تدافع عنه دفاع الابطال لكي يستمر بالحكم ويحقق المزيد من المكاسب والمنجزات للرعية ويرفه عنها مادياً ومعنوياً (١٩) .

٢- ان تحافظ الرعية على اسرار الراعي وتحتضنه وتصون حرمتـه ولا تـدع لاي طـرف التجـاوز عـلى حقوقه ومكانته في المجتمع .

٣- ان ترفد الرعية راعيها بالخدمات الفاعلة وتمده بالقوى البشرـية(الرجـال) الـذين يـدافعون عنـه والمستلزمات المادية التي يحتاجها في ادارة دفة الدولة وتامين مسيرتها .

٤- ان تجاهد الرعية في سبيل الحفاظ على تراث المجتمع وامجـاده ومقدسـاته، وان تصـون هويتـه القومية وتواجه الاخطار والتحديات التي تهدد امن المجتمع وسلامته .

٥- ان تبادر الرعية بمد الجسور وتقوية العلاقات المصيرية مع الراعي كيما تتحقـق وحـدة المجتمـع ويكون قوياً ومقتدراً على بلوغ اهدافه القريبة والبعيدة [٢٠] .

دور العدالة في تثبيت اركان نظام الحكم :

من الاضافات العلمية المهمة التي قدمها الماوردي لتطور علم الاجتماع القانوني وتنمية حقله مـا كتبه عن العدالة الاجتماعية التي يعتمدها الحاكم او الملك او السلطان في حكمه مع الرعية ودور ذلـك في تثبيت اركان نظام الحكم واستقرار اسس الدولة واستمراريتها في خدمة الافـراد والجماعات.

ويعني الماوردي بالعدالة التي يعتمدها نظام الحكم الاستقامة في التعامل مع الآخـرين ، والامـر بالمعروف والنهي عن المنكر ومنح كل ذي حق حقـه وعـدم التعصـب او التحيـز لفئـة او زمـرة اجتماعيـة معينة دون الفئة او الزمرة الاخرى. اضافة الى النظر للجميـع نظـرة واحـدة قائمـة عـلى مبـاديء الاعـتراف بحقوق الانسان واعتبار الانسان غاية بحد ذاته وعدم اعتباره وسـيلة لتحقيـق غايـة معينـة . ناهيـك عـن ضرورة معاملة الانسان مثلما نريد ان يعاملنا الاخرون [٢١] .

ان العدالة تفضي الى تثبيت اقدام الحاكم في حكمه للمجتمع واسـتقرار الدولـة وقوتهـا وهيبتهـا والاعتراف بها من قبل الجميع. في حين ان الظلم او الجور يسبب

دائماً زعزعة اركان الدولة واضطراب مؤسساتها وعـدم تعـاون الرعيـة مـع الراعـي بـل وحـدوث التمـرد والعصيان ضد الحاكم بسبب عدم عدالته وتحيزه وتعصبه لفئة دون الفئة الاخرى [٢٢].

والعدالة التي ينتهجها الحاكم في حكمه انما تعبّر عن نفسها في عدة مجالات لعل اهمها ما يلي :

١- وضع الرجل المناسب في المكان المناسب مع تحقيق الموازنة بين واجبات الفرد وحقوقه في اجهـزة الدولة والمجتمع .وهنا يدخل الماوردي الى السمات الشخصية الايجابية التي ينبغي ان يتحلى بها الفرد الذي يحتل الموقع المؤثر والحساس في المجتمع والدولة، ومن اهم هذه السمات الشـجاعة والتعاون والتواضع والثقة العالية بالنفس والصراحة والايمـان والصـدق. فهـذه السمات تجعل الحاكم في وضع يستطيع من خلاله اختيار الرجل المناسب ووضعه في المكان الـذي يـتلاءم مـع خواصه الشخصية .

٢- يعتقد المـاوردي ان العدالـة تتحقـق عنـدما يأخـذ المسؤولون بتطبيـق القـوانين عـلى الجميـع بالتساوي بغض النظر عن الطبقة او العنصر والعرق او المهنـة او اللـون الـذي يتسـم بـه الفـرد. فالكل متساوون امام القانون . وهذا ما يؤدي الى فاعلية حكم القانون والذي يفضي الى المساواة والعدالة الاجتماعية [٢٣].

٣- تنطوي العدالة على توزيع الثروات والامـوال والملكيـة عـلى النـاس بصـورة تأخـذ بعـين الاعتبـار حاجاتهم وجهودهم ومؤهلاتهم ومواهبهم والحفاظ على كـرامتهم وحقهـم في الحيـاة . وهـذه العدالة يطلق عليها اسم العدالة التوزيعية.

٤- تنطوي العدالة على ضرورة تصحيح الخطأ او الذنب المقترف بحق الفرد او الجماعة. فاذا تعرض الفرد الى السرقة او الايذاء البدني او العقلي فانه يجب ان يعوض برد الاعتبار لـه، وان الذي فرض الاذى او الضرر عليه يجب ان يعاقب بعقوبة يكون حجمها مساوياً لحجم الضرر الـذي احدثـه ذلك الفرد له. وهذه

العدالة يسميها الماوردي بالعدالة التصحيحية، أي تصحيح الخطأ ورد الاعتبار للفرد الذي تعرض للضرر او الظلم [٢٤].

ولا يكتفي الماوردي بتفسير مظاهر العدالة التي تاخذ مكانها في المجتمع بل يذهب الى ابعد من ذلك عندما يفسر الاثار المترتبة على وجود العدالة وترسيخ اسسها في المجتمع . ذلك ان انتشار العدالة وبلورة مفاهيمها في المجتمع وتثبيت اسسها غالباً ما يؤدي الى التفاف الرعية حول الراعي وخلق اجواء التكافل والتضامن، والتماسك بين الراعي والرعية. اضافة الى دور الرعية في استتباب الامن والنظام والاستقرار والتآخي والتفاهم بين الناس . ناهيك عن الفوائد الاخرى التي تتمخض عنها العدالة والتي تتجسد في ظهور قيم ايجابية وترسيخها في المجتمع كالصدق والثقة بالآخرين والاخلاص في العمل وتحمل المسؤولية الجماعية والايثار والاعتزاز بالامة ومعطياتها الحضارية والاخلاقية .

واخيراً يتمخض عن العدالة شيوع السلوك الاجتماعي العقلاني بين افراد المجتمع وانحسار السلوك الغريزي والعاطفي الذي يجلب الضرر والاذى للآخرين كما يعتقد الماوردي .

المبحث الرابع: علم الاجتماع القانوني عند ابن تيمية

ولد ابن تيمية في مدينة حران في بلاد فارس عام ١٢٤٠م وتوفي في بلاد الشام عـام ١٣٠٧م . اتجـه ابن تيمية منذ صغره لحفـظ القرآن الكـريم وبعـدها لحفظ الحديث واللغـة والالمـام بـالامور الفقهيـة والقانونية وبرز في الدراسات الشرعية والقضائية [٢٥] . من اهم مؤلفاته ما يلي:

١-   رسالة الفرقان بين الحق والباطل .

٢-   رسالة العرش .

٣-   الوصية الكبرى .

٤-   الارادة والامر .

٥-   الوصية في الدين والدنيا .

٦-   رسالة في الاستغاثة .

٧-   رسالة في الحلال والحرام .

٨-   السياسة الشرعية .

٩-   الفتاوي .

أما الوظائف والاعمال التي شغلها فهـي الكتابة والتأليف والتفسـير لاصـول القضاء والشريعة والدين والتدريس . اضافة الى القضاء بين الناس . علماً بانـه لم يشـغل مناصبـاً عليـا عنـد الحكـام والامـراء والملوك بسبب انشغاله في التأليف والكتابة وابتعاده عن التملق والتزلف والمنافسة عـلى مغريـات الـدنيا المادية والوجهية لاسيما المناصب العليا التي يتكالب عليها اغلب المثقفين .

وما يتعلق بالاضافات التي قدمها لعلم الاجتماع القانوني فهي تقع في نقطتين اساسيتين هـما مـا يلي :

أ-   علاقة الوالي بالرعية .

ب-   العدل والظلم .

أ-   علاقة الوالي بالرعية :

يعتقد ابن تيمية بان قوة الامة او المجتمع انما تعتمد على تحقيق العدالة في العلاقة القائمة بين الوالي والرعية. فالوالي يمكن ان يكوّن علاقة حميمة مع الرعية اذا أنصفها واحترمها وبذل الجهود في تحسين اوضاعها واسعادها وزجها في عملية التنمية والتقدم وتمكينها من الاستفادة من قدراتها المبدعة والخلاقة . اضافة الى سعيه في تحريرها من الظلم والطاغوت وازالة الضرر او الاذى الذي قد يلحق بالرعية نتيجة تعسف الوالي واهماله لشؤونها[٢٦] .

ان انصاف الوالي للرعية يكون عن طريق عدم استغلال الرعية وغبن حقوقها والاستهتار بقيمها ومعتقداتها واعرافها. علماً بان انصاف الوالي للرعية لا بد ان يحسن ظروف الرعية ويدفعها الى الاخلاص والولاء والعمل من اجل المصلحة العامة بعيداً عن المصلحة الخاصة وما تحمله من نعرات فردية وانانية طاغية ومستبدة .

ومن جهة ثانية يجب ان لا تأخذ الرعية اكثر من حقوقها لان ذلك يسبب تراجع الدولة وخذلان الوالي واستغلاله الى ان يكون عاجزاً عن خدمة الرعية ومقابلة حاجاتها وتحقيق اهدافها وطموحاتها[٢٧] . اضافة الى اندفاع الرعية نحو طاعة الوالي وتنفيذ جميع اوامره بدقة وسرعة ووعي عميق، مع مشاركة الرعية في ابداء الرأي واتخاذ القرار السليم الذي يضمن مستقبلها ويزيل الغبن عنها. وهنا تتعمق وتتجذر العلاقة المصيرية التي تربط الوالي بالرعية.

أما استغلال الوالي للرعية وعدم سماعه لارائها ومطالبها وتنصله عن خدمتها والمشاركة في تحقيق اهدافها فان هذا يعزل الرعية عن الوالي ويخلق الحواجز الاجتماعية والنفسية بينهما بحيث يكون الوالي في واد والرعية في واد آخر [٢٨] . تبرز الحاجة الى فهم الوالي لرعيته وتقدير الرعية لجهود الوالي وسعيه الهادف الى تحسين شؤون الرعية وازالة الظلم عنها والمشاركة الفاعلة في حل مشكلاتها .والرعية من

جانبها يجب ان تقف الى جانب الوالي وتحافظ على اسراره وتنصره في السراء والضراء وتدافع عـن قضايـاه العادلة التي هي جزء لا يتجزأ من قضاياها المصيرية والمشروعة. لقد وردت هذه الافكار التي طرحها ابـن تيمية عن تعميق العلاقة المتبادلة بين الوالي والرعية في كتابه الموسوم " السياسة الشرعية" .

ب-   العدل والظلم :

لقد عالج ابن تيمية باعتباره رجل قانون وفقه ودين وشريعة واجتماع وسياسة موضوعي العدل والظلم في معظم مؤلفاته وبخاصة كتاب" الوصية في الدين والدنيا "، وكتاب" الوصية الكبرى " ، وكتـاب " الفتاوي" ، وكتاب" رسالة الفرقان بين الحق والباطل "، وكتـاب " رسالة في الاستغاثة " وغيرهـا مـن الكتـب والرسائل التي كتبها او نشرها . علماً بانه درس العدل والظلم دراسة مستوحاة من روح الاسلام وما جاء به القرآن الكريم من سور وآيات بهذا الخصوص ، وما تطرقت اليه الاحاديث النبويـة الشريفة بشـأن الحـث على العدل والاستقامة والابتعاد عن الظلم والجور .

وقد ذكر ابن تيمية في سياق دراسته للوالي والولاية صفتي العدل والظلم عند الوالي اذ أشار بـان الوالي الناجح هو الشخص الذي يتسم بصفة العدل، هذه الصفة التـي تجعلـه محترمـاً ومحبوبـاً مـن قبـل الناس وتؤدي في الوقت ذاته الى تعزيز حكمه وتثبيت اقدامه في الولايـة واطالـة مـدة ولايتـه لان عدالتـه تضمن تأييد الناس له والوقوف الى جانبه ونصرته في جميع الاوقات والظروف (٢٨) . في حين ان ظلم الـوالي يجعل الرعية بعيدة عنه وناقدة لولايته وثائرة عليه. ذلك ان الظلم هو صفة تتقاطع مع الصفات الايجابية التي ينبغي على الوالي النزيه والعفيف التميز بها. وظلم الوالي يقود الى قصر عمـره اذ يتـآمر عليـه النـاس من كل جانب الى ان يسقطوه ويتخلصوا من شروره التي يمكن ان يلحقها بهم (٣٠) .

اذاً من مصلحة الوالي او الحاكم ان يكون عادلاً وبعيداً عن الظلم والجور وغمط حقوق الآخرين . ان العدل كما يراه ابن تيمية يعني معاملة النـاس معاملـة واحـدة مهمـا تكـن اجناسـهم وألـوانهم ومهـنهم وثقافاتهم وانحداراتهم الاجتماعية وأصولهم

الاثنية، فلا فرق بين عربي واعجمي الا بالتقوى . كما يعني المساواة بين الناس في الحقوق والواجبات وعدم التحيز اوالتعصب لفرد او فئة دون الفرد الآخر او الفئة الاخرى الا اذا كان هناك سبب عقلاني يدعو الىالتحيز والتعصب كدرجة التقوى والايمان والكفاءة في اداء العمل واستقامة الخلق ... الخ . كما ينطوي العدل على التمسك بحكم القانون سواء كان القانون ديني او اخلاقي او شرعي، فالقانون ينبغي تطبيقه على الجميع بالتساوي بغض النظر عن طبيعة الافراد الذين يطبق عليهم القانون .

أما الظلم فهو صفة مذمومة كما يراها ابن تيمية ، انه عدم المساواة بين البشر وتفضيل بعضهم على بعض لاسباب واهية لا يقبلها الدين ولا العقل والمنطق والبصيرة [٣١] . وينطوي الظلم على التعمد في اخلال الموازنة الذهبية بين الحقوق والواجبات كأن يأخذ الفرد من المجتمع اكثر مما يعطي او يعطي فرد آخر اكثر ما يأخذ. والفرد الذي يأخذ الحق هو صاحب القوة والجاه والحسب والنسب ، في حين ان الفرد الذي تسلب حقوقه هو الضعيف وغير المدعوم بالجاه والحسب والنسب وغيرها من المسوغات التي لا علاقة لها بالتمتع بالحقوق. كما ان الظلم كما يراه ابن تيمية هو التعمد في الاساءة لحقوق الانسان والاستهتار بقدره وحريته وكرامته وغمط ما يستحقه من امتيازات وحقوق مادية واعتبارية .

واخيراً ينطوي الظلم على ممارسات لا اخلاقية ترتكب ضد الناس دون وجود مبرر لها كتشويه سمعتهم وأكالة التهم الباطلة لهم والكذب عليهم وطعنهم من الخلف وأثارة الفتن والمتاعب لهم وافتعال اللغط عليهم للتقليل من قيمتهم وحرمانهم من حقوقهم وامتيازاتهم التي يستحقونها [٣٢] .

لهذا حذر ابن تيمية من اضرار الظلم ودعا الناس الى الابتعاد عنه، وفي الوقت نفسه حثهم بكل قوة على الالتزام بالعدل لانه يقوّم النفوس ويبني المجتمعات ويمجّد الحضارات ويقودها الى الرقي والفضيلة والكمال .

المبحث الخامس: علم الاجتماع القانوني عند توماس هوبز

توماس هوبز(١٥٨٨-١٦٧٩) هو من اشهر الفلاسفة والقانونيين وعلماء الاجتماع الانكليز. فهو من اهم رواد نظرية العقد الاجتماعي، هذه النظرية التي تعتبر القوانين المحور الاساس في تنظيم علاقات الافراد وترتيب شؤون المجتمع المادية وغير المادية^(٣٣). وافكاره في العقد الاجتماعي (Social Contract) تتشابه مع افكار زملائه واعضاء مدرسته في العقد الاجتماعي وهم جون لوك الانكليزي وجان جاك روسو الفرنسي ومونتيسكيو.

لقد كانت افكار وطروحات توماس هوبز في العقد الاجتماعي رد فعل للاضطرابات والقلاقل السياسية وحالة فقدان الامن الاجتماعي التي شهدها عصره عندما كان قانون شريعة الغاب (Law of Nature) هو السائد بين البشر. هذا القانون الذي يعتقد بان الحق هو القوة والقوة هي الحق، فحقي هو قوتي وقوتي هو حقي. وقد سبب شيوع هذا القانون اللااجتماعي اضطراب المجتمع وتمزقه وتناقض اجزائه ومكوناته وبالتالي تخلفه ونكوصه ورجوعه الى الوراء. واستمر هذا القانون اللااجتماعي لفترة طويلة من الزمن واشمئز الافراد من وجوده الى ان قرروا ابطاله والغاء مفعوله عن طريق تكوين المجتمع المدني الذي يحتكم بالقوانين العقلانية التي تخدم الاهالي والافراد جميعاً اكثر مما تخدم الحكومة والدولة.

قبل التطرق الى قوانين المجتمع المدني التي اعتبرها هوبز المحور الاساس في العقد الاجتماعي علينا ذكر اهم المؤلفات التي نشرها هوبز والتي تتعلق بقوانين شريعة الغاب وقوانين المجتمع المدني والحقوق والواجبات المفروضة على الافراد والمنظمات التي يتكون منها المجتمع المدني. ان من اهم المؤلفات التي نشرها توماس هوبز هي ما يلي:

١-   المجتمع المدني (Civil Society) ١٦٤٢.

٢-   التنين (Levathian) ١٦٤٥.

٣- المادة (The Matter) ١٦٥٠.

٤- الروحانية والمدنية (Spiritualism and Civilzation) ١٦٥١.

٥- قوانين المجتمع المدني (Laws of Civil Society) ١٦٥٩.

يعتقد توماس هوبز انه بعد شيوع قانون شريعة الغاب وما سببه من ظلم وتعسف وقتل وسرقة واحتيال وابتزاز تعرض لها الفقراء والضعفاء من ابناء المجتمع على ايدي الاقوياء والطغاة والمتسلطين ايقن الجميع (الضعفاء والاقوياء) بان سيادة مثل هذا القانون اللااخلاقي واللانساني قد نتج في شيوع الاذى والضرر للجميع الى ان قرر الجميع الغاء هذا القانون وابطال مفعوله، مع ضرورة اتفاق الجماعتين من الناس على انهاء الفوضى العارمة في المجتمع وكبح جماح العنف وحالة غياب الامن وعدم الاستقرار من خلال التوقيع على عقد هو العقد الاجتماعي[٣٥] (Social Contract) هذا العقد القانوني الذي يقضي بما يلي :

١- اتفاق الافراد جميعاً على انتخاب هيئة او حكومة بطريقة الاستفتاء شريطة مشاركة الجميع في هذا الاستفتاء .

٢- اعطاء الهيئة او الحكومة حق حكم المجتمع وتقرير مصيره .

٣- تنازل كل من الاقوياء والضعفاء عن حقوقهم وتسليمها للحكومة المنتخبة بطريقة الاستفتاء .

٤- تكوين المجتمع المدني بالتوقيع على العقد الاجتماعي .

٥- من حق الشعب تبديل الحكومة اذا فشلت في تحقيق اهدافه ومصالحه[٣٦] .

٦- حكومة المجتمع المدني هي خادمة للشعب .

٧- انتخاب الهيئة او الحكومة يكون من بين الناس الذين يتسمون بالعدالة والاخلاق والرفعة والنزاهة والتعفف وتفضيل المصلحة العامة على المصلحة الخاصة .

٨- الحكومة هي الطرف الذي يحتكر تشريع القوانين وينظم شؤون القضاء مع سيطرتها على القوات المسلحة من حيث تكوينها وتسليحها واستعمالها في الهجوم على الجهة التي تعتدي على مصالح المجتمع .

٩- من حق الحكومة ان تتولى شؤون تشريع القوانين وفض مسائل القضاء والمحاكم، ومن حقها ايضاً تقديم الخدمات التي يحتاجها الافراد كالخدمات الاقتصادية والصحية والسكنية والتربوية والسياسية والامنية ٠٠٠٠ الخ .

١٠- بعد ظهور هذه الخدمات التي تتولى الدولة القيام بها تظهر المنظمات والمؤسسات الاختصاصية كالمنظمات الاقتصادية والصحية والتربوية والامنية والسياسية والدينية التي تعدّ الاساس في ظهور وتكامل البناء الاجتماعي .

ولكن ما هي سمات المجتمع المدني التي تحدث عنها هوبز؟ وما هو دور القوانين والمحاكم في تنظيمه ؟

الجواب على هذه الاسئلة ان المجتمع المدني يتسم بالصفات الآتية التي ذكرها توماس هوبز في كتابه " المجتمع المدني " :

١- يتكون المجتمع المدني من مؤسسات وانظمة تحكمها القوانين التي اقرها جموع الشعب بالاتفاق مع الهيئة الحاكمة [٣٧] .

٢- الهيئة الحاكمة (الحكومة) هي واسطة لتحقيق غايات وطموحات ومصالح ابناء الشعب الذين انتخبوا الحكومة عن طريق الاستفتاء .

٣- الافراد في المجتمع المدني يعلون ولا يعلى عليهم [٣٨] .

٤- الافراد والجماعات (الاهالي) يمكن حل الحكومة واستبدالها بحكومة جديدة اذا تقاعست عن خدمة الشعب وفشلت في تحقيق مصالح وطموحات ابنائه .

٥- الافراد يخدمون انفسهم بانفسهم والحكومة يجب ان لا تتدخل في شؤونهم لانهم ادرى بمصالحهم من الحكومة [٣٩] .

٦- للحكومة واجبين اساسيين ينبغي القيام بهما وهما الحفاظ على الامن الداخلي وحماية الدفاع الخارجي .

٧- يشارك الافراد مشاركة فاعلة في استحداث المنظمات والجمعيات التي يحتاجوها دون تدخل الحكومة في ذلك .

٨- اعتبار الافراد غاية بحد ذاتهم وليس وسيلة عند الحكومة لتحقيق غاياتها التي قد تخرج عن مصالح ابناء المجتمع وتخدم فقط قادتها والمسؤولين عنها .

٩- تستطيع الحكومة حماية الافراد من المتجبرين والسراق وقطاع الطرق والمبتزين والخارجين عن القانون وتأديب هؤلاء لحماية ما يريده الشعب (الاهالي) .

١٠- الشعب في المجتمع المدني هو صاحب السيادة وليس اية جهة غيره[٤٠].

أما دور القوانين والمحاكم في المجتمع المدني فهي توزيع الواجبات والحقوق على الافراد كل حسب قابلياته ومؤهلاته وجسامة المهام والمسؤوليات التي يقدمها للمجتمع. وفي المجتمع المدني هناك موازنة بين الواجبات والحقوق .

فضلاً عن ان القوانين والمحاكم في المجتمع المدني جاءت لخدمة الافراد واقرار مبدأ العدالة بينهم ومعاقبة من يسيء اليهم ويغمط حقوقهم. وهذا ما يساعد على نشر السعادة بين الافراد وبلورتها في ربوع المجتمع مما يفضي ذلك الى الازدهار والتقدم والرفاهية بين الناس جميعاً .

الحكومة والظلم وطعن قوانين المجتمع المدني :

كتب هوبز في كتابه التنين (Levathian) باسهاب كيف ان العقد الاجتماعي الذي افضى الى تكوين المجتمع المدني قد ضرب عرض الحائط من قبل الحكومة بعد ان توسع نفوذها وازدادت مواردها وتعاظمت سطوتها لاسيما بعد سيطرة الاغنياء والمتنفذين والمستغلين والمحتكرين والمغامرين وتجار الحروب عليها[٤١]. وقد استعمل هؤلاء جلّ قوتهم وطاقاتهم واموالهم في ضرب مصالح الشعب وتقييد حرياته وغمط حقوقه والتعرض للقوانين التي كانت في البداية تنصفه وتدافع عن حقوقه.

وهنا تحول الشعب الى فئة ضعيفة وفقيرة لا تقوى على حماية حقوقها ووقوفها ضد التنين الكاسر الذي اخذ يكسحها من مواقع القوة والمسؤولية واتخاذ القرار . وعندما ذكّر الشعب الحكومة ببنود العقد الاجتماعي وحاول صيانة حقوقه ورد الاعتبار لجموعه سارعت الحكومة باستعمال اقسى اساليب العنف والقوة والعنجهية والطاغوت بل وحتى استعملت القوانين والقوات المسلحة التي هي ادوات بيدها لقمع مطاليب الشعب وتخويفه وأرهابه واسكات صوته الى ما لا نهاية [٤٢] .

وهنا تشضى المجتمع المدني وتراجع وتفتت الى جماعات صغيرة مستضعفة لا تقوى على الدفاع عن ابسط حقوقها التي اقرتها القوانين المدنية. بل ورجع المجتمع الى سابق عهده، مجتمع تحكمه اقلية غنية تحتكر مفاتيح القوة واتخاذ القرار وشعب ضعيف تحكمه الاقلية وتقرر مصيره . أما القوانين والمحاكم التي ظهرت بعد هذه التغيرات فاخذت تخدم الحكومة المتنفذة وتعمل على ضمان حقوقها وجني المكاسب الطائلة لها، وفي الوقت نفسه تقيد حرية الشعب وتذله وتفرض عليه الطاعة والاستسلام[٤٣] .

المبحث السادس : علم الاجتماع القانوني عند مونتيسكيو

جارلس مونتيسكيو (١٦٨٩-١٧٥٥) هو من اهم الفلاسفة ورجال القانون الفرنسيين. ان معظم جهود مونتيسكيو العلمية تتجه نحو دراسة القانون بصورة عامة ودراسة اشكال الحكومات والنظم السياسية بصورة خاصة. ويعرف القانون الطبيعي على انه مجموعة علاقات ضرورية مشتقة من الطبيعة الذاتية للانسان. فضلاً عن اهتمامه بنظرية العقد الاجتماعي . اذ كان من روادها البارزين . واستعمل النظرية في تفسير اصل نشوء المجتمع والدولة والقانون. وهو يتفق مع روسو وهوبز ولوك في اعتبار الانسان حيوان لا اجتماعي وان لا اجتماعيته دعته الى العزلة والابتعاد عن ابناء جنسه ثم الاقتتال معهم حول المكاسب المادية وغير المادية ممادعا الى ظهور قانون شريعة الغاب (Law of Nature) (٤٤).

وسيادة هذا القانون ادت الى قصر عمر الانسان وانتشار الفوضى والارتباك في ربوع المجتمع. وقد سأم الانسان هذه الحالة فقرر انهائها عن طريق الاتفاق مع غيره من الناس والتوقيع على العقد الاجتماعي وانتخاب هيئة او حكومة بطريقة الاستفتاء . وهذه الهيئة شرعت القوانين الملزمة على الجميع لتسهيل مهمة ضبط المجتمع وحكمه(٤٥).

ويعدّ مونتيسكيو من المفكرين الاوائل الذين وجهوا النظر الى ان الحياة الاجتماعية تخضع لقواعد وقوانين يجب دراستها واكتشافها ، وقد عبّر عن افكاره هذه في كتابه الموسوم " روح القوانين" . وفي هذا الكتاب بصورة خاصة اهتم مونتيسكيو بالقانون اهتماماً كبيراً اذ بدأ افكاره ونظريته العامة بفكرة القانون الطبيعي حيث عرّف القانون بانه العلاقة التي تحتمها طبيعة الاشياء (٤٦). ورغم ما يشوب هذا التعريف من غموض فان الهدف الذي يسعى اليه هو ان القانون يقصد به القاعدة التي تسيطر على سلوك الانسان والتي يجب ان يتبعها الناس ويسيرون وفقاً لها،

وعلى الرغم من ذلك فانه يلاحظ ان القاعدة القانونية لا تتبع في كل الاحيان بحيث يحدث خروج عليها.

ويرى مونتيسكيو ان الطبيعة قبل ظهور القانون الوضعي كانت توفر للافراد مستوى من العدالة المجردة. وكأي مفكر في عصره نجد ان مونتيسكيو يتحدث عن قانون الطبيعة الا انه اعطاه معناً مختلفاً اذ يقول بان القانون الطبيعي يعني الغرائز الفطرية للناس ، وينبغي ان لا تسير القوانين الوضعية في تعارض معها .

ويلاحظ ان مونتيسكيو يعارض مدرسة القانون الطبيعي والتي ترى ان قانونها ثابت لا يتغير بتغير المجتمعات ، وقال بانه ليس من الضروري ان يكون القانون واحداً في كل زمان ومكان. ذلك ان اختلاف البيئة يؤدي الى اختلاف القوانين، لذلك ينبغي ان تكون القوانين خاصة بالشعب الذي تخلق له حتى انه ليكون محض صدفة ان توافق قوانين امة اخرى . فالقوانين ينبغي ان تناسب طبيعة البلاد ومركزها واتساعها ونوع الحياة التي تعيشها الشعوب ودين السكان وميولهم واخلاقهم وعاداتهم [٤٧] .

وقد ألف مونتيسكيو كتاباً ضخماً اسماه " روح القوانين" عام ١٧٤٨ واستمر في كتابته نحو عشرين سنة. ويشمل هذا الكتاب نظريته في نظام الحكم وعلاقة القوانين بطبيعة كل نظام حكومي. ويعدّ هذا المؤلف موسوعة قانونية لما يحتويه من مؤلفات كثيرة ومتعددة، غير انه يعاني من فقدان وحدة الموضوع فيه.

فالمؤلف يتكون من واحد وثلاثين جزءاً تختص الاجزاء الثمانية الاولى منه بدراسة نظرية اشكال نظم الحكم، بينما تختص الاجزاء من التاسع حتى الحادي عشر بدراسة علاقة القوانين بمشكلة الدفاع عن الوطن ضد الافكار الخارجية وعلاقتها بالحرية والامن في الداخل، وبوسائل الادارة من ضرائب ودخل عام. ويعالج في الجزء الثالث عشر كيان الحكم الفردي المتسلط معالجة تفصيلية . بينما نراه في الاجزاء من الرابع عشر حتى الثامن عشر يهتم بموضوع تأثير العوامل الفيزيولوجية من ارض ومناخ على الحياة البشرية والدستورية اذ يقول يجب على الحياة القانونية والقوانين ان تتلاءم مع طبيعة البلاد وطقسه البارد او الحار او المعتدل، ومع نوعية التربة وموقع

البلد وحجم السكان .أما الجزء التاسع عشر فيهتم فيه بدراسة علاقة الدين والتقاليد والعادات بالصفات المميزة للشعوب .

ويوضح في كتابه العشرين علاقة القوانين بالسلوك ، بينما يخصص الجزء السادس والعشرين لدراسة موضوع القوانين وعلاقتها الاساسية بالاشياء التي تنظمها، ويحتوي الجزءان السابع والثامن والعشرين على تأريخ القوانين، وقد اهتم فيها بمعالجة القانون واصل القانون المدني الفرنسي- وتطوره . ونراه يخصص الجزئين الثلاثين والحادي والثلاثين لمعالجة نظرية الاقطاع الفرنسي وعلاقتها بالاقطاع ^(٤٨).

وقد اشاد العالم ايرلخ بالفيلسوف مونتيسكيو ووضعه في المكان اللائق به من حيث اسهاماته في مجال علم الاجتماع القانوني، فنراه يقول" ان روح القوانين تعدّ المحاولة الاولى نحو الاتجاه في تأسيس علم الاجتماع القانوني، ولم يترك مونتيسكيو الا واشار اليه من قريب او بعيد وكانت له آراء صائبة .

وقد سمى مونتيكسيو المجتمع" الروح العامة" (General Spirit) ولها مصدرها في الاشياء التي تحكم الناس . وقد وضع القوانين من بين الاشياء التي تحكم الناس مثل المناخ والدين ومبادي ء الحكم والعرف والاخلاق. فالقانون الذي يعتبر جزءاً من الضبط الاجتماعي يعتبر في رأي مونتيسكيو جزءاً من الحياة الاجتماعية . ذلك ان القانون يتم تكوينه بواسطة المجتمع، وهو في نفس الوقت يشكل المجتمع. وبذلك يكون تأثير تبادلي بين القانون والمجتمع ^(٤٩).

ويعني مونتيسكيو بالمجتمع المجتمع المنظم سياسياً (Politically Organized Society) أي الدولة، وهو نفس ما كانت تأخذ به مدرسة القانون الطبيعي، ولكنه على الرغم من ذلك رأى ان المجتمع يعدّ محصلة لقوى الطبيعة ولا يعتبر نتاجاً صناعياً باي حال من الاحوال، ويوجد المجتمع مستقلاً عن الدولة .

ان القانون كما يعتقد مونتيسكيو ينبثق من حقائق اجتماعية وما يربط هذه الحقائق من علاقات. وفي مقدمة كتابه" روح القوانين" يقول مونتيسكيو "ان القوانين عبارة عن علاقات ضرورية تنبثق من طبيعة الاشياء ^(٥٠). وقد واجه هذا التعريف كثيرا

من النقد. ذلك ان القانون منذ الفيلسوف افلاطون وحتى جون لوك قد وضعت له تعريفات متعددة وكثيرة فمنها من ارجع القانون الى العقل، ومنها من ارجعه الى اوامر الصفوة او الحكام، ولكن احداً منهم لم يخاطر بتعريف القانون على انه مجرد مجموعة من العلاقات مثلما فعل مونتيسكيو .

وينبغي ان نلاحظ باديء ذي بدء ان روح القوانين وليست القوانين ذاتها هي الهدف الذي يسعى اليه مونتيسكيو . ذلك انه يرى انك اذا اردت ان تعرف وتدرك روح القوانين التي تشكل جوهر هذا الشعب. لا ان تتوقف عند حد اوامر الصفوة او رجال التشريع . وهذا يعني انه من الضروري معرفة الكيفية التي قامت عليها القوانين والتعمق في بداياتها ، وكذلك معرفة علاقات العلة بالمعلول فيها سواء كان ذلك في اصلها او في تطورها وكذلك الكشف عن الوظائف المتعلقة بها والمباديء التي تنطوي عليها (٥١) .

ان تعريف مونتيسكسو للقانون ينطبق على المخلوقات العاقلة وغير العاقلة. وفي ذلك يقول " ان كل الموجودات لها قوانينها (٥٢) ، الله له قوانينه، والعالم المادي له قوانينه، والانسان الكائن العاقل له قوانينه ، وللحيوانات قوانينها . فضلاً عن ذلك فان هناك قوانين تعبّر عن العلاقات التي تقوم بين هذه الموجودات ، ويحدد مونتيسكيو ان اعقد القوانين واصعبها هي تلك التي تتصل بالانسان. ولقد وجد الانسان قبل ان توجد القوانين المنظمة لسلوكه وحياته الاجتماعية. وقد لعبت القوانين الطبيعية دوراً هاماً في تنظيم حياة الانسان ، ورغم ذلك فان الوجود الانساني الاول كما يراه مونتيسكيو كان الانسان قريباً من الحيوان .

لم يتمتع الانسان في الحالة الطبيعية الاولى بالمعرفة بالرغم من انه كان يتمتع بالقدرة على تحقيقها . وقد سعى الانسان الاول في المحافظة على بقاء نفسه وتحقيق الامن من اجل ذلك ، فسعى الى تكييف جميع ظروفه لكي يحقق هذه الغاية، فكانت دوافعه الاولى تتجه نحو تحقيق الامن لنفسه، ولذلك سرعان ما كان ينقلب الى وحش كاسر فتاك اذا ما اصابه جوع او تعرض لخطر خارجي . ولما كان القانون

يعبّر عن علاقة قائمة بين حقائق موجودة في الواقع، لذلك كان اول قانون من قوانين الطبيعة هو قانون الامن والسلام .

وبعد تحقيق هذا المطلب كان على الانسان ان يسعى لارضاء رغباته وشهواته من خلال الاتصال بالآخرين والتزاوج ، ونتيجة لذلك ظهر القانون الطبيعي الثاني وهو قانون السعادة الناتجة عن الاتصال بالآخرين [٥٣] .

ولقد ادى الاتصال والتزاوج والتناسل الى ظهور قانون ثالث هو قانون حب الحياة الاجتماعية والتعلق بها، وحينما نمى العقل ونضج ظهر قانون طبيعي رابع هو قانون الرغبة العاقلة في الحياة داخل مجتمعات . ومن خلال هذا التدرج الطبيعي داخل الانسان في علاقات اجتماعية طبيعية داخل الوحدات الاجتماعية التي يرتبط بها ويتعامل معها .

مصادر الفصل السابع

(١)   الحسن، احسان محمد (الدكتور). علم الاجتماع : دراسـة نظاميـة ، بغـداد، مطبعـة الجامعـة ، ١٩٨٦، ص ١٧.

(٢)   المصدر السابق، ص ١٨-١٩.

(٣)   ابو الغار، ابراهيم (الدكتور). علم الاجتماع القانوني والضبط الاجتماعي، القاهرة، مكتبـة نهضـة الشرق، ١٩٨٥، ص ٢٥٢.

(٤)   الحسن، احسان محمد (الدكتور). علم الاجتماع: دراسة نظامية ، ص١٨.

(٥)   ارسطو، السياسة ، ترجمة احمد لطفي السيد، مطبعة دار الكتب العربية، ١٩٧٧، ص ١٠٦.

(٦)   بدر، محمد (الدكتور). تاريخ النظم القانونيـة والاجتماعيـة، القـاهرة، الهيئـة العامـة للكتـاب ، ١٩٧١ ، ص ١٦٣.

(٧)   المصدر السابق، ص ١٦٧.

(٨)   Aristotle : The Science of Politics, London, The Corner Press, ١٩٧٩,P. ١١.

(٩)   Schmidt, N. Ibn Khaldun, New York, Columbia Univ. Press, P. ٢٧.

(١٠) الحسن، احسان محمد (الدكتور). رواد الفكر الاجتماعي، بغـداد، مطبعـة دار الحكمـة ، ١٩٩١، ص ٨٣.

(١١) ابن خلدون، المقدمة، بيروت، مطبعة دار القلم، ١٩٨١، ص ٤٢.

(١٢) المصدر السابق، ص ٥٨.

(١٣) الحسن، احسان محمد (الدكتور). رواد الفكر الاجتماعي، ص ٨٧.

(١٤)   المصدر السابق، ص ٨٨.

(١٥)   كحالة، عمر رضا، معجم المؤلفين ، الجزء السابع، مطبعة الترقي، دمشق، ١٩٥٩، ص ١٨٩.

(١٦)   الماوردي، ابو الحسن، ادب الدنيا والدين ، بيروت، دار احياء التراث العربي، ١٩٧٩، ص ٣.

(١٧)   المصدر السابقن ص ١٠.

(١٨)   المصدر السابق ، ص ١٢.

(١٩)   Dicks, A. AL-Mawardi's Social and Political Thought, london, Ericson's Press, ١٩٨٢, P. ٥٣.

(٢٠)   Ibid., P. ٥٤.

(٢١)   الماوردي، ابو الحسن، قوانين الوزارة وسياسة الملك، تحقيق رضوان السيد، دار الطليعة، بيروت، ١٩٧٩، ص ٢٠.

(٢٢)   المصدر السابق، ص ٢١.

(٢٣)   المصدر السابق، ص ٢٥.

(٢٤)   المصدر السابق، ص ٢٦.

(٢٥)   ابو زهرة، محمد، ابن تيمية: حياته وعصره واراؤه وفقهه، دار الفكر العربي، عابدين، ١٩٧٤، ص ٥.

(٢٦)   ابن تيمية، تقي الدين ، السياسة الشرعية ، تحقيق علي سامي النشار ، دار الكتاب العربي المعاصر، القاهرة، ١٩٥٣، ص ٤٣.

(٢٧)   المصدر السابق، ص ٤٥.

(٢٨)   المصدر السابق، ص ٤٦.

(٢٩)   ابن تيمية، تقي الدين، الوصية في الدين والدنيا ، دار الكتاب العربي ، مصر، ١٩٧٧، ص ٦١.

(٣٠)   المصدر السابق، ص ٦٣.

(٣١)   المصدر السابق، ص ٦٥.

(٣٢)   المصدر السابق، ص ٦٦.

(٣٣)   الحسن ، احسان محمد (الدكتور). موسوعة علم الاجتماع، الدار العربية للموسوعات ، بيروت، ١٩٩٩، ص ٢٠٧.

(٣٤)   الحسن، احسان محمد (الدكتور). علم الاجتماع السياسي، مطبعة جامعة الموصل، الموصل، ١٩٨٤، ص ٣٥.

(٣٥)   Hobbes, T. Leviathan , London, ١٩٥١, Fontana, P.١٢.

(٣٦)   Ibid.,P. ١٤.

(٣٧)   Hobbes, T. Civil Society , London, Longman, ١٩٥٩, P.٩.

(٣٨)   Ibid.,P. ٢٣.

(٣٩)   Ibid.,P. ٥٤.

(٤٠)   Ibid.,P. ٦٧.

(٤١)   Ibid.,P. ٧٠.

(٤٢)   Ibid.,P. ٧١.

(٤٣)   Ibid., P. ٨٣.

(٤٤)   الحسن، احسان محمد (الدكتور). موسوعة علم الاجتماع، ص ١٨٨.

(٤٥)   الحسن، احسان محمد (الدكتور). علم الاجتماع : دراسة نظامية، مصدر سابق، ص ٣٢.

(٤٦)   سعفان، حسن شحاتة، منتسكيو، سلسلة تقدم الفكر في الشرق والغرب، القاهرة، مكتبة نهضة مصر، ١٩٨١، ص ١٢٧.

(٤٧)   منصور، مصطفى منصور(الـدكتور). المدخل لدراسـة العلـوم القانونيـة، دار النهضـة العربيـة، القاهرة، ١٩٨٢، ص ٩٧.

(٤٨)   سعفان، حسن شحاتة، منتسكيو، ص ١٣٠.

(٤٩)   ابو الغار، ابراهيم (الدكتور). علم الاجتماع القانوني ، ص ١١٣.

(٥٠)   Montesquieu, C. The Spirit of Laws, London, ١٩٦١, P. ٢٢٣.

(٥١)   Ibid.,P. ٢٥١.

(٥٢)   Ibid.,P. ٢٦٤.

(٥٣)   Ibid., P. ٢٧٣.

الفصل الثامن

اعلام الاجتماع القانوني بعد ظهور العالم اوكست كونت

يهتم هذا الفصل بدراسة السيرة والمسيرة والاضافات العلمية التي قدمها ستة من علماء الاجتماع القانوني الذين ظهروا بعد العالم اوكست كونت وهم كونت نفسه وكارل ماركس واميل دوركهايم وماكس فيبر وروسكو باوند واخيراً جورج زيمل . علماً بان الدراسة تتضمن تأريخ حياة العالم واعماله العلمية واخيراً دوره في تنمية وتطوير علم الاجتماع القانوني . ذلك ان الاضافات العلمية والمنهجية التي وهبها العلماء الذين نود دراستهم في هذا الفصل انما هي اضافات تكميلية لما قدمه علماء ورواد الاجتماع القانوني السابقون الذين درسناهم في الفصل السابق (الفصل السابع) ، وان ما جاءت به المجموعتان من علماء الاجتماع القانوني انما تجعل الاجتماع القانوني علماً متكاملاً وناضجاً وقادراً على تفسير الظواهر والعمليات والتفاعلات الخاصة بالاجتماع القانوني . والآن علينا دراسة هؤلاء العلماء الذين حددناهم كل على انفراد وكما يلي :

المبحث الاول: علم الاجتماع القانوني عند كونت (١٧٩٨-١٨٥٧)

اوكست كونت (١٧٩٨- ١٨٥٧) هو فيلسوف وعالم اجتماعي فرنسي يعدّ من اشهر من كتبوا في علم الاجتماع القانوني لانه يعتقد بان هناك قوانين تحكم الاسرة والدولة والدين ، هذه المؤسسات الثلاث التي تهيمن على التربية الاخلاقية والاجتماعية للفرد [1].

واهمية كونت لعلم الاجتماع القانوني انه طور قانون المراحل الثلاث للفكر البشري الذي يمر حسب اعتقاده عبر ثلاث مراحل هي المرحلة اللاهوتية والمرحلة

الميتافيزيقية والمرحلة العلمية الواقعية . وقد ساهم هذا القانون في تفسير نمـو المعرفة الانسـانية بضمنها القانون والمجتمع [٢]. علماً بان ما كتبه كونت عن القانون والمجتمـع يقـع في مؤلفه الموسوم " الفلسـفة الوضعية الذي ترجمه اج. مارتينو الى اللغة الانكليزية عام ١٨٥٣.

ان ما دفع كونت لانشاء علم الاجتماع او مـا سـماه بالفيزياء الاجتماعيـة هـو رغبتـه في اصلاح المجتمعات المعاصرة له وانقاذها من مظاهر الفوضى والاضطراب التـي تفشت في مختلـف شؤون الحيـاة الاجتماعية من سياسية واقتصادية واخلاقية وتربوية لانـه كـان يـؤمن بفكرة اساسية وهـي ان الفلسـفة ليست غاية مطلقة في ذاتها ولكنها وسيلة للوصول الى غايات عمليـة تخـدم اغـراض الاصـلاح الاجتماعـي وتسهم في الارتقاء بالمستويات الاجتماعية والاخلاقية والدينية [٣].

يرى كونت ان وحدة المجتمع هي الاسرة وليس الفرد، اذ ان مهمـة الاسرة في العصور التأريخيـة المتتابعة تتلخص في خلق الصفات الاجتماعية والنفسية التـي تـؤدي في النهايـة الى خلـق الدولـة [٤]. ومـن الاسرة تنمو الجماعات الاكثر تعقيـداً مثل الطبقـات والمـدن. وتـدور وظائـف الاسرة حـول تنشـئة الافراد وتهيئتهم للحياة الاجتماعية ، اذ ان التربية الاسرية تستهدف النظام السياسي بالتـدريج، وان توزيـع العمـل اذا زاد عن حد معين يؤدي بالمجتمع الى التفكك. وعلى هـذا تبـدو أهميـة الحكومـة كنظـام لا بـد منـه في المجتمع اذ يقع عليها مهمة مراقبة توزيع الاعمال بحيث يستفيد المجتمع اكبر فائـدة مـن التخصص مـع تلاقي ما ينجم عن المبالغة فيه من نتائج اجتماعية ضـارة. ولا شك ان توزيـع العمـل يـؤدي الى ظهـور الطبقات الاجتماعية كنتيجة تلقائية لعملية الخضوع التي تنتج عن وظيفة اشراف بعض الفئات مـن الافراد على فئات اخرى، ثم تظهر الحكومة بشكل طبيعـي مـن القوى التـي تقـوم بمهمـة الاشراف التـي تكـون متمركزة في البداية في الجماعات المختلفة التي يتكون منها المجتمع [٥].

ولا شك ان النظام السكوني او الاستاتيكي الكلي للمجتمع انمايرجع من وجهة نظر كونت الى تلك النظم التي تفرضها القوانين الطبيعية . فالتوافق

(Consensus) هو الصفة الاساسية والرابطة الضرورية لكل عناصر ونظم المجتمع، والتوافق هو اساس التضامن الاجتماعي ، على اعتبار ان التضامن الاجتماعي هو الاساس الذي يقوم عليه تقسيم العمل الاجتماعي، ومن ثم فان المجتمع يماثل الكائن العضوي الى حد كبير من حيث البناء والوظيفة ، فهناك توافق في البناء كما نجد تضامناً في الوظائف تتعاون لمصلحة البناء العضوي الذي هو البناء الكلي [٦].

ويضيف كونت الى مبدأ توزيع العمل الذي يعتبر اساس نظام الدولة ، وهو المبدأ الذي اخذه من ارسطو، مبدأ آخر أخذه من هوبز وهو مبدأ القوة. ويضيف الى هذين المبدأين ثلاثة مبادىء أخرى هي" التوجيه الفكري والعقاب الاخلاقي ثم الرقابة الاجتماعية. ويجب ان يسود في المجتمع كما يعتقد كونت الى جانب السلطة السياسية وهي الدولة ،الدين الذي يقوم على العبادة [٧].

يتبين لنا من ذلك ان نظرية كونت عن السلطة انما هي امتداد للنظريات السياسية التي قالت بسلطة الدولة. فالسلطة السياسية في رأيه تتمثل في الدولة التي تنظم حياة الافراد . وتتبع العقاب الاخلاقي للخارجين عن مظاهر المجتمع ونظمه وقوانينه، ويعتبر هذا نوعاً من الرقابة الاجتماعية وتعتبر مظهراً من مظاهر التنظيم الاجتماعي . فالرقابة الاجتماعية تعتبرمهمة وضرورية وتتم عن طريق التربية وغرس الاخلاق الى جانب القوانين والتشريعات القائمة في المجتمع [٨].

المبحث الثاني: علم الاجتماع القانوني عند كارل ماركس

كارل ماركس ١٨١٨- ١٨٨٣ من اشهر علماء الاجتماع القانوني فهو يـربط بـين المرحلـة الحضـارية التاريخية التي يمر بها المجتمع الانساني وما يعتريها من عوامـل اقتصـادية ومـاديـة والقـانون الـذي يحكم علاقة الانسان باخيه الانسان وعلاقته بقوى الانتاج وعلاقته بالجماعات والمنظمات الاجتماعية التي يتكون منها المجتمع. فضلاً عن ان ماركس يعتقد بان القانون يعدّ من العناصر الاساسية للبناء الفـوقي للمجتمـع [٩]، لذا فهو يستند على الاقتصاد او يستند عـلى القـاعـدة التحتيـة للمجتمـع. لـذا فالقـانون يعتمـد عـلى الاقتصاد والاقتصاد لا يمكن ان يعتمد على القانون كما يرى كارل ماركس .

اذا تغير البناء التحتي للمجتمع (العوامـل الاقتصـادية والمـاديـة) فـان البنـاء الفـوقي للمجتمـع وبضمنه القانون والدين والفلسفة والسياسة والعلم والدين والاخلاق والقيم والمقاييس واللاهـوت واللغـة والادب لا بد ان تتغير وفقاً للتغير الذي طرأ على البناء التحتـي للمجتمـع [١٠]. وهـذا الـرأي يسـند مقـولة ماركس الشهيرة ان الواقع الاجتماعي هو الذي يحدد الوعي الاجتماعي وان الـوعي الاجتماعـي لايمكـن ان يحدد الواقع الاجتماعي .

وقد ظهرت كتابات ماركس عـن العلاقـة بـين القـانون والاقتصـاد في العديـد مـن مؤلفـاتـه التـي اشهرها كتابه رأس المال وبخاصة الجزء الثالث، وكتاب الاديولوجية الالمانية وكتاب بـؤس الفلسـفة وكتـاب الثورة الاشتراكية وكتاب بيان الحزب الشيوعي وكتاب العائلة المقدسة وكتاب العائلة والملكية والدولة .

يعتقد ماركس بان القانون يلعب الدور الخطير في تنظيم المجتمع البشري وترتيب امـوره، وبـدون القانون الذي هو من اهم وسائل الضبط الاجتماعي يكون المجتمع في حالة فوضى وارتبـاك وتخبط . كما ان القانون هو الذي يحدد النماذج السلوكية للفرد في المجتمع وينظم علاقاته الاجتماعيـة ويفـرض العقوبـات الجزائية على

الجناة والمنحرفين والمجرمين [١١]. فضلاً عن ان القانون هو الذي ينظم عمل المؤسسات والنظم الاجتماعية من حيث توزيع الاعمال والواجبات على الافراد ومنحهم الحقوق المادية والمعنوية التي تنطبق مع خطورة وضخامة الواجبات والاعمال والمسؤوليات التي يضطلعون بها في المجتمع .

ان لكل مرحلة حضارية تاريخية يشهدها المجتمع كالمرحلة العبودية والاقطاعية والراسمالية والاشتراكية قوانينها التي تحكم الافراد وتنظم شؤون المجتمع وتحل مشكلاته وتناقضاته . علماً بان القوانين في النظم العبودية والاقطاعية والرأسمالية تخدم مصالح القادة والحكام والمسؤولين لانهم هـم الـذين وضعوها، في حين تتعارض مع مصالح وأماني المحكومين [١٢]. لذا تعارض جموع الشعب القوانين لانها كـما يعتقد ماركس تقيد حرياتها وتغمط حقوقها الاجتماعية والسياسية والاقتصادية وتجعلها تخضـع خضوعـاً تاماً للطبقة المالكة لوسائل الانتاج .

ولعـل مـن اهـم العوامـل المسؤولة عـن الثـورات الاجتماعيـة التـي تقـع في المجتمـع العبـودي والمجتمع الاقطاعي والمجتمع الرأسمالي تحيز القوانين ضد الطبقات المحكومة وتعرض هذه الطبقـات الى الاحتكار والاستغلال والاستعباد مما يدفع اعضاءها الى اعلان الثورة والتمرد لتغيير نظام الحكم وتغيير القوانين الجائرة التي يعتمدها في تنظيم علاقات افراده وجماعاته [١٣]. ان القانون في المجتمع العبودي يخدم طبقة الاسياد لان هذه الطبقة هي التي صاغته ووضعته موضع التنفيذ ومنحته درجة مـن الشرعية والقانونية . والقانون في المجتمع الاقطاعي يخدم طبقة اصحاب الاراضي والنبلاء ورجال الـدين ويحمي حقوقهم المادية والاعتبارية ويفرض العقوبات القانونية على كل من يتحداهم [١٤].

أما القانون في المجتمع الرأسمالي فقد شرع لخدمة الطبقـة الرأسماليـة الغنيـة والميسـورة وضـد الطبقة العمالية الكادحة والطبقة الفلاحية . والقانون في المجتمع الرأسمالي يخول البرجوازية بالتسلط علـى الطبقة العاملة واحتكارها واستغلالها وقتل طموحاتها وتطلعاتها المشروعة مما يدفع ذلك الطبقـة العاملـة باعلان الثورة والتمرد

وتغيير نظام الحكـم مـن نظام رأسـمالي الى نظـام اشـتراكي^(١٥). وهكـذا يجسـد القـانون ظروف المجتمـع
ومعطياته الاقتصادية والاجتماعية . فالقانون كما يرى كارل ماركس يتلون بالحيـاة المـادية للمجتمـع التـي
يظهر فيها ويأخذ طابع الحياة الاجتماعية السائدة في المجتمع . فاذا تغير المجتمع من رأسمالي الى اشـتراكي
فان القانون لا بد ان يتغير من قانون يخدم مصالح وحاجات واهداف الطبقة الرأسمالية الى قـانون يخـدم
مصالح الجماهـير أي جمـوع الشـعب صـاحبة المصـلحة الحقيقيـة في التغـير الاجتماعـي نحـو الاشـتراكية
والديمقراطية ^(١٦).

ويضيف ماركس قائلاً بان القانون لا يبقى على وتيرة واحـدة بـل يتغـير وفقـاً للتغـييرات المـادية
التي يشهدها المجتمع . ذلك ان قوانين المجتمع الزراعي تنحاز لمالكي الاراضي الزراعية وتقف ضد الفلاحـين
، بينما قوانين المجتمع الصناعي تخدم مصالح واهداف أرباب العمل وتقف ضـد مصـالح العـمال. وهكـذا
يأخذ القانون شكل المجتمع والحياة الاقتصادية التي يظهر فيها.

المبحث الثالث: علم الاجتماع القانوني عند اميل دوركهايم

يعدّ اميل دوركهايم ١٨٥٨- ١٩١٧ من اشهر علماء الاجتماع الفرنسيين ومؤسس المدرسة الاجتماعية في فرنسا. وقد طور دوركهايم علم الاجتماع الفرنسي وجعله يتمتع بمكانة عالية لا تصل اليها العلوم الاجتماعية الاخرى المعروفة. وقد عرف بمؤلفاته الكثيرة التي اهمها تقسيم العمل في المجتمع والفلسفة وعلم الاجتماع وقواعد المنهج والانتحار والاديان البدائية وغيرها من المؤلفات التي برز فيها العالم. والحقول التي تميز بها دوركهايم هي علم الاجتماع والفلسفة والتربية والاخلاق والدين والقانون وعلم الاجتماع القانوني وغيرها [١٧].

تتضمن كتابات دوركهايم الاجتماعية الشيء الكثير عن السلطة الاجتماعية حيث تعتبر المحور الاساس الذي يرتكز عليه علم الاجتماع عنده. وقد أخذ القانون كمقياس حقيقي للتضامن الاجتماعي الذي يعتبره اساس المجتمع، ولا يمكن ان يوجد المجتمع دون ان يكون هناك تماسك في اجزائه المختلفة . وقد ضمن هذه الافكار كتابه تقسيم العمل الاجتماعي . في هذا الكتاب نراه يميز بين الانسان كعضو في جماعة وكعضو في مجتمع. ثم يميز كذلك بين التضامن الآلي الميكانيكي والتضامن العضوي، ففي المجتمعات البدائية نجد ان الافراد يقومون باعمال متشابهة ،فهم يتشابهون في اعمالهم كما انهم يتشابهون من حيث انهم يخضعون لعوامل واحدة في حياتهم الجمعية. وهذا التشابه يؤدي الى سيادة نوع من التضامن يسميه دوركهايم بالتضامن الميكانيكي الذي يقوم على مجرد تشابه الافراد وعلى ما يسودهم من عادات وتقاليد يخضعون لها اسمياً خوفاً من العقاب [١٨] . ولقد كانت التشريعات الجنائية الاولى تهدف الى حفظ نوع من التوازن الخلقي في المجتمع وذلك بعقاب الخارج على ما يرسمه العقل الجمعي من قواعد، وفي مثل هذه المجتمعات نجد ان المسؤولية القضائية والاخلاقية انما هي مسؤولية جمعية [١٩] .

اما المجتمعات المتحضرة او التي تطورت فنجد انها تتميز بظاهرة تقسيم العمل، وفي ظل هـذا النظام يزداد تماسك الافراد لاعتماد كل منهم على الآخر لتحقيق مطالب حياته، ونتيجـة لـذلك يظهر نـوع من التضامن الاجتماعي يسميه دوركهـايم بالتضامن العضوي، فكـل فـرد يعتمـد عـلى الآخرين لتحقيـق مصالحه ورغباته ويعتمد عليه الآخرون كذلك، وكل هؤلاء عبارة عن اعضاء في المجتمع [٢٠].

واستكمالاً لافكار دوركهـايم في هـذا المجال فانه يميـز بين القواعد المنظمة للسلوك في كـلا المجتمعين . ففي المجتمعات البسيطة هناك القوانين الاجتماعية غير الرسمية الممثلة في العـادات والتقاليـد والاعراف. وهذه القوانين لها قدسيتها وقوتها بحيث تفوق قوة القوانين الرسمية [٢١].

أما المجتمعات المتحضرة فتسودها القوانين المدنية، وهي تلك القوانين التي تقرر انواعـاً مختلفـة من التعويضات والجزاءات التي تعالج الاضرار التي احدثتها الانحرافات عن القواعد والاحكام الاجتماعية .

كتب دور كهايم بحثاً بعنوان" قانون لتطور العقوبة" ، واوضح فيه ان التغيـرات التـي مـرت بها العقوبة يمكن تقسيمها الى نوعين هما تغيرات كمية وتغيرات نوعية. فقانون التغيـرات الكميـة يقـوم عـلى اساس ان درجة العقوبة تزداد من حيث شدتها كلما كانت المجتمعات اكثر قربـاً مـن النمـوذج البـدائي [٢٢] ، وكلما كانت السلطة المركزية اقرب الى النظام المطلق. ويقـوم قـانون التغيـرات النوعيـة عـلى اسـاس ان العقوبة تتجه اكثر فاكثر نحو نموذج واحد هو الحرمان من الحرية لمـدد تتفـاوت حسب خطـورة الفعـل الاجرامي .

ويتبين لنا من هذا ان دوركهايم يعتبر مفكراً في التقليد المحـافظ اذ اعتقـد بـان علـم الاجتماع يسعى الى الحفاظ على النظام الاجتماعي. وقد استخدم بعض المصطلحات التـي تؤكـد هـذا القـول مثل التماسك الاجتماعي والتضامن والتكامل والسلطة والتنظيم ٠٠٠ الخ . ويقول الكاتب ان هذه المصطلحات ما هي الامفاتيح استخدمها دوركهايم في دراسته من اجل حفظ النظام الاجتماعي والابقاء عليه .

ومن جانب آخر يحاول دوركهايم معالجة موضوع السلطة في كتابه" اخلاقيات المهنة والاخلاق المهنية" فيتوصل الى ان كل شكل من اشكال النشاط الاجتماعي لا يمكن ان يعمل ويحقق اهدافه دون الاستناد الى نظام اخلاقي. اذ لا شك ان لكل فرد اهتمامات ومصالح فردية تختلف عن تلك التي تهم الجماعة وتشغل بالها. من اجل ذلك كان لا بد من وجود نظام يلزم الفرد باحترام مصالح الجماعة والالتزام بقواعد محددة، وهذا يدور في محور النظام الاخلاقي، هذا النظام الذي يضع الاحكام والقوانين التي تحدد ما ينبغي ان يقوم به الفرد وعدم الاخلال بالمجتمع الذي يعتبر جزءاً منه (٢٣).

والسلطة في علاقتها بالانسان لا تعتبر دعامة للحياة الاخلاقية فقط، ولكنها تقوم بوظيفة اساسية في تكوين السلوك والشخصية بصفة عامة، فالعنصر الضروري للسلوك هو القدرة على القمع والردع، والى جانب القواعد الاخلاقية التي يؤكد دوركهايم على اهميتها فان هناك القانون الذي يعتبر من الوسائل الاساسية التي يمكن الاعتماد عليها لتحقيق التضامن الاجتماعي.ولا شك ان القانون والقواعد التشريعية يعتبران سمة من سمات الدولة السياسية التي تحاول ان تتخذ كل الاجراءات الممكنة لتحقيق الاستقرار والتوازن في ربوع المجتمع (٢٤).

وقد تحول دوركهايم في الفترة الاخيرة من حياته الدراسية الى دراسة الظاهرة الدينية واهميتها في نسق المعتقدات العامة. ولقد كان اهتمام دوركهايم المبكر بمسألة التنظيم الاجتماعي مركزاً على الدوافع الخارجية للضبط والرقابة وبصفة خاصة التنظيمات القانونية التي يمكن دراستها في كتب القانون بغض النظر عن الافراد . واخيراً اتجه الى اعتبار دوافع الضبط داخلية في وعي الفرد . من اجل ذلك وجدناه يتجه الى دراسة الدين الذي يعدّ احد الدوافع التي خلقت داخل الافراد معنى الالتزام الاخلاقي للتمسك بالقواعد الاجتماعية، وقد اتبع في ذلك منطق نظريته التي تقول " ان المجتمع موجود داخل الفرد" (٢٥). وتأكيداً لهذه الفكرة التي يقول بها نجده في كتابه" الاشكال الاولية للحياة الدينية" يقول بان التصورات الدينية ليست في

حقيقتها الا تصورات جمعية لانها تعبّر عن حقائق ووقائع جمعية. كما ان الطقوس الدينية تثير بين الجماعات جواً فكرياً خاصاً كما تفرض عليها " حالة عقلية عامة".

ويعتقد دوركهايم بان مقارنة المعتقدات والقوانين بعضها مع بعض يبين لنا بان الدين البدائي ادى الى تكوين الاسرة اليونانية والرومانية وارسى قواعد الزواج والسلطة الامية . واكد حق الملكية بعد اتساع الاسرة وامتدادها، وساعد كذلك على تكوين تجمعات اكبر كالمدينة ، وكان الحكم يقوم فيها كما كانت تحكم الاسرة . ومن الدين اتت كل النظم، فالمدينة استمدت كل مبادئها واحكامها واعرافها وحكوماتها ورؤسائها . ومع مرور الزمن اصبح الدين القديم متغيراً وتغير معه القانون الخاص والنظم السياسية . ومن جهة اخرى نجد ان بونالا في نظريته عن السلطة يعلن اهمية الدين في الدولة كنسق للحقوق والواجبات . ومن هذا كله تتضح اهمية الدين في المجتمع ومدى تأثيره على النظم الاخرى القائمة وبخاصة نظام الدين .

المبحث الرابع: علم الاجتماع القانوني عند جورج زيمل

يعدّ جورج زيمل (١٨٥٨-١٩١٨) من اهم علماء الاجتماع القانوني الالمان اذ انه تنـاول في كتابـه "
علم الاجتماع" وفي كتابه الآخر" علم الاجتماع الشكلي" موضوع السـلطة وموضوع العلاقة بـين الرئاسية
والمرؤسية أي العلاقة بين الرئيس والمرؤوس وما يتعلق بها من موضوعات تتمحور حول السيطرة والخضوع
والاستسلام [٢٦].

يعالج زيمل موضوع السلطة الاجتماعية تحت عنوان " السيطرة والخضوع"، وذهب الى ان هناك
افتراضاً مؤداه ان السيطرة والخضوع هما تكوين طبيعي في كل مجتمع انساني، وهذا الافتراض يتضمن بكل
تأكيد نظرة عميقة في جوهر الطبيعة والعلاقة الانسانية. والسيطرة والخضوع عمليتان ضروريتان ولاحقتان
لوجود المجتمع، وهذا يمثل احد الصور التي جاء فيها المجتمع الى الوجود [٢٧].

فالمجتمع حين بدأ في نشأته الاولى كانت توجد فيـه ظاهرتـا التفـوق والخضـوع. ففـي المراحـل
التاريخية المختلفة هناك نفر يقود الجماعة ويؤثر فيها، وان الجماعة تخضع من جانبها لذلك النفر القليل
وتستجيب له [٢٨]. لو اخذنا موضوع التنشئة الاجتماعية مثلاً نلاحظ ان الطفل يعيش في احضان والديه لا
حول له ولا قوة ويستجيب لهما في جميع شؤونه وأموره. وتعتبر هذه الاستجابة خضوعاً لرغبات الوالدين
اللذين يمثلان موقف السيطرة والرئاسة. وهذا تأكيد لفكرته الاساسية حول الرئاسة والتبعيـة والتي تنبـع
صورها في كل اشكال المجتمعات الانسانية.

ان المجتمع عبارة عن مجموعة من العلاقات الصورية، تحددها علاقة السـيطرة والخضوع، وفي
حالة السيطرة والخضوع فان العلاقة تتطلب وجود عملية من جانب واحد، وجماعة واحدة. فالاولى تبـدو
انها تعمل وتسيطر، بينما الاخرى تبدو على انها تستقبل التأثير. وعلى هذا يمكن القول بان هناك شخصاً
يسيطر ويوجه وجماعة تستجيب وتطيع [٢٩].

وفي كتابه علم الاجتماع يقول جورج زيمل بان الاحساس بالوجود تحت القهر والوجود في ظل السلطة المسيطرة يعتبر شيئاً ظالماً ومقززاً للنفس ،سواء كانت تلك السلطة مثلاً أعلى او قانوناً اجتماعياً او شخصية مستبدة ظالمة او منفذة لمعايير عليا. ويكون القهر لاغلبية الناس تدعيماً للحياة الداخلية والخارجية والذي لا يمكن الاستغناء عنه لتحقيق التماسك الاجتماعي[٣٠] .

وينتقل زيمل الى معالجة عناصر الضبط الاجتماعي ودورها في تنظيم المجتمعات ثم يشير الى السلوك الاجتماعي، ذلك السلوك الذي يحدده حجم الجماعة وتقوم بضبطه ورقابته قيم الجماعة ومعاييرها واخلاقياتها العامة، ويستند في ذلك على عناصر الضبط الاجتماعي مثل ضغط القانون والعادة وغير ذلك من الوان الضبط والرقابة التي تفرض انماطاً خاصة على سلوك الانسان اثناء حياته الاجتماعية. وهذا يؤكد ان بعض المعايير هي التي يحدد الانسان سلوكه وفقاً لها، وهو سلوك متوارث وجماعي ومحدد . وهذا يؤكد ان وظيفة المعايير التي قد تصدر عن الدين او تنبع من الاخلاقيات ، توضع في شكل قواعد او اتفاقات او قد تصاغ في صيغة قانون . وهذه هي عناصر الضبط الاجتماعي التي لا تصدر الا عن روح الجماعة والتي تفرض على سلوك الانسان من الخارج [٣١] .

وينظر زيمل الى المعايير الاجتماعية العامة مثل التقليد والعادة وقواعد الاخلاق نظرة موضوعية على انها قوالب سلوكية تفرض قسراً على الانسان من الخارج، ولا يتحقق وجودها الا بتحقيق وجود الانسان في المجتمع بحيث يخضع الانسان للقانون والقواعد الاخلاقية من جهة ويحققها بارادة حرة من جهة أخرى .

وتأسيساً على ذلك يذهب زيمل الى ان صلة الانسان بالمجتمع الذي يعيش فيه هي صلة اساسية وتؤدي الى وجود اشكال من العلاقات وهي علاقات اخلاقية وعائلية وتأريخية . وهذه العلاقات الاجتماعية التي تمليها النظم كالقانون والدين وقواعد الاخلاق تتميز بالضرورة والكلية كما تتميز كذلك بان لها قيمة اجتماعية[٣٢].

ان القانون والدين والاخلاق من اشكال العادة والتقليد، كلها ظواهر او نظم تتميز بالضرورة والقهر، فهي ضرورية في حفظ المجتمع وتدعيم كيانه، وهي قهرية لانها تهدد الفرد الذي يخرج عليها. فالنظم الاجتماعية تقوم بوقاية وضبط المجتمع من انحرافات الافراد. وهذا يدل على ان زيمل يحدد مفهوماً واضحاً للوظيفة الاجتماعية للجزاءات والقانون والعرف، حيث يعتبر حجم المجتمع عنصراً جوهرياً في تحديد مدى قيمة القانون والجزاء .

ويذهب زيمل الى انه اذا كان المجتمع هو الذي يفرض ذاته فرضاً، واذا كانت الدولة تتطلب تأكيداً وضماناً، فان الانسان انما يتطلب حرية وتحرراً، فالفرد وان كان عضواً في جماعة الا انه ما زال خاضعاً للجماعة التي تحكمها العادة والتقليد وتفرض عليه اتجاهات الرأي العام وحكم العرف والعادة تصدر التحريمات والجزاءات الاجتماعية، ففي الجماعات البسيطة الصغيرة تنتشر ـ المحرمات والمعتقدات الدينية المقدسة (٣٣).

ولقد تأثر دوركهايم بآراء جورج زيمل في القانون وحكم العادة والتقليد وقواعد الاخلاق. وكتب رجال الاجتماع في فرنسا في مجال الضبط الاجتماعي وتحديد وظيفة القانون ودور الجزاءات الاجتماعية في مختلف المجتمعات البدائية او الحضرية. وقد تطورت الجزاءات الاجتماعية فأخذت شكل العرف والمعايير في المجتمعات المتخلفة البدائية ، ثم اتخذت شكل القانون في المجتمعات الحديثة المتحضرة . وهذه الافكار هي التي اخذ بها دوركهايم في دراسته الاجتماعية .

المبحث الخامس : علم الاجتماع القانوني عند روسكو باوند

يعدّ روسكو باوند من اهم علماء الاجتماع القانونيين في امريكا فهو بحق عميد القانون الاجتماعي دون منافس [٣٤] ،يعتقد روسكو باوند ان غاية القانون هي تحقيق الظروف الملائمة للحياة الاجتماعية ، والظروف التي يتطلبها الفرد في حياته الاجتماعية لا تقتصر على المعطيات المادية بل تتجاوز ذلك الى المعطيات المعنوية كالحرية والكرامة والدين. والمشرع هو الذي يقدر القيم التي يحتاجها المجتمع اذ انها تختلف من مجتمع الى مجتمع آخر وتختلف في نفس المجتمع عبر فترات زمنية مختلفة .

لقد تأثر روسكو باوند بالمدرسة الالمانية عندما أكد على ضرورة دراسة القانون دراسة اجتماعية ،فدراسة الواقع الاجتماعي تمكن المشرع من التوصل الى معلومات اساسية عن المصالح والاهتمامات التي يراد تنظيمها . وهنا تتخذ العملية التشريعية مظهراً علمياً يطلق عليه باوند" الهندسة الاجتماعية التي تمكّن عالم الاجتماع من التعرف على مختلف المصالح الاجتماعية، ثم يتم فحصها ومقارنتها وتصنيفها تمهيداً لاضفاء الحماية القانونية على المصالح التي يراها المشرع جديرة بالحماية [٣٥] .

ويبدو ان باوند قد أخذ من ادورد روس الفكرة التي مؤداها ان القانون يعتبر مجرد وسيلة من وسائل الضبط الاجتماعي . وأخذ باوند من هولمز فكرة الاتجاه الوظيفي في القانون، هذا الاتجاه الذي مكنه من دراسة التاثيرات التبادلية بين القانون ومؤسسات المجتمع من جهة، وبين القانون وبقية وسائل الضبط الاجتماعي لاسيما الوسائل الخارجية للضبط الاجتماعي .

ولروسكو باوند نظريتين هما(١) نظرية الضبط الاجتماعي (٢) نظرية المصالح الاجتماعية .

١- **نظرية روسكو باوند عن الضبط الاجتماعي :**

ان النقطة الاساسية التي يدور حولها التفكير القانوني عند باوند هي ان كل قانون يرتكـز عـلى عنصر مثالي، ولذلك يجب الاهتمام بهذا العنصر بالذات عند دراسة القانون. ومعنى هذا انـه يؤكـد الصـلة بين الفلسفة والقانون على اساس ان الفلسفة تـدرس ذلـك العنصر ـ المثـالي وتقـدم نتـائج دراسـتها لرجـال القانون . فالفلسفة هي المعرفة النظرية التي يستعين بها المشرع القانوني عندما يؤدي عمله، أي ان الفقيه ينبغي ان يعتمد على نظريته في فلسفة القانون ، يسترشد بها عند وضع النسق القانوني وصياغة القواعـد القانونية التي يتكون منها هذا النسق .

يعتقد باوند بان القانون بوجه خاص والضبط الاجتماعي بوجـه عـام وسيلة لـدعم الحضارة وتقدمها واستمرارها في الوجـود . والحضـارة في رأيـه هـي تنميـة سيطرة القوى الانسانية عـلى الطبيعـة الخارجية او المادية مع ازدياد تحكمه في طبيعته الداخلية والانسانية الى اقصى حد ممكن . ومعنى هذا ان سيطرة الانسان على طبيعته الداخلية تساعده في السيطرة على طبيعته الخارجية ولا يتحقق ذلك الا عـن طريق الضبط الاجتماعي .

وعلى هذا فان باوند يوضح لنا ان الضبط الاجتماعي يعدّ وسيلة لـدعم الحضارة واستمرارها في الوجـود [٣٦]. ثم ينتقل الى تعريف الضبط الاجتماعي ويقول بانـه" الضغط الـذي يقـع عـلى الانسان مـن زملائه لالزامه على تأدية دوره في المجتمع لتحقيق تقدمه واستمراره في الوجود، وردعـه عـن السـلوك غـير الاجتماعي (Anti-Social Behaviour).

وتتمثل وسائل الضبط الاجتماعي عند باوند في الاخلاق والدين والقانون، وقد اصبح القانون في العصر الحديث الوسيلة الرئيسية والمؤثرة في عملية الضبط الاجتماعـي، ومرجـع ذلـك ان المجتمـع المـنظم سياسياً وهو الدولة اصبح يعتمد على القوة بهدف تنسيق العلاقات وتنظيم السلوك، وهـذا يعنـي الى حـد كبير ان القانون يعتمد على القوة في تحقيق وجوده وحماية الافراد الذين يخضعون لمجاله [٣٧].

واذا رجعنا الى المجتمع المنظم على اساس القرابة اكتشفنا ان القانون كان يقـوم بـدور بـسيط في هذا المجال ، دور يتمثل في المحافظة على السلام الاجتماعي بين الناس، فاذا فرض القانون وكان فرضه يمس احداً بسوء فان الجماعة القرابية تتدخل بهدف فض النزاع والتوفيق بـين الافـراد المتنازعين واعـادة الالفـة والوفاق بينهم، اما اذا حدث ان اصاب فرداً آخر من احدى الجماعات القرابية الاخرى، ففـي هـذه الحالـة تنشأ العداوة بين هاتين الجماعتين القرابيتين اذ لا تخضعان لرئيس واحد مشترك يحسم هذا الخلاف . ومن اجل ذلك وضعت النظم القانونية الاولى بهدف حسم تلك الخلافات حسماً نهائياً . وتقضيـ هـذه النـظم بضرورة دفع الفدية للفرد المصاب، وتحديد اساليب للمحاكمة تستهدف اثبات الحقائق .

وقد استمر هذا الاسلوب الذي يرمي الى المحافظة عـلى السـلام الاجتماعي في الوجـود ،بعد ان اضيف اليه عدد لا بأس به من الوظائف الاخرى. بيد انه كوسيلة من وسائل الضبط الاجتماعي لا يكون له سوى نطاق محدود فقط ، بينما يترك الجزء الاكبر من الضبط الاجتماعي لعمليات التاديب القرابية الـذي تمارسه الجماعة القرابية، والدور الذي يقوم به العرف والتنظيم الديني السائد في المجتمع المحلي. ولكنـه يلاحظ ان التنظيم القرابي قد اختفى في العصر الحديث ، كوسيلة لها تاثيرها الفعال في الضبط الاجتماعـي ، فضلاً عن ذلك فان الاسرة ذاتها قد فقدت فاعليتها كأداة تأديبية مناط بها القيام بهذه الوظيفة، وقد تولت محاكم الاحداث والمحاكم الاسرية عدداً كبيراً من الوظائف التشريعية التي كـان يقـوم بهـا رئيس العائلـة قديماً .

ومن ناحية اخرى كان التنظيم الديني وسيلة مؤثرة من وسائل الضبط الاجتماعـي ، واستمر في اداء هذه الوظيفة الاجتماعية ردحاً طويلاً من الزمن. حتى بعد التغيرات التي طرأت عـلى المجتمـع، فقـد اعلنت الكنيسة في العصور الوسطى مجموعات من القواعد القانونية ، ثم بدأت الدولة تتولى مهمة وضع عدد آخر من القوانين وتفرض عقوبات رادعة على مـن يخالفها او يقلـل مـن شـأنها. وقـد استمر هـذان النظامان القانونيان ، قانون الكنيسة من ناحية وقانون الدولة من ناحية اخرى يعملان معاً جنبـاً الى جنـب بهدف تحقيق الامن والاستقرار في المجتمع(٣٨) .

وينتهي باوند من ذلك الى ان القانون بعد ان اصبح الوسيلة الرئيسية للضبط الاجتماعي في المجتمع يجب ان تتوفر له كل اسباب المساندة والعون من خلال الدين والاخلاق والتربية، فقوة الدولة وحدها لا تكفي لتنفيذ القانون وتحقيق غايته التي ينشدها (٣٩).

٢-نظرية المصالح الاجتماعية

استطاع روسكو باوند من خلال نظريته في المصالح الاجتماعية ان يضيف الكثير في مجال فلسفة القانون وعلم الاجتماع القانوني. وقد استقى فكرته في هذا المجال من جيرمي بينثام واهرنج اذ أخذ منهما فكرة المصلحة كعنصر اساسي في الحياة القانونية. ذلك لان الحق يعتبر مصلحة تخضع لحماية القانون. ومن الامور المسلّم بها ان هناك مصالح كثيرة ومتعددة في المجتمع، وهناك تنافس بل وتصارع بين كثير من هذه المصالح. والقانون وحده هو الذي يمكنه من خلال اساليب القوة التي يستخدمها تحقيق التوفيق والتوازن بينها حتى يتسنى توفير الاستقرار والسلام الاجتماعي. ولا يغيب عن الذهن ان عمليات التنافس والصراع تحدث في نطاق المصالح الفردية الخاصة، فكل انسان وفقاً لغرائزه يسعى لاشباع حاجاته ومتطلباته الخاصة دون ان يضع في اعتباره انه في تحقيق مصالحه هذه قد يلحق اضراراً بالآخرين. وقد سبق لنا القول بان القانون في المجتمع يسعى لتحقيق التلاؤم والتوفيق بين المصالح الفردية لتصبح في مجموعها مصالح عامة يشترك فيها المجموع ويحميها القانون ويساندها لان الباعث في ذلك يكون مصلحة المجتمع وقد سار باوند من فكرة المصالح الفردية الخاصة الى فكرة المصالح الاجتماعية وقدرها حق قدرها ووضعها في مكانه عليا تليق بهذا القدر الى درجة ان المصالح الفردية الخاصة لا تحاط باية حماية او مساندة قانونية الا بالقدر الذي تكون فيه هذه المصالح معبرة لمصلحة او اكثر من المصالح الاجتماعية (٤٠).

ومن اهم المؤلفات التي نشرها باوند كتاب " مدخل الى فلسفة القانون، وكتاب الضبط الاجتماعي من خلال القانون.

المبحث السادس : علم الاجتماع القانوني عند ماكس فيبر

يعدّ ماكس فيبر (١٨٦٤-١٩٢٠) من أشهر واهم علماء الاجتماع القانونيين. ذلك انه درس القانون الروماني والفرنسي والانكليزي واليهودي والاسلامي والهندوسي والصيني . علماً بان فيبر يمتلك خلفية قانونية نتيجة ثقافته القانونية الواسعة، وانه درس تأثير السياسة والدين والاقتصاد على نشأة القانون وتطوره. فضلاً عن تخصصه في دراسة المهن القانونية كمهنتي المحاماة والقضاء[٤١] .

وقد ميز فيبر بين الفقه وعلم الاجتماع القانوني ، فالفقه يسعى الى تحديد المعنى الجوهري للقانون والقاعدة التي يرتكز عليها وعلاقة قانون معين بالقوانين الاخرى . بينما يهتم علم الاجتماع القانوني بدراسة الجذور الاجتماعية للقانون واثر القانون في المجتمع والبناء الاجتماعي.وعرّف فيبر القانون على انه امر صادر عن هيئة من الافراد تكون مستعدة لاستخدام اساليب العنف والقهر في حالات الضرورة. ويعني فيبر بالامر مجموعة المعايير التي يسير عليها الناس لتنظيم شؤون حياتهم .

وكان فيبر متشدداً في نزعته حيال تطبيق القانون اذ اعتقد بان جهاز القهر والالزام هو العنصر المميز للقانون [٤٢]. وهذا الجهاز القهري كانت تديره الاسرة والعشيرة او الكنيسة كما في حالة القانون الديني .

مرتكزات علم الاجتماع القانوني عند فيبر :

يرتكز علم الاجتماع القانوني عند فيبر على ما يلي :

١- التمييز بين القانون العام والقانون الخاص ، فالقانون العام هو مجموع المعايير التي تنظم انشطة الدولة. أما القانون الخاص فهو مجموع المعايير التي تنظم السلوك والانشطة الخاصة التي لا علاقة لها بانشطة الدولة .

٢- التمييز بين القانون الوضعي والقانون الطبيعي . القانون الوضعي هو القانون الذي يهتم بالامور الاجتماعية والدنيوية للافراد والجماعات ، ويمكن

ملاحظة هذه الامور وتحليلها علمياً. أما القانون الطبيعي فهو الذي يرشد وينظم سلوك الفرد والجماعة وانه يشتق من الادراك والحدس والمنطق .

٣- التمييز بين القانون الموضوعي (Objective Law) والقانون الذاتي (Subjective Law) ، ويقصد فيبر بالقانون الموضوعي مجموع القواعد التي يمكن تطبيقها على كل اعضاء الجماعة بدون تمييز، أي تخضع الجماعة لنظام قانوني عام. أما القانون الذاتي فيتضمن امكانية الانسان في الالتجاء الى اجهزة القهر والالزام لتحقيق مصالحه واهتماماته الخاصة مادية كانت او معنوية [٤٣]. فالحقوق الشخصية تحقق الامن للاشخاص الذين يملكون سلطة على الافراد او الاشياء مثل الملكية ، كذلك تتيح للافراد ان يمنعوا الآخرين من التصرف بطريقة معينة. وتعدّ هذه الحقوق مهمة كحق رب العمل في استئجار من يحب وحق العامل في اختيار العمل بحرية مطلقة.

٤- التمييز بين القانون الرسمي (Formal Law) والقانون المادي. فالقانون الرسمي هو النص القانوني الذي يشتق قانوناً من فروض النسق القانوني المحدد، أما القانون المادي او الحقيقي فانه لا يضع في اعتباره عناصر قانونية بل يعتمد في احكامه على قيم دينية واقتصادية واخلاقية وسياسية[٤٤] .

ولهذا فان هناك طريقين لتصور العدل، الاول يقتصر على قواعد المشرع متصوراً ان ما هو مقرر ومتطابق مع النسق يكون هو الحق . والثاني يعتمد على الظروف العامة للحياة ونوايا الافراد وبناء على ذلك فان القاضي ينطق بالحكم أما على اساس نص القانون او على اساس الاحتكام الى عقله وضميره لتحديد الحل الاكثر انصافاً وعدلاً .

شرعية النظام الاجتماعي عند فيبر والسلطات :

تكون قوانين النظام الاجتماعي او تكون السلطة التي تمارس القوانين شرعية فيما اذا استندت على المبررات او المسوغات الآتية :

١- المبررات او المسوغات التقليدية (القوانين المشتقة من قوة العادات والتقاليد التي تكمن في الماضي السحيق للمجتمع [٤٥] .

٢- المبررات او المسوغات الدستورية (القوانين المشتقة من الدستور الذي تقره جموع الشعب بالطريقة الديمقراطية) [٤٦] .

٣- المبررات او المسوغات الكرزماتيكية (القوانين تكون شرعية ومطاعة لانها تحظى بارادة الزعيم الملهم او القائد المنقذ الذي يتميز بسمات شخصية خارقة لا يتميز بها الاشخاص الاعتياديون [٤٧] .

أما السلطات السياسية فيقسمها فيبر الى ثلاثة اقسام وفقاً لطبيعة نظام الحكم والمبررات التي ترتكز عليها ونوعية العلاقة التي تربط الحاكم بالمحكوم . والسلطات هذه هي :

١- السلطة التقليدية ٢- السلطة الشرعية- العقلانية ٣- السلطة الكرزماتيكية.

ترتكز السلطة التقليدية كما يعتقد فيبر على قوة التقاليد السابقة والماضي التليد والتراث الحضاري والسياسي للمجتمع . فالتقاليد والتراث والاعراف الاجتماعية التي يسير المجتمع على ضوئها هي التي تعطي حق الحكم الى رجل اوعائلة او عشيرة تتميز بالقوة والهيبة والجاه والاحترام. وقد استطاع الحاكم الذي يمثل العائلة او العشيرة ان يبرهن كفاءته ومقدرته في الحكم وان يجلب للمجتمع الخير والسعادة والرفاه وان يحقق طموحاته واهدافه. وحكم المجتمع من قبل الحاكم وسلالته او من قبل العائلة او العشيرة وابنائها على مر السنين يصبح تقليداً يقره المجتمع ويعترف به ويريد استمراريته مهما تكن الظروف . والحاكم اوالسلطات في ظل هذا النمط من السلطة يعتبر رمز البلاد وسر وحدتها واصل قوتها ومصدر تقدمها وشموخها.

ومن الجدير بالذكر ان السلطة التقليدية لا تعتمد على القوانين الشرعية ولا على الانتخابات الدستورية ولا على الشخصية الجذابة للحاكم او الرئيس، بل تعتمد على نفوذ وقوة العادات والتقاليد والاعراف التي تلزم المواطنين على الاستجابة لحكم

السلطات او الملك الذي وصل الى الحكم عن طريق تاثير التقاليد والاعراف التي يقرهـا المجتمـع [٤٨]. والسلطات التقليدية تتمثل بمعظم الانظمة الملكية في العالم بالرغم من ان بعـض هـذه الانظمـة تقـر حق الافراد في الانتخابات الدستورية لاختيار الحكومة التي تمثلهم وتدافع عن حقوقهم كما هـي الحـال في بريطانيا والسويد والدانمارك وبلجيكا والاردن والمغرب .

وهناك السلطة الشرعية - العقلانية التي يرتكز هيكلها على المبـاديء الدسـتورية والديمقراطيـة وتستمد قوتها من ارادة الشعب الحرة وتشتق قوانينها من واقع المجتمع ومن معطياته الفكريـة والماديـة. وتطغي على هذه السلطة الصفة العلمية نتيجة لالتزاماتهـا بالاحكـام والقـوانين الوضـعية وابتعادهـا عـن الذاتية والانفعالية والتعصب واعتمادها على قيم التعاقـد والمصـلحة المشـتركة بـين الفئـة الحاكمـة وابنـاء الشعب . ان مبررات شرعية السلطة العقلية انما تتجسد في حكم الشعب نفسـه بنفسـه مـن خـلال اتاحـة المجال بانتخاب مـن يمثـل فئاتـه في المجـالس النيابيـة . وهـؤلاء الممثلـون يـدافعون عـن حقـوق الشـعب ويعملون من اجل سد حاجاته وتلبية طموحاته وفي حالات كثيرة تشكل الحكومة وينتخب رئيسها من بين الممثلين[٤٩] .

ان اختيار الحكومة ورئيسـها بطريقـة الانتخابـات الديمقراطيـة الحـرة هـي التـي تضـفي صـفة الشرعية للسلطة، وان اعتماد الاخيرة عـلى صـيغ العدالـة والقـانون والاحكـام الموضـوعية هـي التـي تمـنح السلطة صفتها العلمية . لذا فصفة الشرعية غالباً ما تلازم الصفة العلمية للسلطة طالما ان عقلانية السلطة تتجسد في الاساليب العلمية التي تنتهجها في عملية الحكم، وان الاسـاليب العلميـة لا يمكـن ان تتجسـد في السلطة اذا كانت الصفة الشرعية مفقودة منها. وتتمثـل السـلطة الشرعيـة - العقلانيـة في انظمـة الحكـم الدستورية والنيابية والشعبية في العالم التي يلعب فيها الشعب الدور الكبير في حكم نفسه بنفسه كأنظمة الحكم في فرنسا والمانيا والولايات المتحدة الامريكية وسويرا وفنلندا وايرالندا ... الخ .

في حين ترتكز شرعية السلطة الكرزماتيكية على الصفات القيادية النادرة والشخصية الجذابة والقدرات غير المحدودة التي يتمتع بها القائد الكرزماتيكي [٥٠] . يتميز القائد الكرزماتيكي بسجايا قيادية فريدة من نوعها تلزم اتباعه على الخضوع لسلطانه والاستسلام لارادته وعدم معصية أوامره مهما تكن الظروف . والكرزمة هي مصطلح اجتماعي وسياسي يطلق على الصفات الايجابية الملهمة التي يتمتع بها القائد، وتعني سحر شخصيته وقابليتها الخارقة على الحكم والقيادة . غير ان الصفات التي يتمتع بها قائد السلطة الكرزماتيكية تتمحور حول الذكاء الخارق والبصيرة الثاقبة والادراك السليم والقدرة على حل المشكلات والازمات التي تتعرض لها الجماعة وكمال العقل والجسم واللباقة في الكلام ... الخ .

اذاً تعتمد شرعية السلطة الكرزماتيكية على الصفات الشخصية النادرة التي يتمتع بها القائد. ومثل هذه الصفات تجعل كلاً من اصدقائه واعدائه يعترفون بقابلياته وحنكته ومقدرته على قيادة دفة الحكم .لذا يطيعونه طاعة عمياء ويمتثلون لاوامره مهما تكن قاسية وينفذون احكامه وتوجيهاته ونصائحه. وكرزمة القائد كما يعتقد ماكس فيبر تتبلور عنده وتصبح جزءاً لا يتجزأ من شخصيته عندما ينجح في انقاذ المجتمع من الكوارث والازمات والتحديات التي يتعرض لها ويوفي بالوعود التي قطعها على نفسه عندما ايدته الجماهير ووضعت ثقتها به ومنحته حق حكم المجتمع والتصرف بمقدراته عندما ينجح القائد في هذه المهام ويجلب السعادة والتقدم والرقي للامة فان الجماهير تثق به، وهذه الثقة التي توليها الجماهير للقائد انما توطد صفاته الكرزماتيكية بحيث يستطيع حكم المجتمع حكماً مطلقاً لا يقيده الشرع ولا القانون. والعكس هو الصحيح اذا فشل القائد في تحقيق اماني الجماهير وتطلعاتها المنشودة ووقف ضد الوعود التي قطعها على نفسه امام الجماهير . وهنا يتجرد القائد من صفة الكرزمة التي كان يحملها ويتحول الى شخص اعتيادي غير مؤهل على حكم المجتمع وقيادته .

وتتمثل السلطة الكرزماتيكية في انظمة الحكم التي قادها الاسكندر الكبير ونبليون وهتلر وموسيليني وستالين وتيتو وغاندي . كما تتمركز عند الانبياء والمرسلين .

أما المؤلفات التي نشرها ماكس فيبر والتي توجد فيها افكاره عن علم الاجتماع القانوني فهي نظرية التنظيم الاجتماعي والاقتصادي ، والقانون في الاقتصاد والمجتمع، والمفاهيم الاساسية في علم الاجتماع ، من ماكس فيبر : مقالات في علم الاجتماع ، والنماذج الثلاثة لشرعية السلطة .

مصادر الفصل الثامن

(١) الحسن، احسان محمد(الدكتور). رواد الفكر الاجتماعي ، مطابع دار الحكمة ، ١٩٩١، ص ١٣١.

(٢) المصدر السابق، ص ١٣٠.

(٣) Comte, August. Positivist Philosophy , London , ١٩٦١, P. ١٧١.

(٤) Ibid.,P. ١٣٢.

(٥) Ibid.,P. ١٤٥.

(٦) ابو الغار، ابراهيم (الدكتور). علم الاجتماع القانوني والضبط الاجتماعي ، مكتبة نهضة الشرق ، ١٩٨٥، ص ٢٧٩.

(٧) Coser, L. Masters of Sociological Thought, Harcourt Brace, New York, ١٩٧٧,P. ١١.

(٨) Ibid.,P. ١٥.

(٩) Marx, K. Selected Writings in Sociology and Social Philosophy, A Pelican Book, Middlesex, England , ١٩٨٧, PP. ١٨٦-١٨٧.

(١٠) Ibid.,P. ١٨٨-١٨٩.

(١١) Williams, K. Marxian Law and Politics, London , The Evans Press , ١٩٩٢, P. ٧.

(١٢) Ibid.,P. ٢٢.

(١٣) Ibid., P. ٣٨.

(١٤) Ibid.,P. ٤٣.

(١٥) Marx ,K. and F. Engles . Socialist Revolution, Moscow, Progress Publisgers, ١٩٨٢, P. ١٩.

(١٦) Ibid., P. ٣٤.

(١٧) Martindale, Don. The Nature and Types of Sociological Theory, Houghton Mifflin Co., Boston , ١٩٩١, P. ١٠٠.

(١٨)   Durkheim, Emile .The Division of Labour in Society , Translated by Simpson, The Free Press , London, ١٩٧١,P. ٧٥.

(١٩)   Ibid., P. ٨١.

(٢٠)   Ibid., P. ٨٥.

(٢١)   Ibid., P. ٨٩.

(٢٢)   الدكتور السيد محمد بدوي. القانون والعقوبة في التفكير الاجتماعي الفرنسيـ المجلـة الجنائيـة القومية، العدد الاول ، المجلد الثامن، آذار ١٩٦٥، ص ٣٠-٣٢.

(٢٣)   المصدر السابق ، ص ٣٦.

(٢٤)   Durkheim , E. Professional Ethics and Civi Morals, London, Routledge and Kegan Paul, ١٩٦٩, P. ١٤.

(٢٥)   Ibid.,P. ١٦.

(٢٦)   Martindale , Don. The Nature and Types of Sociological Theory, P. ٢٢٤.

(٢٧)   Coser, L. Masters of Sociological Thought, P. ١٧٧.

(٢٨)   Ibid.,P. ١٨١.

(٢٩)   Simmel, G. Superiority and Subordination. The American Journal of Sociology, ١٩٥٨,No. ٢, P. ١٠٩.

(٣٠)   Ibid., P. ١١١.

(٣١)   اسماعيل، قباري (الدكتور). علم الاجتماع الالماني، الهيئة المصرية العامة للكتاب، القاهرة، ١٩٧٩، ص ٢٩٦.

(٣٢)   Simmel, G. The Sociology of George Simmel, translated by Kurt Wolff, ١٩٦١, London, P. ١٠٢.

(٣٣)   Ibid.,P. ١٠٥.

(٣٤)   Gurvich, George . Sociology of Law , Kegan Paul, London, ١٩٥٣, P. ٢٠٤.

(٣٥)   Ibid.,P. ٢١٠.

(٣٦)   Pound, Roscoe. Social Control Through Law, Yale University Press, New Haven, ١٩٧٢, PP.

٧-٩.

(٣٧) Ibid.,P. ١٩.

(٣٨) Ibid.,P. ٢٨.

(٣٩) Ibid.,P. ٥١.

(٤٠) Pound, Roscoe. An Introduction to the Philosophy of Law, the Colonial Press, Clinton, U.S.A., ١٩٥٩,PP. ٨-١١.

(٤١) Martindale , Don .The Nature and Types of Sociological Theory ,P. ٣٧٥.

(٤٢) Weber, Max. On Law in Economy and Society, London ,Oxford University Pres, ١٩٥٤,P. ٥٩.

(٤٣) Ibid.,P. ٣٥.

(٤٤) Ibid.,P. ٤١.

(٤٥) Weber, Max . The Theory of Social and Economic Organization, London , the Free Press, ١٩٧١.P. ١١٥.

(٤٦) Ibid.,P. ١١٨.

(٤٧) Ibid.,P. ١٢٠.

(٤٨) Ibid.,P. ١٢٦.

(٤٩) Ibid.,P. ١٣٠.

(٥٠) Weber, Max . Basic Concepts in Sociology, London, ١٩٧٠, P.V.

الفصل التاسع

السلطة والدولة والسيادة والقانون

مقدمة تمهيدية :

لا يمكن دراسة ظاهرة السلطة وشرعيتها دون دراسة الدولة دراسة علمية تتطرق الى طبيعتها وصفاتها ووظائفها طالما ان السلطة هي القوة التي تمارسها الدولة بعد ان تبرر شرعيتها وشرعية استعمالها [١] وطالما ان سيادة الدولة هي سيادة مطلقة لا تحدها حدود وسيادة عامة وشاملة تفرض على جميع الافراد والمنظمات والهيئات الموجودة في المجتمع [٢].

بيد ان السلطة والدولة وسيادتها لا يمكن ان تكون فاعلة ومؤثرة في المجتمع الذي تقوده دون اعتمادها على القانون ، فالقانون هو الذي ينظم شؤون الدولة ويحدد علاقتها بالشعب ويحل الخصومات والنزاعات حلاً عادلاً وينشر العدالة والسلام والاستقرار في ربع المجتمع [٣]. فضلاً عن ان الدولة التي لا تعتمد على مباديء حكم القانون (Rule of Law) لايمكن ان تكون عادلة ومنصفة مع الشعب، واذا كانت كذلك فان الشعب لا يخضع لسلطانها ولا يطيع أوامرها لانها تكون بعيدة عن الشرعية والقانونية [٤].

واذا لم تحظى الدولة بأطاعة الشعب وضمان ولائه فانها لا تتمتع بالسيادة في الداخل والخارج. لذا والحالة هذه هناك علاقة مترابطة بين الدولة والسلطة من جهة وبين الدولة والسيادة من جهة اخرى. وهذه العلاقة الترابطية انما يحكمها القانون ، فحكم القانون هو الذي يمنح السيادة للدولة ويدعم سلطاتها، أي القوة التي تمارسها الدولة والتي تحظى بقبول وموافقة ابناء الشعب. أما اذا كان حكم القانون غائباً ولا توجد قوانين تنظم الحياة الاجتماعية والسياسية والاقتصادية في المجتمع فان سلطة

الدولة وسيادتها تتعرض للضعف والتداعي والاضمحلال . من هـذا نخلـص الى القـول بـان القـانون يعـزز السيادة ويدعم سلطة الدولة ويمكنها من اداء وظائفها للمجتمع على احسن صورة ممكنة .

ان هذا الفصل يتخصص بدراسة وتحليل خمسة مباحث رئيسية هي ما يلـي :

المبحث الاول: ظاهرة السلطة.

المبحث الثاني: شرعية السلطة ومبرراتها .

المبحث الثالث: الدولة والسيادة .

المبحث الرابع: سيادة الدولة وعلاقتها بالقانونين الدستوري والدولي.

المبحث الخامس: الدولة والقانون .

والآن علينا دراسة هذه المباحث الخمسة بشيء من التفصيل والتحليل.

المبحث الاول: ظاهرة السلطة

السلطة هي شكل من اشكال القوة التي توجه وتقـود جهـود الافـراد وفعالياتهم نحـو تحقيـق الاهداف الخاصة والعامة للمجتمع . والشروط المساعدة على توجيه الجهود وحث الافراد على العمل هـي :

١-   التبادل الذي يتم عندما يقوم عضو الجماعة بتقديم مجموعة وظائف وخدمات يستفيد منها بقية الاعضاء .

٢-   المصالح المشتركة التي تتحقق عندما يقوم الفرد بانجاز العمل المطلوب منه لمصلحة شخص ثالث .

٣-   التماسك الناجم عن وجود عواطف ومعتقدات ومصالح مشتركة . فالتماسك يظهر عندما يشعر كل فرد ان عمله مفيد للآخرين ومكمل للاعمال التي ينجزها الآخرون .

٤-   القوة التي تكمن في التاثير أي السلطة والسيطرة الجبرية [٥] . فالقوة تظهـر عنـدما يتـأثر سـلوك الآخرين او تتأثر اعمالهم باوامر شخص يحتل منصباً عالياً في المؤسسة او الجماعة .

لذا فالسلطة هي نوع من انواع القوة المنظمـة لجهـود وفعاليـات الآخـرين نظـراً للاوامـر التـي يصدرها حكام وقادة المجتمع والتي تتسم بصفة الالزام والشرعية بعد اطاعتها وتنفيذها تلقائيـاً مـن قبـل المحكومين من ابناء المجتمع [٦] . والسلطة الشرعية هي السلطة التي تتأثر فعاليتها بالاجهزة التي تعتمـدها كالمصلحة العامة والفائدة المشتركة التي يجنيها كل من الحكام والمحكومين من السلطة، والسلطة غالبـاً مـا تقدم المكافآت المادية والمعنوية للاشخاص الذين يقدمون الخدمات لها وتدافع عنهم حين تعرضهم للخطر. وهناك جملة مصالح مشتركة بين اعضاء السلطة وقادتها مـن جهـة والاشخاص الخاضعين لهـا مـن جهـة أخرى. وهذه المصالح تتجسد في تحقيق

الاهداف العليا للمجتمع التي تهم مصلحة الطرفين كانجاز الخطط والمشاريع الاقتصادية والثقافية والصحية والاجتماعية التي يستفيد منها المجتمع الكبير.

يضاف الى ذلك ان التماسك الذي يربط السلطة بالجماعة التابعة لها غالباً ما يحقق لها اغراضاً نافعة ومفيدة كالفوز في لعبة او سباق رياضي معين او رفع المستوى العلمي للمدرسة او الجامعة. لكن الجهاز الذي يساعد السلطة على القيام باعمالها وواجباتها قد يقوى او يضعف تبعاً لدرجة اندفاع الافراد في تنفيذ الاوامر الصادرة لهم من السلطة، وهذا ما يؤثر في كمية وعدد المنجزات التي تستطيع السلطة تحقيقها لابناء الشعب . الا ان الاجهزة التي تستعين بها السلطة في تنفيذ خططها قد لا تعمل بصورة متوافقة ومتناسقة لاسباب مختلفة منها عدم وجود المصالح المشتركة بين السلطة والاشخاص التابعين لها او ضعف العلاقات المتبادلة بينهما اذ يكره احدهما الآخر لاسباب معينة . او قد تكون العلاقات القائمة بينهما غير مقنعة خصوصاً بالنسبة للطرف الذي يخضع للسلطة. فقد يعتقد مثلاً بان الجهود التي يبذلها لا تنطبق مع المكافآت والامتيازات التي حصل عليها من السلطة(من ادارة المصنع او الدائرة التي يعمل فيها) [٧] .

غير ان ممارسة السلطة الجبرية من قبل السلطة الشرعية قد تكون ديمقراطية او غير ديمقراطية . والممارسة غير الديمقراطية للسيطرة الجبرية قد تخلق مشكلات ومتاعب للسلطة او للاشخاص الذين يمارسونها او قد تؤدي الى تدمير السلطة والقضاء عليها من خلال عدم اطاعتها من قبل اتباعها . لذا تعتمد شرعية السلطة على ارجحية الاسلوب او الطريقة التي تمارس بها السلطة وبخاصة الجدارة والكفاءة والشخصية الجذابة التي يتمتع بها قائد السلطة [٨] .

والدولة كما بينا هي من اعلى السلطات في المجتمع لكونها القوة والسيادة المطلقة التي من خلالها يحكم المجتمع وتدار وتنظم شؤونه . لكن السلطة هي مفهوم قانوني يشير الى القوة العليا التي تتمتع بها الدولة[٩] . ولكل دولة جهاز ذو سلطة تخوله على ترجمة ارادة الدولة الى صيغ قانونية نافذة المفعول، وهذا الجهاز السلطوي قد

يتمثل بشخصية فرد او مجموعة افراد. وارادة الدولة بسبب السلطة العليا التي تتمتع بها تفرض على جميع الافراد وكافة المنظمات والهيئات الداخلة في نطاقها ، وفي حالة وقوع الصراع بين الافراد او المنظمات تكون هذه السلطة صاحبة السيادة في التدخل لانهاء الصراع حفظاً للسلام والامن في المجتمع (١٠).

بيد ان الدولة تمارس سيادتها او سلطتها العامة اما من خلال القوة او الاجماع او باستخدامهما معاً. وطبيعة ممارسة هذه السلطة من قبل الدولة ترجع اساساً الى بناء ووظائف وايديولوجية الدولة واسلوب الحكم الذي تتبعه. كما ترجع الى درجة النضج السياسي والوعي القومي الذي يتمتع به الشعب. ففي الحكم المطلق او الاستبدادي تميل الطبقة الحاكمة الى استخدام القوة في تأكيد دورها السلطوي والدكتاتوري . وهذه القوة بالطبع لا تستمد من ارادة ومشيئة الشعب الذي تحكمه بل من القوة السياسية والعسكرية والامنية التي تتمتع بها الفئة الحاكمة . وفي الحكم الديمقراطي الذي يتم فيه اختيارالفئة الحاكمة بحرية من قبل ابناء الشعب يضعف دور القوة والسلطة الى حد كبير. فالقانون وليس الفئة الحاكمة المستبدة في هذا النوع من الحكم هو الذي يعبّر عن الارادة العامة للمجتمع . لهذا يمتثل الناس لاوامره وشروطه ونصوصه طواعية(١١) .

وقد عبّر البروفسور ارنست بيرجيس (Prof. E. Burgess) عن مسألة سيادة الدولة المطلقة على الفرد بقوله" انني أفهم السلطة على انها القوة المطلقة غير المحدودة التي تمارسها الدولة على الافراد والمنظمات". ومثل هذا الفهم هو الذي جعل البعض يعتقدون بان حرية الفرد ملغية تماماً امام سيادة الدولة وسلطتها المطلقة . لكن الدولة تصبح حقيقة واقعة وامراً مسلماً به حينما يتم الاعتراف بها بالقوة والنفوذ على الافراد وحينما يتصرف هؤلاء بطريقة تعبّر عن طاعتهم وامتثالهم لهذا النفوذ (١٢) .

وفي هذا السياق الذي يحدد طبيعة سلطة وسيادة الدولة يقوم جان بودان بتعريف الدولة على انها حكومة شرعية تتكون من عدة اسر ومن ممتلكاتها المشتركة ولها سلطة قسرية وسيادة عليا. واهم ما ينطوي عليه هذا التعريف هو

تأكيده لمبدأ السيادة (Sovereignty) ، فوجود السلطة ذات السيادة هو الدليل او المعيار الـذي يميز الدولة عن بقية المنظمات الاخرى التي تكونها الاسر [١٣]. ومن جهة أخرى يرى بودان ان طاعة الفرد لصاحب السلطة هي التي تجعل منه مواطناً، ومعنـى ذلك ان السيادة هـي سلطة عليا على المـواطنين والرعايا لا يحد منها القانون . والدولة تتمركز في السلطة ذات السيادة، أمـا الحكومـة فهـي الجهـاز الـذي يتم من خلاله ممارسة السلطة [١٤].

اذاً سلطة الدولة كما تناولتها وجهة النظر القانونية هي سلطة مطلقة لا تحدها حدود ولا توجد قوة في المجتمع تعلو عليها او تتنافس معها او تعترض عليها. ومع هذا فان وجهة النظر القانونيـة هـذه لم تستوعب بعض الوقائع السياسية. فقد لاحظ هارولد لاسكي بـان القـوة القانونيـة اللامحـدودة تتحـول في الممارسة الى قوة تستند الى مبررات معينـة يعرفهـا ابنـاء المجتمـع [١٥] . أمـا السـير هـنري مـين (Sir Henry Maine) فيقول بان العادات والتقاليد الاجتماعية غالباً ما تفرض على السلطة وتقيـد جـزءاً مـن سـيادتها . ومعنى هذا ان هناك قيوداً على سلطة الدولة المعاصرة اهمها مبدأ سلطة القانون وسيادته الـذي تحولـت الدولة بمقتضاه من دولة استبدادية الى دولة قانونية [١٦] .

المبحث الثاني: شرعية السلطة ومبرراتها

ذكرنا في المبحث الاول بان شرعية السلطة هي القوة التي تمارسها الدولة بعد ان تبرر شرعيتها وشرعية استعمالها. والشرعية (Legality) هي القوة التي تبررها الاحكام والقوانين المتفق عليها من قبل الدولة والشعب [١٧]. وشرعية السلطة (Legality of Autherity) هي قوة الدولة التي تبررها القيم والاحكام والقوانين المرعية في المجتمع. ان الشرعية هي التي تخول الدولة استعمال القوة ضد المخالفين والجانحين والعصاة، ولولا هذه الشرعية لكانت قوة الدولة قوة تعسفية ولكان استعمالها غير عادل ولا منصف. واذا كانت قوانين الدولة غير شرعية (illegal) فان الافراد لا يطيعونها ولا يمتثلون لاوامرها وشروطها. لذا فشرعية القوانين وشرعية السلطة هي التي تجعل الافراد يخضعون لتعاليم واومر الدولة وهي التي تمكن الاخيرة من حكم المجتمع وتمنحها السيادة المطلقة باتخاذ القرارات المناسبة التي تكفل تقدم المجتمع وسيره الى امام [١٨].

بيد ان السلطة لا تكون شرعية وقوية ومؤثرة في سير الاحداث التي تطرأ على المجتمع ولا يمكن ان تعبّر عن أماني وطموحات الشعب الذي تحكمه ولا يمكن ان تنال تأييد واحترام الشعب دون اعتمادها على بعض المبررات المنطقية والعقلانية التي تدعم وجودها وتعزز مكانتها وتدافع عن قراراتها وطموحاتها [١٨]. والمبررات التي تستند عليها شرعية السلطة وتستند عليها الدولة في قوتها وحكمها وسيادتها على الشعب تكون على اشكال وصور مختلفة بعضها قديم العهد وبعضها الآخر حديث ويتفق مع الاحوال والظروف المعاصرة التي تعيشها المجتمعات العصرية. ولكن مبررات شرعية السلطة تعتمد على الظروف الحضارية والاجتماعية السائدة في المجتمع وتعتمد على طبيعة قيم وعادات وتقاليد واهداف ابناء المجتمع ، وتعتمد ايضاً على درجة النضج الحضاري والاجتماعي للمجتمع. يمكن تقسيم مبررات شرعية السلطة الى خمسة اقسام اساسية هي :

١- المبررات التي تستند على الدين(نظرية التفويض الآلهي).

٢- المبررات التي تستند على العادات والتقاليد والاعراف الاجتماعية.

٣- المبررات الدستورية والعقلانية .

٤- المبررات الكرزماتيكية .

٥- مبررات المصلحة العامة او المصالح العامة [٢٠].

١- المبررات التي تستند على الدين :

السلطة التي تستند سيادتها على حكم الدين تدعي بانها مفوضة من قبل الله سبحانه وتعالى بحكم المجتمع، وان قوانينها واحكامها منزلة من السماء، لهذا ينبغي طاعتها والتمسك بها والتصرف وفقاً لشروطها وتعليماتها . والملك او السلطان او الخليفة هنا يعتبر واسطة بين الله والشعب ، فهو الذي يستلم أوامره وقوانينه من الرب ويمررها بدوره الى ابناء الشعب لكي يلتزموا بها وينفذوها كما هي دون جدل او اعتراض [٢١] . ومن امثلة السلطة التي تستند على الدين الخلافة الاسلامية خلال عهد الخلفاء الراشدين وخلال العهد الاموي والعباسي . بموجب احكام السلطة الدينية يتوجب على الافراد اطاعة الاوامر والقوانين التي تصدرها الخلافة لان طاعتها هي طاعة الله ومعصيتها والوقوف ضدها هي معصية الله والوقوف ضده. ويكون السلطان او الملك او الخليفة مقدساً نظراً لدعمه واسناده وتأييده من قبل الله. وان ابناء الشعب يخافون الخليفة او الملك ولا يعصون أوامره لان عصيان الخليفة او الملك ما هو الا شكل من اشكال عصيان الله سبحانه وتعالى، وعصيان الله يعني تحديه والوقوف ضد تعاليمه واوامره وشريعته . وأمر كهذا يجلب للعاصي انواع المشكلات والشرور في الحياتين الاولى والثانية [٢٢] .

ومن الجدير بالذكر ان الحكم السياسي لامبراطور الصين واليابان والحكم السياسي لملوك انكلترا والمانيا سابقاً يعتمد على نظرية التفويض الالهي، أي اعتماد شرعية وقوة السلطة على ارادة الله ومشيئته التي تتجسد في ضرورة حكم المجتمع من

قبل الملك او السلطان . فالملك يحكم المجتمع بموجب الرسالة الالهية المقدسة التي استلمها من الله سبحانه وتعالى . وهنا تكون شرعية سلطته واضحة ولا يمكن لاحد ان يعترض عليها او يتحداها لان هذا يقف ضد ارادة الله وقوانينه السماوية المقدسة .

٢- المبررات التي تستند على العادات والاعراف الاجتماعية :

وقد تستند السلطة لا على الدين وارادة الله بل تستند على العادات والتقاليد والسوابق والاعراف وقوانينها العقائدية والسلوكية. وتعدّ هنا العادات والتقاليد والاعراف الاجتماعية اشياءً مقدسة ينبغي اطاعتها والتصرف بموجبها. فالعادات والتقاليد والاعراف الاجتماعية التي هي ضوابط واحكام اخلاقية وسلوكية هي التي تؤكد على ضرورة حكم المجتمع من قبل ملك او رئيس معين. وهنا يكون لحكم العادات والاعراف الاجتماعية قوة خارجية ملزمة تدفع الافراد والجماعات الى التحلي بالقوانين التي تقرها العادات والتقاليد والاعراف (٢٣) . ان العادات والتقاليد والسوابق الاجتماعية انما تعبّر عن ضمير الامة وطموحات وأماني الشعب منذ اقدم العصور .

لقد اختار ابناء الشعب هذه العادات والاعراف في الزمن السابق عن طريق الخطأ والتجربة ومدى ملاءمتها للظروف والحاجات والمشكلات الاجتماعية ، وبعد اختيارها واعتمادها من قبل ابناء الشعب في ضبط العلاقات والسلوك برهنت على انها قادرة على تحديد العمليات الاجتماعية التي يريدها ابناء المجتمع والتي من شأنها ان تطور المجتمع وتحقق وحدته وتماسكه (٢٤) . لهذا يجب ان يستمر مفعولها وتأثيرها اذا اراد المجتمع الحفاظ على كيانه واحراز التقدم والتطور والرقي الذي يضمن سعادته ومستقبل ابنائه. واذا كانت العادات والاعراف الاجتماعية تدعم سلطة عائلة معينة وتمنحها شرعية الحكم فان على هذه العائلة الاستمرار في حكم المجتمع، والحكم يكون هنا وراثياً، أي ان الحكم والقوة تسلمان من الاجداد الى الآباء ومن الآباء الى الابناء. ومثل هذا الحكم يكون شرعياً وملزماً بسبب قوة التقاليد والاعراف التي تدعمه وتبرر شرعيته وقانونيته وفي الوقت نفسه تدفع ابناء المجتمع الى طاعته وتأييده

وحمايته. ومن امثلة السلطة التقليدية سلطة ملكة بريطانيا وسلطة ملوك السويد والدانمارك واسبانيا وسلطة اغلب الانظمة الملكية في العالم .

٣- المبررات الدستورية والعقلانية والقانونية :

لا تستند السلطة على عامل الدين وعامل العادات والتقاليد الاجتماعية فقط بل تستند ايضاً على العوامل الدستورية والقانونية والعقلانية. وهذا يعني ان شرعية السلطة تعتمد على قوة القانون والدستور والعقل. فالسلطة في المجتمع الصناعي الديمقراطي الحديث غالباً ما تكون دستورية وقانونية وعقلية ، أي ان مبررات حكمها ترتكز اما على الانتخابات البرلمانية او حكم القانون وسيادته او كفاءة واقتدار رئيسها او قائدها في ادارة دفة الحكم. فضلاً عن كفاءة واقتدار الاشخاص الذين يشغلون مراكز القوة والحكم فيه.

ان السلطة التي تبرر وجودها وقوتها بحكم الدستور والقانون هي السلطة التي تعتمد على الانتخابات الديمقراطية ، هذه الانتخابات التي ينظمها الدستور ويحدد طبيعتها وصورتها. فالدستور هو الذي يحدد طبيعة واهمية السلطة التشريعية ويحدد كيفية انتخابها وحلها. غير ان الانتخابات العامة هي التي تجلب السلطة الى الحكم ، فالشعب من خلال عملية الانتخاب يصوت الى الحزب او الفئة التي يريدها ان تحكم المجتمع. وبعد عملية التصويت وفوز الحزب باغلبية الاصوات يمنح حرية تكوين الحكومة التي تمارس السلطة السياسية باكملها. وهنا تعتبر السلطة شرعية لان الشعب هو الذي اختارها بطريقة الانتخابات او الاستفتاء وخولها بحكمه وتقرير مصيره [٢٥]. ومن امثلة السلطة التي تستند على المبررات الدستورية او القانونية معظم دول اوربا الغربية التي تختار حكوماتها عن طريق التصويت البرلماني كبريطانيا وفرنسا والسويد والمانيا الاتحادية وكندا والولايات المتحدة الامريكية .

والسلطة الدستورية هي السلطة العقلانية فاختيارها يكون من محض أرادة اغلبية ابناء المجتمع. وانها لا تعتمد على القوانين القبلية والعشائرية التي تأخذ بعين الاعتبار اهمية الاعراف والعادات والتقاليد في حكم المجتمع بل تعتمد على حكم القانون ومبدأ المواطنة الذي يساوي جميع الافراد في الواجبات والحقوق وينظر اليهم

نظرة متكافئة تعتمد على مبادىء المساواة والعدالة الاجتماعية . وعقلانية السلطة الدستورية تعتمد ايضاً على مبدأ وضع الشخص المناسب في المكان المناسب . ذلك ان الاعتبارات العائلية والقرابية والعاطفية لا تدخل في اختيار الشخص للمركز الوظيفي الحساس في حالة السلطة العقلانية حيث ان عملية الاختيار تعتمد بصورة مباشرة على كفاءة ومهارة الشخص في العمل الذي ينسب اليه (٢٦).

اذاً السلطة الدستورية هي السلطة التي تتلائم مع ظروف ومتطلبات المجتمع الحديث، المجتمع الذي يعتمد على مبادىء التصنيع والتحضر ـ والتحديث الشامل، وان مبرراتها تستند على الانتخابات العامة وثقة الشعب بها وكفاءتها ومهارتها في اداء الاعمال التي يحتاجها المجتمع ، واخيراً اعتمادها على المبادىء الديمقراطية والموضوعية في اختيار الاشخاص الذين يشغلون مراكزها الحساسة ونظرتها نظرة متساوية لجميع الافراد والجماعات مهما تكن خلفياتها الاجتماعية وانحداراتها الطبقية (٢٧).

٤- المبررات الكرزماتيكية :

تستند السلطة على المبررات الكرزماتيكية عندما يتمتع قائدها بصفات متميزة وفريدة من نوعها كصفة الذكاء الخارق والنبوغ، والقدرة على حل المشكلات ومجابهة التحديات، والقدرة على توحيد اعضاء الجماعة، والبروز في حقول العلم والمعرفة، واللباقة في الكلام، والقابلية على اقناع الغير بالافكار والمواقف التي يحملها وهكذا (٢٨) . وهذه الصفات النادرة لا يتمتع بها أي شخص في المجتمع سوى القائد الكرزماتيكي (Charismatic Leader) الذي بفضل صفاته الجذابة وشخصيته الفذة وقدراته غير المحدودة في مجابهة المحن والشدائد والتحديات يستطيع كسب وتأييد الجماهير له والتفافها حوله (٢٩).

وغالباً ما يدعي القائد الكرزماتيكي بان له رسالة مقدسة ينبغي العمل من اجل تحقيقها ووضعها موضع التنفيذ وان له رؤيا ثاقبة وتصور شامل للامور والمشكلات والاحداث الحاضرة ويستطيع تنبؤ مستقبل المجتمع ومصيره . والقائد الكرزماتيكي لا يتصرف بموجب الاحكام والقوانين بل يتصرف بموجب اهوائه ورغباته وميوله واتجاهاته . ويبرر تصرفه هذا بقدرته على معرفة وتحليل الامور

ومواجهتها مواجهة حقيقية وحاسمة واخلاصه للمجتمع وتفانيه في خدمته والتضحية من اجله. والتصرف الفردي الذي ينتهجه القائد والذي لا يخضع لحكم القانون يجعله دكتاتورياً وطاغية لا تحد سلطاته الواسعة اية حدود او ضوابط .

ومن الجدير بالذكر ان القائد الكرزماتيكي يظهر وقت الازمات والشدائد والكوارث التي تلم بالمجتمع [٣٠] . وبعد ظهوره يفصح للشعب بانه قادر على انقاذه من الازمات والشدائد . وبفضل صفاته القيادية الجذابة ووعوده المغرية يثق به المجتمع ويمنحه السلطة المطلقة للتصرف بشؤونه ومصيره كما يشاء. ولكن المجتمع ينتظر الانتصارات والمنجزات من القائد الكرزماتيكي . فاذا نجح في تحقيق الوعود التي قطعها على نفسه لافراد مجتمعه فان كرزماتيكيته تقوى وتتعمق ويستمر بحكم المجتمع وقيادته فضلاً عن حصوله على المزيد من الدعم والتأييد .

أما اذا فشل في تحقيق الوعود والعهود التي تفوه بها للشعب والجماهير فان صفة الكرزمة تضعف عنده او تختفي كلية، وهنا يتحول القائد الى شخص اعتيادي لا يستطيع حكم المجتمع لفترة اطول بسبب سحب الشعب الثقة منه [٣١] . وامور كهذه لا بد ان تعرض القائد الى ازمات نفسية واجتماعية حادة قد تسبب انتحاره او وفاته بصورة غير متوقعة . ومن امثلة القادة الكرزماتيكيين الذين شهدهم التاريخ الاسكندر الكبير ونابليون وهتلر وموسيليني وستالين وتيتو وغيرهم . اضافة الى الرسل والانبياء الذين بعثهم الله سبحانه وتعالى لهداية الناس.

٥- مبررات المصلحة العامة والصالح العام :

وشرعية السلطة قد تستند على ادعائها بانها تعمل من اجل تحقيق المصلحة العامة . فالدولة التي تستند شرعيتها على الصالح العام تعتبر بمثابة المؤسسة الوحيدة التي تلبي مطاليب الصالح العام . وهي بعكس الجماعات الاخرى التي تعمل لصالحها فقط وصالح افرادها ومنتسبيها. ان الدولة هذه تعمل لجميع فئات وجماعات المجتمع دون تفريق او تمييز بين جماعة واخرى [٣٢] .

عندما تسيطر الدولة على وظائف الامن الداخلي والدفاع الخارجي وتقدم الخدمات الصحية والثقافية والاقتصادية للافراد وتسيطر على خدمات الماء والكهرباء والسكك الحديدية والملاحة الجوية فان سيطرتها هذه تخدم المصلحة العامة لابناء المجتمع . ان خدمات الماء والكهرباء مثلاً لا تقدم الى مجموعة من الناس بل تقدم لجميع ابناء المجتمع بغض النظر عن انحداراتهم الطبقية وخلفياتهم الاجتماعية ومستوياتهم الثقافية والعلمية . والدولة عند تقديمها مثل هذه الخدمات الضرورية لابناء المجتمع لا تنظر الى موضوع الربح الاقتصادي بقدر ما تنظر الى تجهيز الافراد والعوائل بالماء والكهرباء الذي يحتاجونه في حياتهم اليومية .

اذاً غرض الدولة من خدمة افراد الشعب هو تحقيق المصلحة العامة . وهذا الغرض يختلف عن اغراض الهيئات والمؤسسات الخاصة التي قد تقدم مثل هذه الخدمات . فهذه المؤسسات والهيئات لا تنظر الى موضوع الصالح العام بقدر ما تنظر الى الارباح العالية التي تتوقعها او المعاملة التفضيلية التي تقدمها لجماعة من الناس دون الجماعة الاخرى [٣٣] .

ومفهوم المصلحة العامة لا يعني سد واشباع حاجات اغلبية ابناء الشعب لخدمة معينة او بضاعة معينة بل يعني قيام مؤسسات القطاع العام بتلبية حاجات وأماني جميع عناصر وقطاعات الشعب بغض النظر عن درجة قربها او بعدها عن السلطة [٣٤] . ان تأميم البترول في العراق عام ١٩٧٢ جاء ليخدم المصلحة العامة اذ ان ارباح البترول التي كانت تجنيها الشركات الاحتكارية اصبحت بعد التأميم ملكاً للحكومة العراقية . وقد استثمرت هذه الارباح في تنفيذ خطط التنمية الاقتصادية والاجتماعية . هذه الخطط التي تطور المجتمع وتخدم طموحات ابنائه. اذاً تعتمد شرعية السلطة على سعي الدولة وراء تحقيق المصلحة العامة التي تختلف بل وتتناقض مع المصلحة الخاصة . وسعي الدولة من اجل تحقيق المصلحة العامة هو الذي يجعلها تختلف عن بقية المنظمات الاجتماعية الاخرى وفي نفس الوقت يمنحها صفة القانونية والشرعية التي لا يمكن لاي فرد او جماعة ان تتحداها وتقلل من شأنها باية صورة من الصور .

المبحث الثالث : الدولة والسيادة

السيادة (Sovereignty) هي الخاصية الرئيسية المميزة للدولة. وهي اساساً مفهوم قانوني يشير الى القوة العليا النهائية التي تمارسها الدولة. ولكل دولة هيئة او جهاز ذو سيادة لديه القوة العليا التي تخوله ترجمة ارادة الدولة الى صيغ قانونية نافذة المفعول، ومثل هذه الهيئة ذات السيادة قد تكون شخصاً او مجموعة اشخاص. لكن ارادتها تفرض على جميع الافراد وكافة المنظمات الداخلة في نطاقها ، وفي حالة الصراع بين الاشخاص او المنظمات تكون هذه الهيئة صاحبة السيادة او تلك السلطة العامة هي الحكم الذي يتدخل لانهاء حالة الصراع . وطالما ان السيادة مرادفة للقوة المطلقة النهائية غير المحدودة فليست هناك حدود قانونية لها .

على ان الدولة تمارس سيادتها او سلطتها اما من خلال القوة او الاجماع او باستخدامهما معاً، أما طبيعة ممارسة هذه السلطة فترجع اساساً الى بناء الدولة ومدى النضج السياسي للشعب . ففي الحكم المطلق او الاستبدادي تميل الطبقة الحاكمة الى استخدام القوة وتأكيد دورها، وهي قوة لا تستمد من اجماع الشعب او اتفاقه. ولكن في الدولة الديمقراطية التي يتم فيها اختيار الطبقة الحاكمة بحرية عن طريق الشعب يضعف دورالقوة الى حد كبير. فالقانون في هذه الدولة هو الذي يعبّر عن الارادة العامة للمجتمع، ومن ثم فان الناس يمتثلون له طواعية [٣٥] .

هكذا نجد انفسنا بعد ان حددنا مفهوم الدولة في مواجهة قضية هامة هي العلاقة بين الفرد المواطن والدولة ككل، او بعبارة أخرى العلاقة بين سيادة الدولة وحرية الفرد. وقد يبدو هذان الامران على انهما متعارضان للوهلة الاولى، لكنهما في التحليل النهائي متكاملان ومرتبطان اشد الارتباط . والحق ان مسألة سيادة الدولة قد حظيت بالاهتمام منذ فترة بعيدة وأثارت الكثر من الجدل وسوء الفهم ايضاً. ونذكر بصفة خاصة مسألة سيادة الدولة المطلقة على الفرد، اذ يقول البروفسور ارنست بيرجس عن مبدأ السيادة" أنني أفهم من هذا المبدأ تلك القوة المطلقة غير المحدودة على الفرد

والمنظمات الاخرى"[٣٦] . ومثل هذا الفهم في الواقع هو الذي جعل البعض يعتقدون ان حرية الفرد ملغية تماماً امام سيادة الدولة المطلقة . لكن الدولة هي مجتمع منظم، وهي تصبح حقيقة واقعة فقط حينما يتم الاعتراف لها بالقوة والنفوذ على الافراد ، وحينما يسلك هؤلاء بطريقة تعبّر عن طاعتهم وامتثالهم لهذا النفوذ . وعلى الرغم من ان بودان (Bodin) هو اول من حلل مفهوم السيادة في جمهوريته عام ١٥٧٦ [٣٧] . الا ان الخصائص الرئيسية لهذا المفهوم لم تغب عن الكتّاب الكلاسيكيين امثال ارسطو، اذ اشار ارسطو الى القوة العليا للدولة . لكن يبدو ان السيادة كسمة رئيسية هي من سمات الدولة القومية هي نتاج لظروف القرن السادس عشر . وهكذا نجد ان بودان يقدم تعريفاً للدولة مؤداه انها" حكومة شرعية تتألف من عدة اسر ومن ممتلكاتها المشتركة ولها سلطة غالبة أو سيادة عليا. واهم ما ينطوي عليه هذا التعريف هو انه اكد مبدأ السيادة ، وهو اهم جزء في فلسفته السياسية. فوجود السلطة ذات السيادة هو العلاقة او المعيار الذي يميز الدولة عن كل التجمعات الاخرى التي تشكلها الاسر. ومن جهة أخرى يرى بودان ان طاعة الفرد لصاحب السلطان هي التي تجعل منه مواطناً، ومعنى ذلك ان السيادة هي سلطة عليا على المواطنين والرعايا لا يحد منها القانون، والدولة تنحصرفي تملك السلطة ذات السيادة ، أما الحكومة فهي الجهاز الذي يتم ممارسة السلطة عن طريقه. وتتلخص نظرية بودان في السيادة في انها " سلطة عليا على المواطنين والرعايا لا يحد منها القانون. اما خصائص هذه السلطة فهي اولاً دائمة وذلك تمييزاً لها عن اية منحة للسلطة تكون مقصورة على فترة زمنية محدودة، وهي لا تفوض او تفوض بدون قيد او شرط، ولا يمكن التصرف فيها ولا تخضع للتقادم، ولا يحد منها القانون لان العاهل هو مصدر القانون. والصفة الاصلية للسيادة هي سلطة وضع القوانين للمواطنين بصفتهم الجماعية او لكل منهم على حدة، والصفات الاخرى سلطة اعلان الحرب وعقد معاهدات السلام، وتعيين كبار الموظفين ومنح الاعفاءات ، وصك العملة وفرض الضرائب [٣٨] ٠٠٠٠ الخ .

غير ان هناك بعض القيود على السيادة ، فلم يشك بودان قط في ان الحاكم مقيد بقانون الرب وقانون الطبيعة، وبرغم تعريفه القانون على انه مجرد عمل ناشيء

عن ارادة الحاكم . لم يفترض ابداً ان في امكان الحاكم ان يخلق الحق بمجرد ان يقول له كن فيكون. فبالنسبة اليه والى جميع معاصريه يقف قانون الطبيعة فوق قانون البشر ويضع للحق مستويات معينة لا يمكن ان تتغير، ومراعاة هذا القانون هي التي تميز الدولة الحقيقية عن مجرد العنف الحقيقي .

ومن الجدير بالذكر ان دفاعه في سبيل توحيد سلطة ملك فرنسا ودعمها، وهو ما جعل السيادة في كتابات بودان سيادة شخصية وحقاً للمالك . ولقد تأثر بودان في ذلك بالظروف السياسية في فرنسا في منتصف القرن السادس عشر حيث كانت المنازعات شديدة بين الملك وافراد المقاطعات من جهة، وبينه وبين الكنيسة من جهة أخرى، ثم بينه وبين الامبراطور من جهة ثالثة [٣٩] .

وعلى اية حال فقد حظى مفهوم السيادة باهتمام واضح في كتابات معظم المفكرين . ففي الوقت الذي قدم فيه هوبز وبنثام واوستن نظرية قانونية للسيادة، نجد ان روسو وهيجل يحللون هذا المفهوم من وجهة النظر الفلسفية وبينما تعتبر الدولة من وجهة النظر القانونية ذات سلطة عليا مطلقة فانها من وجهة النظر المثالية هي موطن الارادة العامة او الارادة المقدسة ، وهذا هو ما يبرر السلطة المطلقة للدولة .

خصائص السيادة :

تستند سيادة الدولة الى مجموعة خصائص اساسية هي السيادة المطلقة والدائمة والعامة وغير القابلة للتجزئة ولايمكن انتقالها او اغترابها . علماً بان خصائص السيادة هي ما يلي :

أ- ان السيادة في الدولة كما تناولتها وجهة النظر القانونية هي سيادة مطلقة،فهي لا تحدها حدود، ولا توجد في الدولة قوة تعلو عليها ، أي تعلو على القوة ذات السيادة، فلا مكان لسلطة اخرى منافسة او معارضة . ومع ذلك يبدو ان وجهة النظر القانونية هذه لم تستوعب بعض الوقائع السياسية، فقد لاحظ لاسكي " ان القوة القانونية اللا محدودة تتحول في الممارسة الى قوة مصدرها أسس معروفة لدى معظم الاجيال ". واشار السير هنري مين الى العادات والتقاليد الاجتماعية

باعتبارها قيود هامة تفرض على قوة السيادة. ومعنى ذلك ان هناك قيوداً على سيادة الدولة المعاصرة اهمها مبدأ سيادة القانون الذي تحولت الدولة بمقتضاه من دولة استبدادية الى دولة قانونية [(٤٠)].

ب- الحكومات تتعاقب لكن الدولة باقية. فالدولة تتميز بالدوام، واي تغير في الحكومة لا يعني اخلالاً باستمرار سيادة الدولة، يضاف الى ذلك ان سيادة الدولة مسألة تتخطى الاشخاص من حيث بقائهم او زوالهم من الحكم.

جـ- سيادة الدولة عامة وشاملة والمقصود بذلك انها تنسحب على كل الافراد وكافة الهيئات والمنظمات الداخلة في نطاق الدولة، ان طاعة الدولة، واجبة، والسلطة العليا بوسعها ان تحصل على هذه الطاقة باستخدام القهر.

د- السيادة هي خاصية ملازمة لوجود الدولة ، ومن ثم فان اغترابها معناه عدم وجود الدولة . يقول روسو ان الارادة العامة او السيادة لا يمكن انتقالها لها بينما يمكن انتقال القوة. وقد حظيت مسألة اغتراب السيادة باهتمام مفكري القرنين السادس عشر والسابع عشر ـ. ويعتقد كروتيوس وهوبز ان السيادة كانت في الاصل للشعب ، ولكنها انتقلت منه الى الملك الذي اصبح صاحب السلطة المطلقة وفقد الشعب هذه السيادة .

هـ- ان سيادة الدولة لا تقبل التقسيم او التجزئة ، ومعنى ذلك بعبارة أخرى انه في دولة واحدة ليس هناك مجال سوى لسلطة عليا واحدة أياً كان شكل التنظيم الدستوري والاداري لهذه الدولة. وقد تكون الدولة اتحادية حين تمتع كل ولاية داخلة في نطاقها بسيادة تشريعية محلية . الا انها لا تزال مرتبطة بوحدة الدستور الاتحادي والتشريع الاتحادي كذلك. فالسلطة المحلية اولى من ان تكون هي السلطة العليا للدولة [(٤١)].

أما تصنيف السيادة فهناك السيادة القانونية Legal Sovereignty والسيادة السياسية (Political Sovereignty) فالسيادة القانونية تعني السيادة في ضوء القانون الرسمي . ففي كل دولة يوجد شخص او مجموعة اشخاص يمتلكون السلطة العليا

التي تمكنهم من اصدار الاوامر وتنفيذ القوانين، هؤلاء هم اصحاب السيادة القانونية، وعلى كافة الافراد ان يطيعوا هذه السيادة القانونية بحيث ان أي انتهاك لها، او خروج عليها يترتب عليه العقاب. أما السيادة السياسية فتعني اولئك الذين لديهم حق الانتخاب والتصويت ، أو القاعدة الشعبية التي يتم بواسطتها اختيار اصحاب السيادة القانونية ^(٤٢). والواقع ان مفهوم السيادة لايزال غامضاً . فهو يستبعد افراداً وجماعات قد لا يكونون ممن لهم حق التصويت ، ولكنهم يأثرون على عملية وضع السياسة العامة، وعلى اية حال فان الحكومة الصالحةو هي تلك التي تطور علاقة وثيقة بين السيادة القانونية،والسيادة السياسية. ولكن في النظام الديمقراطي النيابي الذي اصبح واسع الانتشار في العصور الحديثة تكتسب العلاقة بين السيادة القانونية والسيادة السياسية اهمية خاصة. فالاخيرة هي التي تقوم باختيار الاولى، وتصبح السيادة القانونية هي الاداة التي تنفذ ارادة السيادة السياسية.

المبحث الرابع: سيادة الدولة وصلتها بالقانونين الدستوري والدولي:

اعترض بعض العلماء والمتخصصين على وجهة نظر الوضعيين التي مؤداها ان الدولة ذات سيادة محدودة، على اساس ان القانون الدستوري هو السلطة العليا ومن ثم فانه يفرض بعض القيود على سلطة الدولة. ولكي يواجه الوضعيون الانتقادات التي اثيرت ضدهم ذهبوا الى انه طالما ان الدولة تستطيع في اية لحظة تعديل الدستور ، فان سيادتها ليست مقيدة بالقانون الدستوري ، ويذهب الوضعيون الى حد عدم اعطاء هذا القانون اية مكانة عليا، اذ في رأيهم ليست هناك تفرقة بين قانون اعلى وآخر أدنى. يقول كيتل (Gettell) " ان الدستور يختلف عن القوانين الاخرى في الطبيعة والهدف وليس في الصدق القانوني ،فهو شأنه شأن القوانين الاخرى يعدّ تعبيراً عن ارادة سيادة الدولة وليس قيداً مفروضاً عليها" [٤٣].

غير اننا نجد عالماً مثل روبرت مكايفر يعترض على وجهة النظر الوضعية هذه، ففي رأيه ان النظريات القديمة عن سيادة الدولة لم تحل مشكلة القانون الدستوري في مواجهة هذه السيادة. ففي كل مجتمع اليوم يكفل الدستور بعض الحقوق للمواطنين ويحدد بناء الحكومة ويضع القواعد الاساسية المتصلة بالعلاقة بين الحكام والمحكومين . ان القانون الدستوري يختلف اساساً عن القانون العادي في طابعه وفي الجزء الذي يفرضه، فالاخير لا يحدد نظام الدولة بقدر ما يحدد نظام المجتمع، وجزاؤه مستمد من الدولة، ولكن الاول يحدد بناء الدولة وجزاؤه مستمد من المجتمع ذاته [٤٤].

على ان فكرة القيد الدستوري للدولة مستمدة من تصور خاص لطبيعة الدولة. فالدولة كما هو معروف هي تجمع او رابطة من نوع معين تهتم باغراض محدودة، وهكذا فان الدولة خاضعة للمجتمع. والقانون الدستوري يعكس مجموع القوى والآراء الاجتماعية السائدة. ولهذا فهو يستند الى الارادة العامة للمجتمع ككل، والدولة بدورها تعتمد على هذه الارادة [٤٥].

أما من ناحية القانون الدولي فهو ذلك الذي يتضمن القواعد المحددة لعلاقة الدولة بالدول الاخرى . ويذهب الوضعيون ايضاً ان هذا القانون لا يضع أي قيود على سيادة القانون . ذلك ان شرعية القانون الدولي ترجع الى ان الدول ذات السيادة قد اقرته واعترفت به. ويقول اوستن طالما ان اعضاء المجتمع الدولي هي الدول صاحبة السيادة ، فنحن لا نستطيع ان نقول بان القانون الدولي له سلطة تفوق سيادة الدولة. وعلى العكس من ذلك يذهب هانز كيلسن الى ان القانون الدولي متفوق قانونياً وان سيادة الدولة محدودة بهذا القانون . وهذه حقيقة فرضتها الظروف الدولية المعاصرة التي اكدت العلاقات المتعادلة بين الدول في المجالات المختلفة بحيث اصبح المجتمع الدولي اليوم له شخصية قانونية ، فقد انقضى عهد الفوضى فيما يتعلق بالعلاقات بين الدول[٤٦]. علماً بان لاسكي يقول ان كل دولة في المجتمع الحديث ما هي في الواقع الا واحدة بين عدد كبير من الدول، ومن الضروري ان تنظم العلاقات بين الدول، والقانون الدولي هو مجموعة القواعد التي تنظم الصلات المتبادلة بين الدول ومواطنيها. وهذه المجموعة من القواعد مفروضة على الافراد الذين يعيشون في المجتمع بمقتضى الحقيقة التالية : وهي اننا بدون هذه القواعد سوف نواجه اذا ما انتقلنا من خصائص الدولة الداخلية الى خصائصها الخارجية، بحالة لا يمكن وصفها الا بالفوضى . ولو كان القانون الدولي غيرملزم للدولة ، فلن تكون هناك قواعد فيما بين الدول، اللهم الا الارادة التي عقدت كل دولة العزم على التصرف بمقتضاها .

ويستطرد لاسكي في مناقشته لوجهة النظر التي تنكر على القانون الدولي صفة الزام الدولة، فيذهب الى ان هناك عدة حقائق ينبغي ان تكون واضحة تماماً في هذا الصدد . فمن الملاحظ اولاً ان الدولة الناشئة حيثما توجد لا تستطيع ان تنتقي وتختار من بين قواعد القانون الدولي المقررة، بل تجد نفسها مقيدة بهذه القواعد ، كما لو كانت هي المسؤولة عن وضعها. فقد خلق العرف الدولي والمعاهدات واتفاقيات التحكيم في الواقع، مجموعة من المباديء الثابتة التي تحدد تصرفات الدول في علاقاتها المادية المتبادلة بنفس الطريقة التي يحدد بها قانون انكلترا تصرفات المواطنين فيها[٤٧] . ومن الملاحظ ثانياً ان صفة سيادة الدولة صفة تأريخية نشأت عقب انهيار

الدولة المسيحية في العصور الوسطى . ويمكن القول عموماً انه لم يكن لارادة الدولة اية صفة سيادية قبل حركة الاصلاح. بل كانت تعتبر مقيدة بطبيعتها بالقانون الألهي والقانون الطبيعي وان أي قانون من قوانين الدولة يتعارض مع مبادىء هذين القانونين كان يعتبر باطلاً من اساسه [٤٨] .

وعلى اية حال، فمن الامور الجديرة بالملاحظة الآن ان التغير العلمي والاقتصادي الواسع النطاق قد جعل من المستحيل ان تترك كل دولة حرة في ان تتخذ قراراتها الخاصة في الامور والمسائل التي تمس العالم اجمع، فهذه الحرية المطلقة في الاختيار في بعض الامور الحاسمة تؤدي الى الحرب. ولنفس السبب الذي من اجله أكدت ارادة الدولة اولويتها على جميع الهيئات التي تقع داخل اقليمها اصبح وجود ارادة عامة بين جماعة الدولة لها الاولوية على ارادة اية دولة معينة، ضرورة سياسية . وهكذا نخلص الى نتيجة مؤداها: ان ارادة اية دولة يجب ان تخضع لارادة تعلو عليها وتبطلها في الامور العامة التي تهم العالم، تماماً كما يخضع الفرد لمجموعة الاوامر القانونية التي تضعها الدولة. والواقع ان هارولد لاسكي يذهب في تحليله الى ابعد من ذلك فهو يقرر بامكاننا ان نتبنى نظرية القانون على افتراض ان مصدر الاخير هو ارادة مجموعة الدول. وان هذه الارادة هي اصلاً فوق كل الارادات الاخرى في الحضارة الحديثة، وبناء على هذا الفرض تفقد الدولة صفة السيادة، ويجب ان تخضع لمنطق احوال العالم، الذي تعتبر هـي جـزءاً منه، وان مطالبتها بحرية الارادة المطلقة امر يستحيل قبوله، مثله في ذلك مثل مطالبة المواطن بالحق القانوني في ارادة حرة غير مقيدة [٤٩] .

والحقيقة ان هناك من المفكرين من يحاول التوفيق بين النظرة الى سيادة الدولة، وبين اولويـة القانون الدولي ، فقد لاحظوا من ناحية القانون الدولي انه مجرد قانون وطني ما دامت قوة نفاذة تتوقف على قبول الدولة له، واصروا من ناحية اخري على ان القانون الدولي ، ما دام قانوناً نافذاً سـاري المفعول ، فهو نظام كامل في حد ذاته ومستقل عن ارادة كل دولة على حدة، وليس له اية صلة بها. الا انه يمكن الرد على وجهة النظر هذه بان قبول الدول لقواعد القانون الدولي ليس راجعاً الى انها اختارت هـذه القواعـد ، بل انها في الحقيقة لم يكن امامها ان تفعل غير ذلك [٥٠] . ولا

فائدة من التمسك بنظرية القبول التي يغلب عليها الطابع الوهيم. بينما لا يحتمل ان يكون القانون الدولي نافذاً ما لم تقبل الاطراف الخاضعة له ان يفرض عليها ، فان هذا يصدق ايضاً على قانون الدولة ذاتها، وجعل الطابع القانوني للقانون الدولي يتوقف على نجاح ذلك القانون عند تطبيقه يعني من الناحية الشرعية ، اننا نطبق عليه قواعد قانونية لا يحلم المشرع بتطبيقها على القانون الوطني . لان شرعيته ، بناء على مسلّمات المشرع- تستند فقط الى مصدر قادر على وضع القواعد الخاصة ، فهي بالنسبة اليه مسألة قدرة بحتة، وهو مضطر الى ان يفرض الفروض التي تدخل معايير مبنية على اعتبارات اخرى. كذلك لا يعتبر الرأي القائل بان القانون الدولي نظام مستقل بذاته ولا يعتمد على القانون الوطني راياً اكثر اقناعاً من سابقه، لان الهدف العام للقانون الدولي هو تنظيم سلوك المواطنين الذين يعيشون على وجه التحديد في دول. ولا يمكن ان يتحدد هدفه الا عن طريق تنفيذ ارادة الدول بغايته . ولكي يتم ذلك لا مناص من تساميه الذاتي على تلك الارادة ، ونحن مضطرون الى ان نسلّم بأن قانون الدولة مشتق من ذات الفروض التي يتطلبها القانون الدولي [٥١] .

المبحث الخامس : الدولة والقانون

من اهم الادوات التي تعتمد عليها الدولة في اداء مهامها واعمالها للشعب القوانين المشرعة من قبل المجلس التشريعي والتي من خلالها تحدد واجبات العاملين وحقوقهم وتنظم قواعد العلاقات التي تربط بعضهم ببعض . فالدولة لا يمكن ان تعمل وتنهض وتنمو وتتقدم الا في ظل القوانين، والقوانين لاتظهر الا بعد ظهور الحاجة اليها، والحاجة اليها تنطلق من اجهزة ومنظمات الدولة ومن مؤسسات واركان المجتمع . لذا فان هناك علاقة متفاعلة بين الدولة والقانون ، وفي حالة غياب أي منهما فان الآخر لا يستطيع ان يعمل ويكون عاجزاً عن تنظيم شؤونه . من هنا لا نستطيع فصل الدولة عن القانون مطلقاً نظراً لوجود العلاقة الدالية والمتفاعلة بينهما (٥٢) .

ان كلمة القانون تعني مجموعة القواعد او المباديء المطردة التي تتبع بصفة عامة. وهكذا يقال بان القوانين لها وظيفتها في كل مجالات الحياة. ففي مجال الظواهر الطبيعية هناك قوانين الحركة والجاذبية اذ نلاحظ ان تتابع الاسباب والنتائج يسير وفقاً لقانون العلية. وفي مجال المجتمع توجد القوانين الاجتماعية التي تعبّر عنها العادات والتقاليد والاعراف السائدة، ونقصد هنا بالقانون تلك المباديء التي تحكم السلوك الانساني. وبهذا المعنى فان القانون اما ان يكون اخلاقياً واما ان يكون سياسياً. والقوانين الاخلاقية تتعلق بالدوافع والقرارات الفردية الداخلية، ويدعمها الوعي او الضمير الفردي والرأي العام (٥٣) . وفي حالة انتهاك هذه القوانين يعاني الفرد من استهجان المجتمع له وعدم موافقته على سلوكه. أما القوانين السياسية فهي تلك القواعد التي تقرها الدولة لتحديد علاقات الناس بعضهم ببعض في المجتمع، وتلك قواعد عامة للسلوك الانساني الخارجي تدعمها السلطة السياسية العامة، وانتهاك هذه القواعد يعرض الفرد لعقوبات محددة سياسياً. ونحن في ميدان علم السياسة نهتم بصفة خاصة بهذه القوانين العامة التي تعرف عموماً باسم القوانين الوضعية (٥٤) .

والقانون عند عدد كبير من فلاسفة السياسة هو العلامة الكبرى المميزة للدولة. فالحكم معناه ممارسة الضبط والمراقبة ، وهذا بدوره يجعل من الضروري

ايجاد قواعد او مبادىء للسلوك تدعمها جزاءات محددة . وهكذا فان الفكرة الاساسية في القانون هي الضبط . وليس معنى ذلك ان القوانين ناهية فقط، او انها ذات طابع سلبي فقط، وانما القوانين تحدد الحريات وتقرر حقوق الافراد . ان مهمة القوانين هي تنظيم السلوك الانساني ، وهذا معناه صياغة الضوابط التي تنظم علاقة الافراد ببعضهم وعلاقتهم بالدولة ثم علاقة الدول بعضها ببعض .

والقوانين التي تستخدمها الدولة لتنظيم سلوك اعضائها انما تعبّر عن ارادة هذه الدولة . فسيادة الدولة تتجلى في القوانين المقررة، يضاف الى ذلك ان القانون يتميز بالعمومية ، وهذا معناه قدرة القوانين على مواجهة المواقف العامة. لذا فالقوانين تكتسب صفة الدوام والاستمرار. وهذا بدوره يميز الدولة عن بقية المؤسسات الاخرى. وترتبط صفة العموم هذه بصفة اخرى مهمة تميز القانون تلك هي صفة التجريد. ذلك ان قواعد القانون هي قواعد عامة مجردة لا تتعلق بموقف معين او شخص محدد بالذات، فقوانين الخدمة العسكرية او الضرائب المقررة او المفروضة على المواطنين هي قوانين لا يتجه التكليف فيها الى شخص معين ولكنها تطبق حين تتوافر صفات وخصائص معينة. أما الحكم القضائي الذي يفرض على شخص معين تسليم نفسه للخدمة العسكرية او دفع ضرائب معينة للدولة فهو لا يعبّر عن قاعدة عامة مجردة طالما انه يتناول حالة مخصوصة او وضعاً فريداً . ومعنى ذلك ان العموم والتجريد يخاطبان صفة معينة ، وليست العبرة هنا بعدد من تتوجه اليهم القاعدة القانونية . فقد تتوجه القاعدة القانونية الى شخص واحد ، ومع ذلك تظل عامة مجردة لانها تتوجه الى صفة معينة لا الى الشخص بالذات . مثال ذلك القواعد الخاصة بتحديد سلطات رئيس الدولة الدستورية التي لا تتوجه الى رئيس معين بالذات، بل تخاطب كل من يشغل هذا المنصب سواء في الحاضر او المستقبل [٥٥] .

على ان القانون وان كان يسيطر على الحياة الاجتماعية فيحقق النظام والاستقرار ويكفل العدل في الفصل فيما ينشأ بين الناس من خلافات او صراعات، الا ان هناك قواعد اخرى يقرها المجتمع وتؤدي نفس الوظيفة التي يؤديها القانون. فلدينا العادات والاعراف وكل ما تواضع الناس عليه بوصفه ينظم علاقاتهم المتبادلة، وهذه

القواعد المتوارثة اجتماعياً عبر الاجيال توجه سلوك الافراد في المجتمع،ويعدّ خروجهم عليها مسألة تثير الاستنكار والاستهجان، والسؤال الذي يبرز امامنا الآن هو المعيار الذي يمكن الاحتكام اليه في التفرقة بين قواعد القانون والقواعد الاجتماعية المتوارثة . ويمكن القول في الرد على هذا التساؤل ان الفارق في طبيعة الجزاء يصلح معياراً للتفرقة، فعلى حين ان الجزاء في الحالة الثانية هو مجرد الاستنكار او الاستهجان الاجتماعي، يكون الجزاء في الاول هو ذلك الاجبار او الالزام او القهر الذي توقعه السلطة العامة في المجتمع وحدها على كل من يخرج على القاعدة القانونية . لكن هذا المعيار ليس كافياً لان هناك تداخلاً في الموضوع بين هذين النوعين من القوانين، لذلك يقال ان خير معيار لهذه التفرقة هو تفاوت المصالح الذي يقوم على اساس تحقيقها هذان النوعان من القواعد في قدرها واهميتها للنظام والاستقرار في المجتمع. ذلك ان القيم التي تقرها العادات والتقاليد والاعراف اضعف أثراً في اقامة النظام الاجتماعي من تلك التي يعمل القانون على أقرارها ، ولذلك لا تحتاج كفالتها الى اجبار مادي جماعي بل يكفي في شأنها الاستنكار وعدم القبول الاجتماعي(٥٦) .

والعنصر الجوهري في قيام القانون هو توافر صفة الالزام او الاجبار فيه. ومعنى ذلك انه بالامكان اجبار الافراد على طاعة القوانين والامتثال لها، ان لم يطيعوها اختيارياً ، وهذا هو ما يمنح الجزاء صفة الردع التي تؤكد سيادة القانون، وهذا الاجبار يتميز بانه مادي ملموس، وهو اجبار منظم تتولى سلطة عامة مختصة توقيعه وهي السلطة التنفيذية في الدولة . ولهذا الجزاء او الاجبار صور مختلفة باختلاف المكان والزمان، وتتنوع بتنوع فروع القانون واختلاف طبيعة قواعده. فلدينا مثلاً الجزاء الجنائي ، أي الاجبار الذي يتخذ شكل العقوبة، ولدينا الجزاء المدني وصوره المتعددة مثل البطلان في حالة ابرام تصرفات قانونية على خلاف القانون. وقد يجتمع الجزاء الجنائي والمدني في نفس الصورة ، فمن قتل شخصاً عمداً مع سبق الاصرار على ذلك والترصد يعاقب بالاعدام، وقد يلزم الى جانب ذلك بان يدفع الى ورثة القتيل مبلغاً من المال على سبيل التعويض(٥٧) .

وهكذا يهتم المختص في السياسة بالقانون اهتماماً خاصاً. ذلك انه يشير الى تلك العمليات والمبادىء والقواعد التي تحكم السلوك الانساني في المجتمع وتنظم علاقات الاسر ببعضهم وتسهم بصورة مباشرة في حل الصراعات التي تنشأ حول المصالح المختلفة للافراد والجماعات، ثم انه فوق كل ذلك يحقق تماسك النظم الاجتماعية المختلفة، فكأن القانون هو جوهر الدولة الحديثة. فالحكومات لا تصوغ القوانين لتحقيق اهدافها فحسب، وانما الحكومة ذاتها لن تكون لها قائمة دون توافر عنصرـ الضبط عن طريق القانون. وهكذا يؤدي القانون دوره الفاعل في خدمة المجتمع وتنظيم شؤونه وتمكينه من بلوغ اهدافه القريبة والبعيدة .

مصادر الفصل التاسع

(١)   Benn, S.I., and R.S. Peters. Social Principles and the Democratic State, London , George Allen, ١٩٧٩, P. ٧٢.

(٢)   Ibid.,P. ٦٢.

(٣)   Ibid.,P. ٦٠.

(٤)   Ibid.,P. ٥٧.

(٥)   Ibid., P. ١٨.

(٦)   الحسن، احسان محمد (الدكتور). علم الاجتماع السياسي، مطبعة جامعة الموصل، الموصل ، ١٩٨٤، ص ١٢٤.

(٧)   المصدر السابق، ص ١٢٥.

(٨)   MacIver. R. and C. Page . Society. The Macmillan Co., London, ١٩٨٢, P. ٤٥٣.

(٩)   Ibid.,P. ٤٥٥.

(١٠)   Ibid.,P. ٤٥٧.

(١١)   الحسن، احسان محمد (الدكتور). علم الاجتماع السياسي، ص ١٢٦.

(١٢)   المصدر السابق، ص ١٢٥-١٢٦.

(١٣)   Benn, S. and Peters. Social Principles and the Denocratic State,P. ٢٥٨.

(١٤)   Laski, H. A Grammar of Politics. London, ١٩٧١,P. ٢١٩.

(١٥)   Ibid,.P. ٢٢٠.

(١٦)   Ibid.,P. ٢٢٤.

(١٧)   Laski, H. An Introduction to Politics, London, ١٩٦٨, P. ٩٢.

(١٨)   Ibid., P. ٩٣.

(١٩)   Ibid.,P. ٩٤.

(٢٠) لحسن، احسان محمد (الدكتور). علم الاجتماع السياسي، ص ١٣٨.

(٢١) Hegel. G. W. Philosophy of Right, London , ١٩٥٩,P. ١١.

(٢٢) Ibid.,P. ٣٤.

(٢٣) Benn , S. and Peters, R. Social Principles and the Democratic State, P. ٣٠٧.

(٢٤) Sumner, W. G. Folkways, New York , ١٩٨٤,P. ٧.

(٢٥) Simon, R. The Philosophy of Democratic Gevernment. Chicago , ١٩٧١,P. ٢١.

(٢٦) Ibid.,P. ٢٢.

(٢٧) Crosland ,A. The Future of Socialism, London, P.٨.

(٢٨) Weber, Max.The Theory of Social and Economic Organization, New York, the Free Press, ١٩٧٣,P. ١٨٩.

(٢٩) Ibid., P. ١٩١.

(٣٠) Ibid., P. ١٩٣.

(٣١) Ibid., P. ١٩٤.

(٣٢) Green, T. H. Lectures On the Principles of Political Obligation, London , ١٩٦٧,PP. ١٧-١٩.

(٣٣) الحسن، احسان محمد (الدكتور). علم الاجتماع السياسي، ص ١٤٤.

(٣٤) شفيق،حسان محمد (الدكتور). الدستور، مطبعة جامعة بغداد، ١٩٨١،ص ١٤.

(٣٥) محمد، علي محمد(الدكتور). دراسات في علم الاجتماع السياسي، دار الجامعات المصرية ، الاسكندرية ، ١٩٧٧، ص ١٩٦.

(٣٦) Leacock, A. Elements of Political Theory , New York, John Wiley, ١٩٨١, P. ٤٩.

(٣٧) سباين، جورج. تطور الفكر السياسي ، دار المعارف بمصر، ١٩٧٩، الجزء الثاني ، ص ٥٤٨-٥٤٩.

(٣٨) محمد، علي محمد (الدكتور). دراسات في علم الاجتماع السياسي، ص ١٩٧.

(٣٩)   Garner, S. Political Science and Government, New York, ١٩٨٢, P. ١٨٥.

(٤٠)   محمد، علي محمد (الدكتور). دراسات في علم الاجتماع السياسي، ص ١٩٩.

(٤١)   المصدر السابق، ص ٢٠٠.

(٤٢)   المصدر السابق، ص ٢٠١.

(٤٣)   Gettell, M. F. Elements of Politics, London, Longman, ١٩٧١,P. ١٣٩.

(٤٤)   Ibid.,P. ١٤٠.

(٤٥)   Ibid.,P. ١٤٢.

(٤٦)   Laski, H. Introduction to Politics , London , the Modern Press, ١٩٦٧,P. ٩٢.

(٤٧)   Ibid., P. ٩٥.

(٤٨)   Ibid.,P. ٩٧.

(٤٩)   Ibid.,P. ٩٩.

(٥٠)   محمد، علي محمد (الدكتور) . دراسات في علم الاجتماع السياسي، ص ٢٠٦.

(٥١)   المصدر السابق، ص ٢٠٨.

(٥٢)   Benn, S.I and R. S. Peters. Social Principles and the Democratic State, P. ٧٨.

(٥٣)   Gettel. M. F. Political Science ,London, Longman, ١٩٦٩, P. ٢٦٨.

(٥٤)   Ibid.,P. ٢٧٠.

(٥٥)   Ibid.,P. ٢٧١.

(٥٦)   Headley, F. Law and Moral Obligation, New York, Butler's Pree, ١٩٩٢,P. ٤١.

(٥٧)   Ibid.,P. ٤٦.

الفصل العاشر

دور نظم العدالة الجنائية في مكافحة الجريمة

(دراسة ميدانية)

مقدمة تمهيدية

نظم العدالة الجنائية هي ضرب من ضروب وسائل الضبط الاجتماعي التي تعدّ بمثابة الادوات المستخدمة في الحفاظ على استقرار وديمومة وتنمية وتقدم النظام الاجتماعي (The Social System) . ان النظام الاجتماعي غالباً ما يتعرض الى العديد من الاخطار والتحديات الناجمة عن اختلال العلاقات الانسانية واضطراب السلوك الاجتماعي وتحول المؤسسات البنيوية تحولاً غير متجانس يؤثر سلباً في واقع المجتمع ومسيرته. علماً بان الاخطار والتحديات المهددة لامن وسلامة المجتمع ، والتي اخذت تتفاقم في مجتمعنا بعد الاحتلال الامريكي للعراق ، قد عبّرت وما تزال تعبّر عن نفسها في الممارسات الجانحة والاعمال المنحرفة والاتجاهات والتيارات الملتوية التي تخرج عن السياقات السلوكية والتفاعلية السليمة التي يقرها المجتمع وتقبلها الاعراف والعادات والتقاليد وتدعمها القوانين ويرضى عنها الضمير الانساني ويعتمدها الدين والرأي العام .

ان هذه الدراسة التحليلية تهدف الى تحقيق غرضين رئيسيين هما اولاً التعرف على فاعلية نظم العدالة الجنائية في العراق في مكافحة الجريمة لاسيما وان هناك مؤشرات مادية تدل على الصعوبات التي تواجه هذه النظم لاسباب تتعلق باحتلال العراق، وثانياً تشخيص المشكلات التي تعاني منها نظم العدالة الجنائية ، وبخاصة القضاء وقوى الامن الداخلي (الشرطة) ومؤسسات الاصلاح الاجتماعي.

ان الدراسة التي تقع في بابين رئيسيين هما: الباب النظري والباب الميداني تضم عدداً من المباحث النظرية والميدانية . فمن اهم المباحث النظرية الاطار النظري والمنهجي للدراسة ونظم العدالة الجنائية ودورها في مكافحة الجريمة وبخاصة القضاء وقوى الامن الداخلي ومؤسسات الاصلاح الاجتماعي . أما الدراسة الميدانية فتقع في عدد من المباحث هي البيانات الاساسية لوحدات العينة، ودور القضاء في مكافحة الجريمة ،ودور قوى الامن الداخلي في مكافحة الجريمة ، ودور مؤسسات الاصلاح الاجتماعي في مكافحة الجريمة . كما يتناول الباب الميداني من الدراسة مبحث المعوقات التي تواجه نظم العدالة الجنائية في فترة ما بعد العدوان والحصار واخيراً يهتم الباب بالتوصيات والمعالجات الاجرائية لمواجهة المعوقات التي تضعف دور نظم العدالة الجنائية في المجتمع [١] .

وللدراسة استمارة استبيانية مكنت البحث من تكوين عشرات الجداول الاحصائية التي تعبّر عن البيانات الاساسية والاختصاصية للبحث والتي جمعها الباحث من الميدان أي من الواقع الاجتماعي الذي تعمل فيه نظم العدالة الجنائية، والآن علينا دراسة مباحث الموضوع مفصلاً .

المبحث الاول: الاطار النظري للدراسة

تعتمد دراسة دور نظم العدالة الجنائية في مكافحة الجريمة على ثلاث نظريات اجتماعية تفسر الاثر الذي تتركه وسائل الضبط الاجتماعي الخارجية المتمثلة بنظم العدالة الجنائية كالقضاء والمحاكم والشرطة والسجون وغيرها في مواجهة الجريمة ومنعها والحد من آثارها السلبية على الفرد والمجتمع. وهذه النظريات الثلاث هي نظرية العدالة الجنائية والجريمة للبروفسور دونالد كريسي (Prof. D. Cressy) التي وردت في كتابه" الجريمة "[٢] ونظرية السلوك الجمعي والجريمة للبروفسور نيل سملزر[٣] (Prof. N. Smelser) ونظرية دور نظم العدالة الجنائية في الحد من الجريمة للبروفسور هاري جونسون[٤] (Prof. H. Johnson). علماً بأن هذه النظريات الثلاث تجمع على ان وسائل الضبط الاجتماعي تتجسد في نظم العدالة الجنائية (Criminal Justice Procedures) التي تشرف عليها السلطات الرسمية والتي تساعدها في اداء مهامها المنظمات شبه الرسمية وغير الرسمية وعموم اجهزة المجتمع[٥].

تجمع هذه النظريات بان وجود وفاعلية نظم العدالة الجنائية في المجتمع تحد من معدلات الجريمة، وان غياب وتساهل وسائل العدالة الجنائية يؤديان الى ارتفاع معدلات الجرائم وتكرار وقوعها مما يهدد الامن الاجتماعي ويسيء الى المجتمع ويعرض حياة الافراد والجماعات الى اخطار عدم الاستقرار والفوضى والاضطراب الاجتماعي[٦]. ان نظرية نظم العدالة الجنائية والجريمة التي طرحها دونالد كريسي تؤكد على ان وسائل العدالة الجنائية يمكن ان تحد من الجريمة في مجالين اساسيين هما اولاً انها تردع كل من تسول له نفسه ارتكاب الجرائم ضد المجتمع ، وثانياً ان دقة آلية تطبيقها على الجانحين والمنحرفين والخارجين عن القانون تنقذ المجتمع من خطر الجريمة والانحراف لانها تردع المجرمين ومن في حكمهم وترد الاعتبار للمجتمع ومؤسساته البنيوية[٧].

أما نظرية السلوك الجمعي والجريمة التي طرحها نيل سلمزر في كتابه الموسوم" نظرية السلوك الجمعي " فتنص على ان فاعلية وجزم وسائل العدالة الجنائية لا يمنعان وقوع الظواهر السلوكية الجمعية ذات النوايا والمقاصد الاجرامية التي تخل بأمن واستقرار المجتمع فحسب بل يحدان من ارتكاب الجرائم اثناء وقوع ظواهر العنف والرعب الجمعي في المجتمع [٨] . ذاك ان قوة وفاعلية وسائل العدالة الجنائية في مواجهة الجريمة انما يمنعان وقوعها ويضعان حداً لمظاهرها وتياراتها السلبية. في حين ان ضعف وهشاشة وسائل العدالة الجنائية كما يخبرنا سلمزر يساعدان في وقوع الظواهر السلوكية الاجرامية الفردية منها والجمعية من خلال تراكم القيم المضافة التي تتركها متغيرات ارتباك البناء الاجتماعي والاعياء الاجتماعي والعوامل المباشرة لوقوع الحوادث السلوكية الجمعية ذات التجسيدات الاجرامية التي تتقاطع مع آلية نظم العدالة الجنائية [٩] .

أما نظرية هاري جونسون عن دور وسائل العدالة الجنائية في الحد من الجريمة فتؤكد على حقيقة اساسية هي ان وسائل العدالة الجنائية قد تكون سبباً لارتفاع معدلات الجرائم او انخفاضها ،فاذا كانت هذه الوسائل حازمة ومتشددة وذات آلية كفوءة في فرض الجزاء السلبي على الجاني فان الجريمة تنحسر في زاوية ضيقة من زوايا المجتمع [١٠] .

والعكس هو الصحيح اذا كانت وسائل العدالة الجنائية قاصرة وغير كفوءة وضعيفة الى درجة انها لا تكون قادرة على محاسبة الجاني وفرض القصاص العادل عليه، القصاص الذي يستحقه ويكون في الوقت ذاته رمزاً للردع ومنع وقوع الجريمة مهما يكن نوعها وحجمها. مما ذكر اعلاه نستنتج بأن النظريات الثلاث عن وسائل العدالة الجنائية والجريمة تعتقد بأن وسائل العدالة الجنائية لاسيما تلك التي تتمثل بنظم العدالة الجنائية المشار اليها اعلاه تؤدي دورها الفاعل في منع الجريمة وتطويقها والحد من آثارها السلبية اذا كانت فاعلة في اجراءاتها ومتكاملة في وحداتها التنظيمية وحازمة في تطبيق بنودها وقوانينها على الحالات السلوكية الجانحة التي تتحدى المجتمع والهيئة الاجتماعية .

المبحث الثاني: الاطار المنهجي للدراسة

يستعين بحث دور نظم العدالة الجنائية في مكافحة الجريمة على طريقة المسح الميداني (Social Survey Method) في جمع البيانات الميدانية من الحقل المدروس ، ذلك الحقل الذي يتجسد في مؤسسات العدالة الجنائية والمجتمع الذي تعيش في كنفه المؤسسات . وقد املت طريقة المسح الميداني على الباحث تصميم عينة عشوائية تتكون من (٢٥٠) مبحوثاً معظمهم يعملون في نظم أو مؤسسات العدالة الجنائية كالمحاكم ومراكز الشرطة ومؤسسة الاصلاح الاجتماعي واقسام الاجتماع والخدمة الاجتماعية. اضافة الى المواطنين الذين تهمهم مسألة الامن والجريمة . والجدول رقم (١) يوضح وحدات العينة العشوائية والمؤسسات او المصادر التي اختيرت منها .

العدد	النسبة المئوية	المهنة	مصدر الاشتقاق
٢٥	١٠%	قاضي	محاكم الكرخ والرصافة والكرادة الشرقية
٥٠	٢٠%	ضابط شرطة ومراتب	مراكز الشرطة في الكرخ والرصافة
٢٥	١٠%	باحث اجتماعي وموظف	مؤسسة الاصلاح الاجتماعي في ابي غريب
٢٥	١٠%	نزيل	= = = = = =
٢٥	١٠%	طالب	في قسم الاجتماع
٢٥	١٠%	طالبة	قسم الخدمة الاجتماعية
٧٥	٣٠%	مواطن	من مناطق المنصور والمأمون والرحمانية في الكرخ
المجموع	النسبة المئوية	اضافة الى منطقة باب المعظم والوزيرية في الرصافة	
٢٥٠	١٠٠%		

وقد روعي في اختيار العينة من حيث حجمها ومصدر اشتقاقها الوقت المتيسر عند الباحث وعدد الباحثين المساعدين(المقابلين) والاموال المتيسرة للباحث ودرجة دقة المعلومات المطلوب جمعها وعدد ونوعية العدالة الجنائية المطلوب دراستها وطبيعة المواطنين الذين تهمهم مسألة الامن والجريمة والانحراف.

وبعد تصميم العينة الاحصائية من حيث طبيعتها وحجمها وتوزيعها على مؤسسات العدالة الجنائية والمناطق السكنية صممت الاستمارة الاستبيانية التي هي الاداة التي تجمع الباحث بالمبحوث وتتوخى جمع المعلومات والبيانات التي تحتاجها الدراسة[١١]. تحتوي استمارة الاستبيان على قسمين: القسم الاول الذي يتكون من عدد من الاسئلة الاساسية كالجنس والعمر والحالة الزوجية والحالة التعليمية والخلفية الاجتماعية والانحدار الطبقي والدخل وعدد افراد الاسرة وعائدية السكن وترتيبات السكن والموطن الاصلي للمبحوث. أما القسم الثاني من الاستبيان فيتكون من عدد من الاسئلة التي تستفسر عن المهام التي تؤديها نظم العدالة الجنائية والمشكلات التي تواجهها ودورها في مكافحة الجريمة وأثر العدوان والحصار على فاعليتها وانشطتها. والاستبيان يتكون من (٣٠) سؤالاً مغلقاً .

وبعد تصميم الاستمارة الاستبيانية بدأت عملية المقابلات الميدانية التي استغرقت شهراً كاملاً اذ بدأت يوم ٢/١ وانتهت يوم ٣/١ /٢٠٠٣ . والمقابلات كانت بشكل توزيع استمارات الاستبيان على المبحوثين والطلب منهم بالاجابة عنها اذا كانوا متعلمين،أما اذا كانوا اميين فان الباحث يقرأ عليهم الاسئلة فيجيبون عنها، والاجابات يسجلها الباحث في الاماكن المناسبة من استمارات الاستبيان. وقد اجرى الباحث مقياس ثبات الاستبيان اذ كانت نتيجة الثبات ٩ر٠. أما صدق المقياس فقد اجرى من خلال عرضه على (١٠) خبراء متخصصين في علم الاجتماع والقانون وعلم النفس وطب المجتمع والارشاد الاجتماعي وقد كانت نتيجة صدق المقياس ٩٧%.

وبعد الانتهاء من عمليتي تصميم الاستمارة الاستبيانية والمقابلات الميدانية بدأت عملية تبويب البيانات (Data Processing) وهذه العملية تتفرع الى ثلاث عمليات متكاملة هي عملية تدقيق صحة المعلومات المدونة على الاستمارة (Editing) للتأكد من ان لكل سؤال جواباً وان الاجابات تتسم بالاتساقية والعقلانية، وعملية الترميز (Coding) التي هي عبارة عن تحويل الاجابات الى رموز او ارقام يمكن عدها في جداول الترميز ، واخيراً هناك عملية تكوين الجداول الاحصائية[١٢] (Tables) اذ ان

كل سؤال يحول الى جدول احصائي، وبما ان الاستمارة الاستبيانية تحتوي على ثلاثين سؤالاً فقد استطاع الباحث تكوين ثلاثين جدولاً احصائياً .

وقد اخضعت هذه الجداول الاحصائية للتحليل باستخدام النسب المئوية والاوساط الحسابية والانحرافات المعيارية والاوزان الرياضية للعوامل والمتغيرات ومقاييس الارتباط البسيط والارتباط المرتبي^(١٣). وقد تمخضت عن التحليلات نتائج احصائية وزعت مع جداولها على مباحث الدراسة توزيعاً علمياً عقلانياً . بعدها دأب الباحث على كتابة مباحث الدراسة مستعيناً بالبيانات الاحصائية ونتائجها والمصادر العلمية التي تسند الحقائق التي توصل اليها الباحث عبر الدراسة الميدانية.

المبحث الثالث: نظم العدالة الجنائية ومكافحة الجريمة

تهدف نظم العدالة الجنائية التي تعبّر عن الوسائل الخارجية للضبط الاجتماعي الى الحد من ظواهر السلوك المنحرف والاجرامي وبخاصة في المجتمعات المتحضرة والراقية او في الاقاليم الحضرية المتاثرة بعوامل التصنيع والتحديث الشامل [١٤].

وتتجسد نظم العدالة الجنائية بالقضاء وقوى الامن الداخلي ومؤسسات الاصلاح الاجتماعي . علماً ان قوة وتكامل وتماسك هذه النظم ودقة آلية عملها من قبل السلطات او الجهات المسؤولة عنها لا بد ان يحد من وطأة الجريمة والجنوح على المجتمع. في حين ان ضعف وتناقض وهامشية نظم العدالة هذه يشجع الافراد والجماعات على ارتكاب الجرائم بحق المجتمع والتخلي عن المعايير السلوكية والاخلاقية السليمة [١٥]. لذا ينبغي دعم وتعزيز الدور الذي تضطلع به نظم العدالة الجنائية لكي تكون في موضع يمكنها من مواجهة الجريمة والتصدي لشرورها وآثارها الهدامة . علماً بأن الوقاية من الجريمة ومنعها ومعالجة مرتكبيها ليست هي مهمة نظم العدالة الجنائية فقط بل هي مهمة عموم المجتمع على اختلاف مؤسساته واجهزته الرسمية وشبه الرسمية . ولكن تبقى نظم العدالة الجنائية هي المسؤولة بالدرجة الاساس عن حماية المجتمع من شرور الانحراف والجريمة . في هذا المقام علينا دراسة اهمية نظم العدالة الجنائية في مكافحة الجريمة وعلى النحو الآتي :

أ. **القانون والمحاكم (القضاء) :**

يعتبر القانون من اهم وسائل الضبط الاجتماعي الخارجية، فهو مجموعة الاحكام والنصوص الاخلاقية والمعيارية والقيمية التي يتفق عليها ابناء المجتمع في تنظيم سلوكهم وعلاقاتهم والموازنة بين واجباتهم وحقوقهم في طريقة تضمن تحقيق الصالح العام ونشر مباديء المساواة والعدالة الاجتماعية في ربوع المجتمع [١٦]. غير ان تشريع القانون وتطبيقه وتفسيره وتحقيق الاستقرار والعدالة من خلاله يحتاج الى سلطة او هيئة سياسية بكافة اجهزتها ومؤسساتها السياسية والادارية والتشريعية . علماً بأن من اهم المرتكزات الشرعية التي تقوم عليها الدولة هي المرتكزات القانونية التي

تتجسد في حكم القانون ، ذلك الحكم الذي يوازن بين الواجبات والحقوق ويبعث الاستقرار والطمأنينة في ربوع المجتمع وينشر مباديء العدالة الاجتماعية ويفض المنازعات والخصومات والتناقضات التي قد تظهر بين الافراد والجماعات (١٧) . اضافة الى اهمية حكم القانون في ردع ومعاقبة المسيء واستتباب الاستقرار والامن في المجتمع. لهذا تعتبر المجتمعات الحديثة والمتقدمة القوانين بمثابة الوسائل العملية التي يمكن من خلالها التصدي للجريمة ووضع نهاية سريعة لشرورها وآثارها المخربة .

أما المحاكم على اختلاف انواعها ودرجاتها فهي من اهم دوائر العدالة الجنائية. فعن طريق المحاكم يمكن استخدام القوانين في فض النزاعات والاضطرابات واعمال الشغب التي قد تحدث بين الافراد والجماعات (١٨) . وعن طريق المحاكم والاجهزة العدلية يمكن محاسبة الجاني واثبات التهمة الموجهة اليه واصدار الحكم بحقه واحالته الى مؤسسات الاصلاح الاجتماعي بقصد تنفيذ الجزاء المفروض عليه واصلاحه من الادران والامراض والعقد الاجتماعية والنفسية التي يعاني منها عن طريق اعادة تنشئته الاجتماعية وتهيئته للادوار الوظيفية الجديدة التي يمكن ان يشغلها مستقبلاً بعد انتهاء مدة محكوميته . ومن الجدير بالذكر ان وجود المحاكم لا بد ان يردع كل من تسول له نفسه في الاعتداء على حرمة الافراد والجماعات . ومثل هذا الردع يؤدي دوره الفاعل في تقليص نسب الجرائم في المجتمع .

ب. **قوى الامن الداخلي :**

أما قوى الامن الداخلي فتعدّ من اهم مؤسسات العدالة الجنائية في المجتمع الحديث نظراً للادوار الخطيرة التي تؤديها في استقرار الامن والنظام والمحافظة على العدالة والقانون ونشر اجواء الهدوء والطمأنينة في ربوع المجتمع (١٩) . اضافة الى مهامها الاساسية في تنظيم علاقات الافراد والجماعات والمجتمعات المحلية والسيطرة على سلوكية اعضائها والمشاركة الفاعلة في تحقيق اهدافها وطموحاتها التي تتواشج مع متطلبات الصالح العام وتتماشى مع خطط وسياسات الدولة والمجتمع .

ان اجهزة قوى الامن الداخلي هي اجهزة انضباطية رادعة ذات صفة وقائية وعلاجية في آن واحد (٢٠) . فهي تحمي المواطنين وتدافع عن سلامة الدولة وامنها من

الاشرار والعابثين والمشبوهين والعملاء الذين قد تسول لهم انفسهم الاعتداء على حقوق المواطنين وممتلكاتهم وحرياتهم الاجتماعية، او الاعتداء على اجهزة الدولة وقوانينها وتحدى سلطتها وشرعيتها او تهديد سلامة وأمن المجتمع واستقراره والوقوف بوجه تقدمه ونهوضه ورفاهيته .

وبجانب هذه المهام الجوهرية التي تضطلع بها قوى الامن الداخلي او الشرطة ، هناك مهام اخرى مسؤولة عنها تلك هي مكافحة الجريمة وعلاج المجرمين ومنع وقوع الجريمة وتعميق الوعي الامني عند الافراد والجماعات. اضافة الى دور قوى الامن الداخلي في تنظيم وضبط المرور والسيطرة على شؤون الجنسية والاحوال المدنية والاشراف على امور السفر واقامة الاجانب في القطر وادارة شؤون الدفاع المدني خلال فترات السلم والحرب . واخيراً ردع المعتدين والعابثين والمجرمين وحماية النظام الاجتماعي من شرورهم وافعالهم الجانحة [٢١]. وتستطيع الشرطة ضبط الامن وتامين الاستقرار والهدوء والطمأنينة عن طريق مراكزها ومفارزها ودورياتها المنتشرة في كل مكان لخدمة الشعب والحفاظ على سلامته واستقراره.

جـ•   مؤسسات الاصلاح الاجتماعي :

تعدّ مؤسسات الاصلاح الاجتماعي من اهم مؤسسات العدالة الجنائية طالما انها مسؤولة عن تنفيذ قرار المحكمة الصادر بحق الجاني . لذا فمؤسسة الاصلاح الاجتماعي هي مؤسسة عقابية تهدف الى معاقبة المجرم عن طريق تقييد حريته والزامه على قضاء مدة محكوميته في السجن، اذ ان السجن يقيد حرية السجين ويكون في الوقت نفسه رادعاً له وللآخرين من الذين تسول لهم انفسهم ارتكاب الجرائم والافعال المنحرفة . كما ان السجن يرد الاعتبار للمجتمع الذي ارتكب الجاني بحقه انواع الجرائم والافعال المنكرة . ولا ينحصر دور مؤسسة الاصلاح الاجتماعي بالعقوبة المفروضة على الجاني بل يتعدى ذلك الى المهام الاصلاحية والتنشيئية [٢٢]. فالسجن من خلال برامجه التربوية والاجتماعية والدينية والارشادية والترويحية يعيد بناء شخصية السجين ويزرع فيه العديد من القيم الايجابية ويحثه على التخلي عن القيم السلبية

والضارة التي كان يتسم بها قبل دخوله السجن مما يؤثر ذلك في تفكيره وتصوره واتزانه وتكيفه الى المحيط لاسيما بعد انتهاء مدة محكوميته وذهابه الى المجتمع ثانية. في هذا المجال علينا ذكر اهم الوظائف التي تضطلع بها مؤسسة الاصلاح الاجتماعي والتي عن طريقها تستطيع اصلاح المجرمين وتكيفهم للوسط الاجتماعي الذي يعيشون فيه ويتفاعلون معه :

١- عن طريق البرامج الاصلاحية تبادر مؤسسة الاصلاح الاجتماعي بتعليم النزيل الممارسات السلوكية والتفاعلية المقبولة كاحترام الآخرين ومساعدتهم واعتبارهم غاية بحد ذاتهم مع عدم استغلالهم والاعتداء على حقوقهم . مع زرع نوازع الخير فيهم واشعارهم بانهم يمكن ان يكونوا اسوياء اذا تخلوا عن النوازع والنوايا العدوانية التي كانت مسيطرة عليهم قبل دخولهم الى المؤسسة الاصلاحية [٢٣].

٢- اعادة التنشئة الاجتماعية للنزيل بتحويلها من تنشئة هشة وقاصرة ومتناقضة الى تنشئة ايجابية وملتزمة تتناسب مع ما يريده المجتمع ويتوقعه من الآخرين .

٣- زرع القيم الدينية والاخلاقية الايجابية في ذاتية النزيل كقيم الصدق والاخلاص في العمل والامانة والاستقامة والعدالة والصراحة والثقة العالية بالنفس ... الخ مع العمل على حمل النزيل على التخلي عن القيم الضارة التي تتقاطع مع ما يوصي به المجتمع والدين .

٤- اعادة تأهيل النزيل على ممارسة مهن انتاجية او خدمية تتناسب مع مؤهلاته واذواقه واتجاهاته ورغباته ، مع فسح المجال للنزيل بممارسة بعض الاعمال الانتاجية والخدمية التي تدرّ عليه الاموال التي يستفيد منها هو واسرته [٢٤].

٥- تنظيم بعض الانشطة الترويحية للنزلاء التي تشغل اوقات فراغهم وتسليهم وتطور شخصيتهم وتزيل همومهم وتخفيف حدة القلق الذي يسيطرعليهم. ومن هذه الانشطة الفعاليات الرياضية والفنية وممارسة الهوايات الفردية وزيارة الاماكن الثقافية والتأريخية والدينية في القطر.

المبحث الرابع : الدراسة الميدانية

أولاً:   البيانات الاساسية عن وحدات العينة

يمكن تقسيم البيانات الاساسية عـن وحـدات العينـة المبحوثـة الى ثلاثـة صـنوف هـي البيانـات الاجتماعيـة التي تتضمن التوزيـع الجنسي للمبحوثين والتوزيـع العمـري وخلفيـتهم الاجتماعيـة وانحـدارهم الطبقي وحالتهم الزوجية وحجم الاسرة والموطن الاصلي لوحدات العينة (٢٥). أما البيانات الاقتصادية فتتضمن الدخل والمهنة وعائدية السكن وترتيباته ، أي هل تسكن اسر المبحوثين في دور مستقلة او تسكن مع الاقارب (٢٦). في حين تتضمن البيانات التربوية والثقافية التحصيل العلمي للمبحوثين ودرجة اهتمامهم بالثقافة والتربية والتعليم .

والآن علينا دراسة عناصر البيانات الاساسية بشيء من التفصيل علماً بأن هذه العناصر والسمات التي تميز المبحوثين تؤثر في اجاباتهم عن دور نظم العدالة الجنائية في مكافحة الجريمة .

أ.   البيانات الاجتماعية عن وحدات العينة :

تتضمن هذه البيانات الخصائص الاجتماعية التي تميز وحدات العينة، وهذه الخصائص هي:

١-   الجنس: الجنس هو النـوع السـكاني للمبحـوثين ، أي هـل انهـم ذكـور ام اناث؟ اذ ان حـالتهم الجنسية تؤثر في طبيعـة اجابـاتهم عـن درجـة فاعليـة مؤسسـات العدالـة الجنائيـة في مكافحـة الجريمة . تتكون العينة من ١٩٨ رجلاً من مجموع ٢٥٠ (٧٩%) ، في حين ان الاناث كان عددهن ٥٢ من مجموع ٢٥٠   (٢١%) . ان اغلب المبحوثين كانوا من عنصر الرجال لان الملاكات التي تعمل في اجهزة العدالة الجنائية يتكون معظمها من الرجال . والجدول رقم (٢) يوضح التوزيع الجنسي لوحدات العينة .

العدد / الجنس	العدد	%
ذكور	١٩٨	٧٩
اناث	٥٢	٢١
المجموع	٢٥٠	%١٠٠

٢- العمر: يؤثر عمر المبحوث في طبيعة الاجابات التي يدلي بها اذ ان اجابات الشباب تختلف عن اجابات متوسطي العمر واجابات الآخرين تختلف عن اجابات الكبار والمسنين . ان اعمار المبحوثين تقع في مراتب عمرية اذ ان هناك [٢٧] (٢١) مبحوثاً من مجموع ٢٥٠ (٨%) يقعون ضمن الفئة العمرية ٢٠-٢٩، وان هناك ٤٤مبحوثاً (١٨%) يقعون ضمن الفئة العمرية٣٠-٣٩، وان ٩٧ مبحوثاً (٣٩%) يقعون ضمن الفئة العمرية ٤٠-٤٩،وان هناك ٥٣ مبحوثاً ٢١% يقعون ضمن الفئة العمرية ٥٠-٥٩. واخيراً هناك ٥٣ مبحوثاً ١٤% يقعون ضمن الفئة العمرية ٦٠ فأكثر . وعند قياس الوسط الحسابي لاعمار المبحوثين في العينة كان ٤٣ر٧ سنة في حين ان الانحراف المعياري للاعمار كان ٣ر٦ سنة. والجدول رقم(٣) يوضح التوزيع العمري لوحدات العينة .

العدد / الفئات العمرية بالسنة	العدد	%
٢٠- ٢٩	٢١	٨
٣٠-٣٩	٤٤	١٨
٤٠-٤٩	٩٧	٣٩
٥٠-٥٩	٥٣	٢١
٦٠ فاكثر	٣٥	١٤
المجموع	٢٥٠	%١٠٠

س= ٧ر ٤٣ سنة ع = ٣ر٦ سنة

٣- الحالة الزوجية: تؤثر الحالة الزوجية للمبحوثين في طبيعة ردود الافعال عن دور مؤسسات العدالة الجنائية في مكافحة الجريمة. فقد تكونت العينة من ١١١ متزوجاً من مجموع ٢٥٠(٤٤%) ، ومن ١٢٥ اعزباً من مجموع ٢٥٠ (٥٠%) ومن ١٤ مطلقاً (٦%) .

الجدول المذكور ادناه جدول رقم (٤) يوضح الحالة الزوجية لوحدات العينة.

العدد / الحالة الزوجية	العدد	%
متزوج	١١١	٤٤
اعزب	١٢٥	٥٠
مطلق	١٤	٦
المجموع	٢٥٠	%١٠٠

٤- الخلفية الاجتماعية والانحدار الطبقي:

تؤثر الخلفية الاجتماعية للمبحوثين في طبيعة ردود الافعال التي يجسدونها عن الاسئلة التي تطرح عليهم، الاسئلة التي تتعلق بفاعلية ومشكلات ومهام مؤسسات العدالة الجنائية واثرها في مكافحة الجريمة . ذلك ان اجابات الفئة المرفهة تختلف عن اجابات الفئة الفقيرة،واجابات الفئة الاخيرة تختلف عن اجابات الفئة الوسطى او العمالية والفلاحية. تشير البيانات الاحصائية الى ان ٤٥ مبحوثاً من مجموع ٢٥٠ (١٨%) ينحدرون من خلفية مرفهة، وان ١٢٧ مبحوثاً ٥١% ينحدرون من خلفيات وسطى، وان ٥١ مبحوثاً ينحدرون من خلفيات عمالية وفلاحية ، واخيراً ان ٢٧ مبحوثاً ١١% ينحدرون من خلفيات فقيرة، أي ان معظم المبحوثين ينتمون الى الفئة الوسطى. وجدول رقم (٥) يوضح الخلفية الاجتماعية والانحدار الطبقي لوحدات العينة .

%	العدد	العدد / الخلفية الاجتماعية
١٨	٤٥	مرفهة
٥١	١٢٧	وسطى
٢٠	٥١	عمالية وفلاحية
١١	٢٧	فقيرة
%١٠٠	٢٥٠	المجموع

٤- حجم الاسرة : يؤثر حجم الاسرة في المستوى الاقتصادي والحالة الاجتماعية للمبحوثين اذ ان اجابات المبحوثين المنحدرين من اسر كبيرة الحجم تختلف عن اجابات المبحوثين المنحدرين من اسر متوسطة او صغيرة الحجم . تشير المعلومات الاحصائية الى ان معظم الاسر ٧٧ من مجموع ٢٥٠(٣١%) يتراوح عدد افرادها بين ٤-٥، وان ٢٠ اسرة من مجموع ٢٥٠ (٨%) يكون عدد افرادهااكثر من ١٠. أما الوسط الحسابي لحجم اسر المبحوثين فهو ٨ر٥ فرد، في حين ان الانحراف المعياري لحجم الاسر هو ١ر٣ . وجدول رقم (٦) يوضح عدد افراد المبحوثين .

%	العدد	عدد افراد اسر المبحوثين
٣٢	٨١	٢-٣
٣١	٧٧	٤-٥
١٤	٣٥	٦-٧
١٥	٣٧	٨-٩
٨	٢٠	١٠فأكثر
%١٠٠	٢٥٠	المجموع

٦- المواطن الاصلي للمبحوثين :

كون المبحوث ريفياً اوحضرياً يؤثر في طبيعة الاجابات التي يدلي بها عن فاعلية اجهزة العدالة الجنائية في مكافحة الجريمة . فالذين ينحدرون من اصول ريفية يرون بأن الارياف لا تفرخ المجرمين والمنحرفين بحكم تجربتهم الفتية في ذلك، في حين يرى الحضريون بان المدينة هي موطن الجريمة ومصدرها . لقد احتوت العينة على ٧٥ ريفياً من مجموع ٢٥٠(٣٠%) ، بينما احتوت على ١٧٥ حضرياً من مجموع ٢٥٠(٧٠%). والجدول المذكور ادناه جدول رقم (٧) يوضح الموطن الاصلي للمبحوثين.

العدد / الموطن الاصلي للمبحوثين	العدد	%
ريف	٧٥	٣٠
حضر	١٧٥	٧٠
المجموع	٢٥٠	%١٠٠

ب- البيانات الاقتصادية عن وحدات العينة

تؤثر البيانات الاقتصادية التي تتجسد في الدخل والمهنة والملكية وعائدية السكن في طبيعة الاجابات التي يعطيها المبحوثون عن الدور الذي تلعبه اجهزة العدالة الجنائية في الحد من الجريمة وماهية نقاط الضعف التي تعاني منها هذه الاجهزة واثرها في مسارات تطبيق العدالة وحكم القانون في المجتمع . والآن علينا دراسة النتائج المسحية عن هذه البيانات كما ذكرها المبحوثون .

١. الدخل: الدخل هو من المقاييس الموضوعية التي تؤثر في ردود الافعال التي يجسدها الافراد عن أي موضوع يسألون عنه، فهو يؤثر مثلاً في آراء المبحوثين عن الطريقة التي تطبق فيها نظم العدالة الجنائية وفاعليتها في الوقاية من الجريمة ومنعها

ومعالجتها. تشير البيانات الحقلية الى ان اكثرية المبحوثين يقعون ضمن فئتي الدخل ٣٠٠٠-٨٠٠٠ دينار، ٨٠٠٠-١٣٠٠٠ دينار ، اذ يقع ٧٥ مبحوثاً من مجموع ٢٥٠ (٣٠%) ضمن فئة الدخل ٣٠٠٠-٨٠٠٠ دينار . ويقع ٦٤ مبحوثاً (٢٦%) ضمن فئة الدخل ٨٠٠٠-١٣٠٠٠ دينار، في حين ان هناك ٢٣ مبحوثاً فقط (٩%) يتقاضون دخلاً أقل من ٣٠٠٠ دينار شهرياً. وان ٣٥ مبحوثاً (١٤%) تكون دخولهم الشهرية اكثر من ٢٣٠٠٠ دينار . أما الوسط الحسابي لدخول المبحوثين فكانت قيمته ٨٢١٠ دينار، في حين بلغت قيمة الانحراف المعياري للدخل ٢٢٢ ديناراً، أما جدول رقم (٨) فيوضح فئات الدخل الشهري المشترك لاسر المبحوثين بالدينار .

فئات الدخل	العدد	%
اقل من ٣٠٠٠ دينار	٢٣	٩
٣٠٠٠- ٨٠٠٠	٧٥	٣٠
٨٠٠٠- ١٣٠٠٠	٦٤	٢٦
١٣٠٠٠- ١٨٠٠٠	٣٢	١٣
١٨٠٠٠- ٢٣٠٠٠	٣١	٨
٢٣٠٠٠ فأكثر	٣٥	١٤
المجموع	٢٥٠	١٠٠%

٢. المهنة: تؤثر المهنة تاثيراً واضحاً في الآراء والمواقف التي يعبّر عنها الافراد حول العديد من القضايا ومنها الجريمة والانحراف والعدالة الجنائية والاصلاح الاجتماعي. ذلك ان المهنة تتأثر بالتحصيل العلمي وتؤثر في اساليب الحياة وطراز المعيشة . علماً بأن المهن التي يمارسها المبحوثون تتوزع الى خمس مجاميع هي مهن قيادية كقاضي كبير او ضابط شرطة كبير اوكادر حزبي متقدم، ومهن وسطى كقاضي وضابط شرطة وباحث اجتماعي وموظف او تدريسي او تاجر ... الخ، ومهن عمالية وفلاحية وحرة. يشغل معظم المبحوثين مهناً وسطى ١٧٥

من مجموع ٢٥٠ (٧٠%) ، في حين يشغل المهن القيادية ١٢ مبحوثاً (٥%) ، ويشغل المهن الحرة ١٢ مبحوثاً (٦%). والجدول رقم (٩) يوضح مهن المبحوثين.

العدد / مهن المبحوثين	العدد	%
ومهن قيادية	١٢	٥
مهن وسطى	١٧٥	٧٠
مهن عمالية	٣٠	١٢
مهن فلاحية	١٨	٧
مهن حرة	١٥	٦
المجموع	٢٥٠	١٠٠%

٣. الملكية وعائدية السكن: تؤثر الملكية المنقولة وغير المنقولة مع ترتيبات السكن أي كون الشخص يسكن في بيت مستقل مع عائلته الاصلية او يسكن مع الاقارب في طبيعة الاجابات التي يدلي بها عن موضوعات الجريمة والعقاب وتطبيق القانون والتعاون والتنسيق بين نظم العدالة الجنائية والاصلاح الاجتماعي والعود الى الجريمة ٠٠٠ الخ .ذلك ان صاحب الملكية او العقار الذي يكون مرفهاً نوعما يعطي اجابات عن هذه الموضوعات تختلف بعض الشيء عن الاجابات التي يعطيها الشخص الذي لا ملكية له. فما يتعلق بملكية السكن تشير نتائج المسح الميداني الى ان ١٩٢ مبحوثاً من مجموع ٢٥٠(٧٧%) يمتلكون دوراً للسكن، في حين ان ٥٨(٢٣%) يسكنون في دور مؤجرة . وجدول رقم (١٠) يوضح عائدية او ملكية السكن لوحدات العينة .

%	العدد	العدد / عائدية السكن
%٧٧	١٩٢	ملك
%٢٣	٥٨	ايجار
%١٠٠	٢٥٠	المجموع

أما ترتيبات السكن، أي سكن المبحوث في بيت مستقل او يسكن مع الاقارب فتشير نتائج المسح الميداني الى ان ٢٠٧ مبحوثين من مجموع ٢٥٠(٨٣%) يسكنون في بيوت مع الاقارب . وجدول رقم (١١) يوضح ترتيبات السكن لوحدات العينة .

%	العدد	ترتيبات السكن
٨٣	٢٠٧	يسكن في بيت مستقل
١٧	٤٣	يسكن مع الاقارب
%١٠٠	٢٥٠	المجموع

جـ . البيانات التربوية والتعليمية عن وحدات العينة

تتضمن البيانات التربوية والتعليمية الحالة الثقافية والتحصيل العلمي لوحدات العينة ودرجة اهتمام وحدات العينة بالمنبهات الثقافية والتربوية ودافعيتهم نحو حث ابنائهم على اكمال دراساتهم الجامعية والعليا والاتجاه نحو التدريب واكتساب الخبرة والمهارة التقنية [٢٧] . ذلك ان هذه الامور جميعها تؤثر في طبيعة الاجابات والمواقف التي

يعبّر عنها المبحوثون عن قضايا العدالة الجنائية وترتيباتها واثرها في الوقاية من الجريمة ومنعها ومعالجة المتورطين فيها .

١- الحالة التعليمية: تشير نتائج المسح الميداني الى ان اكثرية المبحوثين ١٣٠ مبحوثاً من مجموع ٢٥٠(٥٦%) يحملون شهادات معهد وكلية ودراسات عليا ماجستير ودكتوراه . في حين ان هناك ١٥(٦%) امياً ،١٤(٦%) يقرأ ويكتب . وجدول رقم(١٢) يوضح الحالة التعليمية لوحدات العينة .

الحالة التعليمية لوحدات العينة	العدد	%
أمي	١٥	٦
يقرأ ويكتب	١٤	٦
ابتدائية	٢٠	٨
متوسطة	٣٥	١٤
اعدادية	٢٦	١٠
معهد	٦٥	٢٦
كلية	٥٧	٢٣
دراسات عليا	١٨	٧
المجموع	٢٥٠	%١٠٠

٢. الاهتمام بتوفير المنبهات الثقافية في البيت

من المقاييس الموضوعية التي تشير الى اهتمام المبحوثين بالتربية والتعليم قيامهم بتوفير المنبهات الثقافية للابناء او لافراد الاسر كتخصيص غرفة لدراسة الابناء وتكوين مكتبة في البيت وشراء الكتب والصحف والمجلات مع تقييم ما هو ثقافي وعلمي [٢٨] . علماً بأن جميع هذه الاهتمامات التي يوليها المبحوثون للثقافة والتعليم تؤثر

في اجاباتهم عن العدالة الاجتماعية وكل ما يتصل بها من تفصيلات . تشير نتائج المسح الميداني عن اهتمامات المبحوثين بتوفير المنبهات الثقافية في البيت الى ان ٨٩ من مجموع ٢٥٠ (٣٦%) يهتمون كثيراً بتوفير المنبهات الثقافية في البيت وان ١١٠ منهم(٤٤%) يهتمون الى حد ما بتوفير تلك المنبهات . في حين ان ٥١ مبحوثاً (٢٠%) لا يهتمون بتوفير المنبهات هذه. وجدول رقم (١٣) يوضح درجة اهتمام المبحوثين بتوفير المنبهات الثقافية في البيت .

درجة الاهتمام بتوفير المنبهات الثقافية	العدد	%
يهتم كثيراً بتوفير المنبهات الثقافية	٨٩	٣٦
يهتم الى حد ما	١١٠	٤٤
لا يهتـــم	٥١	٢٠
المجموع	٢٥٠	%١٠٠

٠٣ الدافعية نحو التحصيل العلمي للابناء

من المقاييس الموضوعية لمعرفة درجة اهتمام المبحوثين بالثقافة والتربية والتعليم درجة دافعيتهم نحو التحصيل العلمي لابنائهم، اذ ان دافعية الافراد نحو التحصيل العلمي انما تؤثر في افكارهم ومواقفهم وردود افعالهم نحو كل ما يتعلق بالمجتمع بضمنها مسائل الجريمة والعقاب والعدالة الجنائية[٢٩] . تشير نتائج المسح الميداني الى ان ١١٣مبحوثاً من مجموع ٢٥٠(٤١%) يتمتعون بدافعية عالية نحو التحصيل العلمي لابنائهم، في حين ان ١١١ مبحوثاً (٤٥%) يحملون دافعية وسطى نحو حث ابنائهم نحو التحصيل العلمي . وهناك ٣٦ مبحوثاً (١٤%) يحملون دافعية هابطة نحو التربية والتعليم . وجدول رقم (١٤) يوضح درجة دافعية المبحوثين نحو التحصيل العلمي لابنائهم .

درجة الدافعية نحو التحصيل العلمي للابناء	العدد	%
دافعية عالية	١٠٣	٤١
دافعية وسطى	١١١	٤٥
دافعية هابطـة	٣٦	١٤
المجموع	٢٥٠	%١٠٠

دور القضاء في مكافحة الجريمة :

يؤدي القضاء كما اشرنا في القسم النظري من الدراسة الدور الفاعل والمؤثر في مواجهـة الجريمـة وردع المجرمين ومنعهم من ارتكاب الممارسات المنحرفة والجرائم نظراً للاجـراءات القانونيـة التـي يتخـذها ازاء المجرمين . ذلك انه يجري المرافعات الجزائية ويصدر الاحكـام العادلـة بحـق المنحـرفين والمجـرمين ، او يبريء ساحة من وقعـت علـيهم الـتهم والقـي القـبض علـيهم اذ لم تكـن الادلـة الثبوتيـة كافيـة لادانـتهم وتجريمهم . فضلاً عن دوره في تنفيذ القرارات الصادرة عن المحكمـة الجزائيـة باحالـة المجـرم الـذي ثبتـت الجريمة عليه الى مؤسسة الاصلاح الاجتماعي لفـرض العقـاب الـذي يسـتحقه بتقييـد حريتـه واصـلاحه في الوقت ذاته .

لقد سألنا ٢٥٠ مبحوثاً عن دور القضاء في ردع المنحرفين والمجـرمين فكانـت الاجابـات بـان ١٠٥ مبحوث يعتقدون بـان للقضـاء دوراً في الـردع أي بنسـبة ٤٢% ، في حـين اجـاب ١١٤ مبحوثـاً (٤٦%) بـأن القضاء لا يردع المنحرفين والمجـرمين عـن ارتكـاب الجـرائم. وهنـاك ٣١ مبحوثـاً مـن مجمـوع ٢٥٠(١٢%) اجابوا بـ لا اعرف . لقد اجاب ١٠٥ مبحوث بان القضاء قادر على ردع المجرمين وذلـك للاجـراءات الردعيـة التي يتخذها ازاءهم والتي تتمثل بالمحاكمة والادانـة والحجـز واصـدار الاحكـام المقيـدة للحريـة واحكـام الاعدام أذا كانت الجريمة خطيرة ومخلة بامن الدولة والمجتمع.

ان الاجراءات الردعية التي يتخذها القضاء في مكافحة الجريمة والتي عرضت على ١٠٥ مبحوث اجابوا بـ " نعم" على دور القضاء في مكافحة الجريمة هي المحاكمة القانونية التي جاءت بالتسلسل المرتبي الاول اذ اشرها ٩٨ مبحوثاً من مجموع ٢٥٠(٩٣%) بعدها جاءت الادانة بالتسلسل المرتبي الثاني اذ اشرها ٨١ مبحوثاً (٧٧%) ، والادانة هي تنسيب التهمة الى المتهم وتحديد المادة القانونية التي تتناسب مع السلوك الاجرامي الذي ارتكبه المتهم او المدعى عليه ضد المدعي او ضحية الجريمة . أما الحجز الذي هو تقييد حرية المتهم قبل المرافعة في مركز الشرطة او في مكان آخر فقد جاء بالتسلسل المرتبي الثالث اذ اشرها ٧٧ مبحوثاً من مجموع ١٠٥(٧٣%) ، في حين جاء خيار اصدار الاحكام المقيدة للحرية من قبل المحكمة بحق المتهم بالتسلسل المرتبي الرابع اذ اشره ٦٤ مبحوثاً (٦١%) . واخيراً جاء اجراء اصدار احكام الاعدام بالتسلسل المرتبي الخامس والاخير اذ اشره ٣٥ مبحوثاً (٣٣%).

أما الذين اجابو بـ "لا" أي لم يقروا بان للقضاء دوراً في ردع المنحرفين والمجرمين والذين كان عددهم ١١٤ من مجموع ٢٥٠(٤٦%) فيرجع ذلك الى عدة اسباب هي عدم خوف المنحرفين من المحكمة وعدم احترامهم لقراراتها، مع تساهل بعض المحاكم في اصدار الاحكام القانونية وبطء سير الدعوة وتاثير المحكمة وقرارها بالمنفذين من المنحرفين والمجرمين او من يقف خلفهم ٠٠٠ الخ .

وجدول رقم (١٥) يوضح دور القضاء في ردع المنحرفين والمجرمين

العدد / الاعتقاد بدور القضاء في الردع	العدد	%
نعـــم	١٠٥	٤٢
لا	١١٤	٤٦
لا اعرف	٣١	١٢
المجموع	٢٥٠	١٠٠%

في حين ان جدول رقم (١٦) يوضح التسلسل المرتبي للاجراءات التي يتخذها القضاء في مكافحة الجريمة كما اشرها ١٠٥ مبحوث .

%	العدد	التسلسل المرتبي	الاجراءات التي يتخذها القضاء
٩٣%	٩٨	١	المحاكمة القانونية
٧٧%	٨١	٢	الادانـــــة
٧٣%	٧٧	٣	الحجـــــز
٦١%	٦٤	٤	اصدار الاحكام المقيدة للحرية
٣٣%	٣٥	٥	اصدار احكام الاعدام

ونتيجة للملاحظات السلبية التي عبّر عنها العديد من المبحوثين من الذين اجابوا بـان القضاء لا دور له في ردع المنحرفين والمجرمين فقد وجهنا سؤالاً لوحدات العينة جميعهم عن حاجة القضاء الى المزيد من الشدة والحزم فكانت الاجابات بـان ١٩٧ مبحوثاً مـن مجمـوع ٢٥٠ (٧٩%) اجابوا نعـم، وفقـط ٥٣ مبحوثاً اجابوا لا. والجدول رقم (١٧) يوضح ردود افعال المبحوثين عن حاجة القضاء الى المزيد مـن الشـدة والحزم .

%	العدد	حاجة القضاء الى المزيد من الشدة
٧٩%	١٩٧	نعـــم
٢١%	٥٣	لا
١٠٠%	٢٥٠	المجموع

دور قوى الامن الداخلي (الشرطة) في مكافحة الجريمة :

تؤدي قوى الامن الداخلي كما وضحنا في القسم النظري من الدراسة الدور الفاعل في التصدي للجريمة ومنع وقوعها وتطويق آثارها السلبية والهدامة . ذلك ان هذه القوى هي العين الساهرة على راحة المواطنين واستقرارهم والحفاظ على ممتلكاتهم وارواحهم وطمأنينتهم ، وهي بالمرصاد لكل من تسول له نفسه الاعتداء على حرمة المواطنين وتعكير صفو حياتهم. ومهامها وواجباتها هذه تؤديها من خلال المراقبة والرصد ومنع ارتكاب الجريمة ومطاردة المجرمين والقبض على المشبوهين واحالتهم الى الجهات المسؤولة لمحاسبتهم ووضع حد لممارستهم المدانة. فضلاً عن دور الشرطة في الردع ونشر العدالة في كل مكان. ذلك ان الشرطة في خدمة الشعب والحارس الامين على مصالحه وممتلكاته طالما انها حلقة الوصل بين السلطة والشعب، فهي من جهة تاج السلطة، ومن جهة ثانية حامي الشعب والمدافع عن مصالحه الخاصة والعامة .

لقد وجهنا سؤالاً لوحدات العينة عن اعتقادهم بفاعلية الشرطة في مكافحة الجريمة فكانت الاجابات بان ١٢١ من مجموع ٢٥٠(٤٨%) اجابوا نعم، ٨٧ من مجموع ٢٥٠(٣٥%) اجابوا لا، ٤٢ من مجموع ٢٥٠(١٧%) اجابوا لا اعرف . وهذه الاحصاءات تدل على ان عدداً كبيراً من المبحوثين يعتقدون بان قوى الامن الداخلي او الشرطة فاعلة في مكافحة الجريمة . والجدول رقم (١٨) يوضح اعتقاد المبحوثين بفاعلية الشرطة في مكافحة الجريمة .

الاعتقاد بفاعلية الشرطة في مكافحة الجريمة	العددذ	%
نعـم	١٢١	٤٨
لا	٨٧	٣٥
لا اعرف	٤٢	١٧
المجموع	٢٥٠	%١٠٠

ان المبحوثين الذين اجابوا نعم على فاعلية الشرطة في مكافحة الجريمة والتي كان عددهم ١٢١عبروا عن ذلك نتيجة المهام الامنية والشرطوية التي تؤديها قوى الامن الداخلي في مكافحة الجريمة والتي تدور حول الردع والمراقبة والرصد والقبض على المشبوهين والمنحرفين وتنفيذ قرارات حكم دور العدالة الجنائية . لقد جاء الردع كواجب مهم من واجبات الشرطة بالتسلسل المرتبي الاول اذ اشره ١٠٢ مبحوث من مجموع ١٢١(٨٤%) ، اما واجب المراقبة والرصد فقد جاء بالتسلسل المرتبي الثاني اذ اشره ٩٤ مبحوثاً من مجموع ١٢١(٧٨%) ، في حين جاء واجب القبض على المشبوهين والمنحرفين بالتسلسل المرتبي الثالث اذ اشره ٨٥ مبحوثاً (٧٠%) . واخيراً جاءت مهمة تنفيذ احكام دورالعدالة الجنائية بالتسلسل المرتبي الرابع اذ اشرها ٧١ مبحوثاً (٥٩%) . وجدول التسلسل المرتبي رقم (١٩) يوضح كيفية كون الشرطة فاعلة في مكافحة الجريمة كما اشرها ١٢١ مبحوثاً .

%	العدد	التسلسل المرتبي	كيفية كون الشرطة فاعلة في مكافحة الجريمة
٨٤%	١٠٢	١	الردع
٧٨%	٩٤	٢	المراقبة والرصد
٧٠%	٨٥	٣	القبض على المشبوهين والمنحرفين
٥٩%	٧١	٤	تنفيذ احكام دور العدالة الجنائية

أما المبحوثين الذين اجابوا لا عن سؤال فاعلية الشرطة في مكافحة الجريمة والتي كان عددهم ٨٧ من مجموع ٢٥٠ (٣٥%) فقد ذكروا ذلك بسبب المآخذ والسلبيات التي يحملونها عن الشرطة والتي هي بطء روتينية الاجراءات التي تتخذها ازاء المنحرفين والمجرمين، قلة امكاناتها وتسهيلاتها التي تمكنها من اداء مهامها الامنية والضبطية وانخفاض درجة ثقافتها وتحصيلها العلمي ، وقلة الاحترام والتقدير اللذين تلقاهما من الجمهور، وعدم تعاونها مع الجمهور، وضعف اندفاعها نحو العمل

المطلوب منها نتيجة قلة الحوافز والصعوبات المادية التي يواجهها اعضاؤها بسبب الحصار الاقتصادي الظالم المفروض على القطر لمدة طويلة ، مع ضعف الاجراءات التي تتخذها ازاء المجرمين والمنحرفين مما دعا ذلك الى اعتقاد المبحوثين بضرورة حاجة الشرطة للمزيد من الشدة والحزم ازاء المجرمين والمنحرفين.

وعندما سألنا وحدات العينة عن آراء المبحوثين حول حاجة قوى الامن الداخلي للمزيد من الشدة والحزم اجاب ١٨٧(٧٥%) نعم، في حين اجاب ٦٣(٢٥%) لا. بمعنى ان اكثرية المبحوثين يرون بان الشرطة هي بحاجة ماسة الى استخدام الشدة والحزم مع المنحرفين والخارجين عن القانون. وجدول رقم (٢٠) يوضح آراء المبحوثين عن حاجة قوى الامن الداخلي للمزيد من الشدة والحزم .

الحاجة الى المزيد من الشدة والحزم	العدد	%
نعـــم	١٨٧	٧٥
لا	٦٣	٢٥
المجموع	٢٥٠	%١٠٠

وبالرغم من الملاحظات التي عبّر عنها بعض المبحوثين عن الشرطة فان معظم المبحوثين يحترمون الشرطة ويقدرون جهودهم المتفانية في العمل واداء الواجب المطلوب . فقد وجه سؤالاً عن اعتقاد المبحوثين باحترام الجمهور للشرطة والتعاون معهم فكانت الاجابات بان ١٦٤ من مجموع ٢٥٠(٦٦%) اجابوا نعم، في حين اجاب ٨٦(٣٤%) لا، أي ان معظم المبحوثين يعتقدون بان الجمهور يكن شعور الاحترام والتقدير للشرطة. وجدول رقم (٢١) يوضح اعتقاد المبحوثين باحترام الجمهور للشرطة .

اعقاد المبحوثين باحترام الجمهور للشرطة والتعاون معهم	العدد	%
نعـــم	١٦٤	%٦٦
لا	٨٦	%٣٤
المجموع	٢٥٠	%١٠٠

دور وسائل الاصلاح الاجتماعي في مكافحة الجريمة :

تعدّ مؤسسات الاصلاح الاجتماعي (السجون) من اهم المؤسسات المسؤولة عن اصلاح المجرمين وعلاجهم وتحريرهم من الرواسب والادران التي يعانون منها والتي ادت بهم منذ البداية الى ارتكاب الافعال المنحرفة والضالة التي تتقاطع مع القوانين والانظمة والاخلاق والقيم المعتمدة. واهمية مؤسسات الاصلاح الاجتماعي تتجسد في حجز المجرمين طيلة مدة محكوميتهم كعقاب لهم لما اقترفوه من افعال منحرفة وضالة. وطيلة مدة الحجز تطبق عليهم برامج اصلاحية تعيد تنشئتهم الاجتماعية وتـزرع فيهم القيم الحميدة وتجعلهم يتخلون عن نوازعهم العدوانية وافكارهم المنحرفة. اضافة الى اعادة تـأهليهم اجتماعياً ومهنياً لكي يزجوا في المجتمع ويمارسوا المهن التي تتناغم مع قابلياتهم ومهـاراتهم وتـدريباتهم ورغباتهم بعد انتهاء مدة محكوميتهم.

لـذا فمؤسسـات الاصلاح الاجتماعـي تلعـب الـدور العلاجـي والتقويمـي، أي عـلاج المجرمين وتحريرهم من رواسبهم العدوانية وتقويم سلوكهم في المجتمع وتكيفهم لعاداته وتقاليده وقيمه واخلاقه. أما اذا اخفقت مؤسسات الاصلاح الاجتماعي في اداء مهامها التنشيئية والتقويمية والاصلاحية نتيجـة تلكـؤ دورها البنائي والعلاجي والاصلاحي فان هذه المؤسسات تتحول الى مؤسسات للعقاب فقط وليس للاصلاح. وهنا يبقى المجرم مجرماً دون وجـود أمـل باصلاحه وتحريـره مـن شروره وعقده ودوافعـه العدوانيـة وممارساته الملتوية.

لقد سألنا وحدات العينة عن اعتقادهم بفاعلية مؤسسات الاصلاح الاجتماعـي في ردع المجرمين فكانت اجاباتهم ان ١٠١ من مجموع ٢٥٠(٤٠%) قالوا نعم و١٤٩ (٦٠%) قالوا لا. أي ان اكثرية المجرمين كانت اجاباتهم بـان مؤسسـات الاصلاح الاجتماعي غيـر فاعلة في ردع المجـرمين وتخليهـم عـن نـوازعهم العدوانيــــــة. وجــــــدول رقم (٢٢) يوضح اعتقاد المبحوثين بفاعلية مؤسسات الاصلاح الاجتماعي في ردع المجرمين.

%	العدد	اعتقاد المبحوثين بفاعلية مؤسسات الاصلاح الاجتماعي
٤٠%	١٠١	نعـــم
٦٠%	١٤٩	لا
١٠٠%	٢٥٠	المجمـــوع

لقد اجاب معظم المبحوثين بان مؤسسات الاصلاح الاجتماعي غير فاعلة في ردع المجرمين كما ينبغي ،وعندما تحرينا عن الاسباب المسؤولة عن ضعف فاعلية مؤسسات الاصلاح الاجتماعي في ردع المجرمين كما حددها ١٤٩ مبحوثاً كانت الاسباب متنوعة . جاء سبب ضعف تأثير مؤسسات الاصلاح في السجناء بالتسلسل المرتبي الاول اذ اشره ١١٣ مبحوثاً من مجموع ١٤٩(٧٦%) .أما سبب تقصير مؤسسات الاصلاح الاجتماعي في ردع السجناء وتقويم سلوكهم وتحريرهم من نوازع العدوان والجريمة فقد جاء بالتسلسل المرتبي الثاني اذ اشره ١٠٦ مبحوثاً من مجموع ١٤٩(٧١%). اما سبب قلة التسهيلات والخدمات التي تقترحها للسجناء فقد جاء بالتسلسل المرتبي الثالث اذ اشره ٩٥ مبحوثاً من مجموع ١٤٩(٦٤%) . واخيراً هناك سبب قلة الحوافز المقدمة لافرادها اذ جاء هذا السبب بالتسلسل المرتبي الرابع حيث اشره ٨٦ مبحوثاً من مجموع ١٤٩(٥٠%) وجدول التسلسل المرتبي رقم (٢٣) يوضح الاسباب المسؤولة عن ضعف فاعلية مؤسسات الاصلاح الاجتماعي في ردع المجرمين كما اشرها ١٤٩ مبحوثاً.

%	العدد	التسلسل المرتبي	الاسباب المسؤولة عن ضعف فاعلية مؤسسات الاصلاح الاجتماعي في ردع المجرمين
٧٦%	١١٣	١	ضعف تأثيرها في السجناء
٧١%	١٠٦	٢	تقصيرها في الواجبات
٦٤%	٩٥	٣	قلة التسهيلات والخدمات التي تقدمها للسجناء
٥٨%	٨٦	٤	قلة الحوافز المقدمة لافرادها

كما اهتم البحث بتوجيه سؤال للمبحوثين يستفسر عن آرائهم حول قدرة مؤسسات الاصلاح الاجتماعي في اصلاح المجرمين فكانت اجاباتهم بان ٩٤مبحوثاًمن مجموع ٢٥٠(٣٨%) اجابوا نعم ، و١٥٦ من مجموع ٢٥٠(٦٢%) اجابوا لا. ان اكثرية المبحوثين اجابوا بضعف قدرة مؤسسات الاصلاح الاجتماعي في اصلاح المجرمين . وجدول رقم (٢٤) يوضح آراء المبحوثين حول قدرة مؤسسات الاصلاح الاجتماعي في اصلاح المجرمين.

%	العدد	قدرة مؤسسات الاصلاح الاجتماعي في اصلاح المجرمين
٣٨%	٩٤	نعـــــم
٦٢%	١٥٦	لا
١٠٠%	٢٥٠	المجمـــــوع

وقد استفسر البحث عن الاسباب المسؤولة عن ضعف قدرة مؤسسات الاصلاح الاجتماعي في اصلاح المجرمين فكانت اجاباتهم ١٥٦ مبحوثاً على النحو الآتي : لقد جاء سبب الوصم والشبهة أي وصم النزلاء بعار ارتكاب الجريمة وحوم الشبهة حولهم بالتسلسل المرتبي الاول اذ اشره ١٣٥ مبحوثاً من مجموع ١٥٦ (٨٧%) ، وجاء سبب ضعف البرامج الاصلاحية بالتسلسل المرتبي الثاني اذ اشره ١٢١مبحوثاً مـن مجموع١٥٦،٧٨%) . أما سبب عدم وجود الرعاية اللاحقة للسجناء المطلق سراحهم فقد جاء بالتسلسل المرتبي الثالث اذ اشره ١١٤ مبحوثاً (٧٣%) . واما سبب الغلاء وارتفاع اسعار السلع والخدمات فقد جاء بالتسلسل المرتبي الرابع اذ اشره ١٠٦ مبحوثاً من مجموع١٥٦(٦٨%) في حين ان ضعف البرامج التأهيلية قد جاء بالتسلسل المرتبي الخامس . أما قلة الاعمال المتوفرة للنزلاء أي نزلاء الاصلاح الاجتماعي بعد اطلاق سراحهم فقد جاء بالتسلسل المرتبي السادس اذ اشره ٩٧ مبحوثاً من مجموع ١٥٦(٦٢%) . واخيراً جـاء سبب صعوبة ظروف المجتمع بالتسلسل المرتبي السابع اذ اشره ٨٨ مبحوثاً من مجموع

١٥٦(٥٦%). وجدول رقم (٢٥) يوضح الاسباب المسؤولة عن ضعف قدرة مؤسسات الاصلاح الاجتماعي في اصلاح المجرمين وتقويمهم كما حددها ١٥٦ مبحوثاً .

الاسباب المسؤولة عن ضعف قدرة مؤسسات الاصلاح الاجتماعي في اصلاح المجرمين	التسلسل المرتبي	العدد	%
الوصم والشبهة	١	١٣٥	%٨٧
ضعف البرامج الاصلاحية	١	١٢١	%٧٩
عدم وجود الرعاية اللاحقة	٣	١١٤	%٧٣
ارتفاع الاسعار والغلاء	٤	١٠٦	%٦٨
ضعف البرامج التاهيلية	٥	١٠٢	%٦٥
قلة الاعمال المتوفرة لنزلاء الاصلاح الاجتماعي بعد اطلاق سراحهم	٧	٨٨	%٥٦

المعوقات التي تواجه نظم العدالة الجنائية في فترة الحرب والاحتلال :

تواجه نظم العدالة الجنائية على اختلاف انواعها وصنوفها كالمحاكم وقوى الامن الداخلي ومؤسسات الاصلاح الاجتماعي بل وحتى المنظمات الجماهيرية ومجالس الشعب العديد من المعوقات والتحديات التي تحول دون قيامها بمهامها الامنية الوقائية منهاوالعلاجية وبخاصة خلال فترة الاحتلال المفروض على العراق . ومن اهم هذه المعوقات قلة الكوادر والملاكات المتخصصة في ميادين العدالة الجنائية ومحدودية كفاءتها الادارية والعلمية والخدمية مع ضعف التسهيلات الفنية والمادية المتاحة او الموظفة لها والتي تعينها في اداء مهامها الوقائية والعلاجية . فضلاً عن قلة الحوافز والامتيازات المادية والاعتبارية المقدمة لعامليها وخبرائها ورجالها. يزاد الى ذلك ضعف الوعي الامني عند اجهزة العدالة الجنائية في الاعم الاغلب مع محدودية شعورها

بالمسؤولية الجماعية الملقاة على عاتقها في حفظ الامن وحماية المجتمع من ضالة الانحراف والجريمة .

واخيراً هناك صعوبة تواجه جميع مؤسسات العدالة الجنائية تلك هي ضعف التنسيق والتعاون بين اجهزة العدالة الجنائية في اداء المهام الامنية الملقاة على عاتقها .

للتأكد من وجود الصعوبات او المعوقات التي تواجه نظم العدالة الجنائية وجهنا سؤالاً لوحدات العينة حول اعتقادهم بان نظم العدالة الجنائية تواجه صعوبات في اداء مهامها الامنية خلال فترة الاحتلال ، فكانت اجابات المبحوثين ان ١٧٣ من مجموع ٢٥٠ (٦٩%) اجابوا نعم، وان ٧٧(٣١%) اجابوا لا. أي ان معظم المبحوثين يعتقدون بأن نظم العدالة الجنائية تواجه جملة معوقات مادية وغير مادية وادارية تحد من قدرتها وفاعليتها في مكافحة الجريمة . وجدول رقم(٢٦) يوضح اعتقاد المبحوثين بأن نظم العدالة الجنائية تواجه صعوبات في اداء مهامها الامنية خلال فترة الاحتلال .

اعتقاد المبحوثين بمواجهة نظم العدالة الاجتماعية الصعوبات في اداء مهامها	العدد	%
نعــــم	١٧٣	%٦٩
لا	٧٧	%٣١
المجمــوع	٢٥٠	%١٠٠

وعندما استفسرنا من المبحوثين الذين اجابوا نعم بأن نظم العدالة الجنائية تواجه الصعوبات والمشكلات والذين كان عددهم ١٧٣ كانت الاجابات على النحو الآتي: ان من اهم الصعوبات والمعوقات التي تواجه نظم العدالة الجنائية قلة الكوادر والملاكات العاملة في اجهزة العدالة الجنائية ومحدودية خبراتها وضعف اندفاعها للعمل الوقائي والعلاجي لصعوبة ظروفها الموضوعية والذاتية. لقد جاءت هذه الصعوبة بالتسلسل المرتبي الاول اذ اشرها ١٦٢ مبحوثاً من مجموع ١٧٣(٩٣%) . أما الصعوبة

الاخرى فهي ضعف التسهيلات الموظفة لها كالابنية اللازمة ووسائط النقل والمواصلات والاجهزة والادوات الفنية في كشف الجريمة والتحري عنها وقلة التخصيصات المالية للبحوث والدراسات ٠٠٠ الخ. وقد جاءت هذه الصعوبة بالتسلسل المرتبي الثاني اذ اشرها ١٥٧ مبحوثاً من مجموع ١٧٣(٩١%).

وهناك صعوبة قلة الحوافز والامتيازات المقدمة لكوادر وملاكات العدالة الجنائية كمحدودية الرواتب والمخصصات وانعدام المكافآت التشجيعية وتدني الظروف التي يعمل في ظلها رجال العدالة الجنائية ٠٠٠ الخ.

وقد جاءت هذه الصعوبة بالتسلسل المرتبي الثالث اذ اشرها ١٤١ مبحوثاً من مجموع ١٧٣(٨١%) . أما صعوبة ضعف الوعي الامني عند الاجهزة المبحوثة فتتجسد في تدني الشعور بالمسؤولية عند الكوادر العاملة ومحدودية ادراكها للاخطار والتحديات الامنية التي تواجه القطر خلال فترة الاحتلال مع التخبط بماهية المهام المطلوبة منها في المرحلة الراهنة التي يمر بها قطرنا. وقد جاءت هذه الصعوبة بالتسلسل المرتبي الرابع اذ اشرها ١٣٣ مبحوثاً من مجموع ١٧٣(٧٧%) .

واخيراً هناك صعوبة هشاشة التعاون والتنسيق بين اجهزة العدالة الجنائية كالقضاء وقوى الامن الداخلي ومؤسسات الاصلاح الاجتماعي والمنظمات الجماهيرية ومجالس لشعب. ومثل هذه الصعوبة تجعل كل جهاز يعمل بمعزل عن الاجهزة الاخرى مما يحد من فاعلية الاجهزة بأكملها ويضعف انشطتها الامنية. لقد جاءت هذه الصعوبة بالتسلسل المرتبي الخامس اذ اشرها ١٢٥ مبحوثاً من مجموع ١٧٣(٧٢%) . وجدول التسلسل المرتبي رقم (٢٧) يوضح الصعوبات التي تواجهها نظم العدالة الجنائية في اداء مهامها الامنية خلال فترة الاحتلال كما اشرها ١٧٣ مبحوثاً .

الصعوبات التي تواجهها نظم العدالة الجنائية في اداء مهامها الامنية خلال فترة الاحتلال	التسلسل المرتبي	العدد	%
قلة الكوادر الامنية وتدني مؤهلاتها وخبراتها	١	١٦٢	%٩٣
ضعف التسهيلات الموظفة لنظم العدالة الجنائية	٢	١٥٧	%٩١
قلة الحوافز والامتيازات	٣	١٤١	%٨١
ضعف الوعي الامني ضد الاجهزة	٤	١٣٣	%٧٧
ضعف التعاون والتنسيق عند الاجهزة الامنية	٥	١٢٥	%٧٢

التوصيات والمعالجات لمواجهة المعوقات التي تضعف دور نظم العدالة الجنائية :

لا يمكن لبحث دور نظم العدالة الجنائية ان يكون نافعاً وفاعلاً وذا اهمية تطبيقية وعملية دون احتوائه على توصيات ومعالجات اجرائية للتخفيف او الحد من المشكلات والصعوبات والتحديات التي تواجهها نظم العدالة الجنائية على اختلاف اهدافها وتخصصاتها. تشير الادلة الاحصائية الى ان معظم المبحوثين يعتقدون بأن المعوقات والصعوبات التي تواجهها نظم العدالة الجنائية يمكن حلها والتخفيف من وطأتها. فقد أشار ١٦٩ مبحوثاً من مجموع ٢٥٠(٦٨%) الى ان مشكلات نظم العدالة الجنائية يمكن حلها والتخفيف من وطأتها ، في حين ذكر٨١ مبحوثاً (٣٢%) بأن مشكلات نظم العدالة الجنائية لا يمكن حلها نتيجة الظروف الصعبة المحيطة بها من كل جانب . وجدول رقم (٢٨) يوضح اعتقاد المبحوثين بأن المعوقات التي تواجه اجهزة العدالة الجنائية يمكن حلها .

اعتقاد المبحوثين بقدرة مؤسسات العدالة الجنائية على حل معوقاتها	العدد	%
نعــــم	١٦٩	%٦٨
لا	٨١	%٣٢
المجمــوع	٢٥٠	%١٠٠

أما التوصيات والمعالجات التي يمكن ان تواجه الصعوبات والمعوقات التي تعاني منها نظم العدالة الجنائية او اجهزة العدالة الجنائية فيمكن تحديدها بالنقاط الآتية :

١- ضرورة تجهيز نظم العدالة الجنائية بالكوادر والملاكات الادارية والفنية والاختصاصية التي تحتاجها لكي تتمكن من اداء مهامها بصورة كفوءة ودقيقة .

٢- العمل على رفع كفاءة الاداء عند الكوادر والملاكات العاملة في نظم العدالة الجنائية عن طريق الدورات والندوات والمؤتمرات والمحاضرات التي تدرب هذه الكوادر على احدث ما توصلت اليه نظم العدالة الجنائية من معلومات وتقنيات وسياقات عمل في الدول المتحضرة والمتقدمة في العالم .

٣- توفير التسهيلات الادارية والفنية والخدمية التي تحتاجها دوائر العدالة الجنائية كالابنية ووسائط النقل والاثاث والاجهزة والآلات التقنية التي تستخدم في خزن المعلومات واجراء البحوث والتعامل مع المراجعين.

٤- تقديم الحوافز المادية والاعتبارية للعاملين في نظم العدالة الجنائية كزيادة الرواتب والمخصصات ومنح المكافآت التشجيعية بين فترة واخرى وتكريم المتميزين والمبدعين ، مع منح الاحترام والتقدير والجاه لجميع المتميزين في العمل والانتاج وتقديم الخدمات ذات النوعية الرفيعة .

٥- العمل على احداث التعاون والتنسيق بين نظم العدالة الجنائية عن طريق مد الجسور بينها لكي تعمل بصورة متناغمة ومتسقة بحيث لا يظهر التقاطع او التناقض بين اجراءات مؤسسة واجراءات مؤسسة اخرى .

٦- حمل المنحرفين والمجرمين الذين يتعاملون مع نظم العدالة الجنائية كالمحاكم وقوى الامن الداخلي ومؤسسات الاصلاح الاجتماعي ومجالس الشعب على التعاون مع هذه المؤسسات واحترامها وتقييم الجهود التي تبذلها في تعزيز حكم القانون واحلال العدالة والحق في ربوع المجتمع.

٧- حث الجمهور على اختلاف المؤسسات والجماعات والمنظمات التي ينتمي اليها على التعاون مع اجهزة العدالة الجنائية كيما تتمكن هذه الاجهزة من اداء مهامها والايفاء بألتزاماتها على احسن وجه ممكن. وهذا العمل يمكن ان يتم عن طريق الارشاد الاجتماعي والبحث العلمي ووسائل الاعلام الجماهيرية والمؤسسات التربوية والثقافية المسؤولة عن عملية بناء السلوك وزرع القيم وتنمية الشخصية .

٨- اجراء المزيد من الدراسات الميدانية التي تهدف الى تشخيص مشكلات نظم العدالة الجنائية والظروف المحيطة بها وكيفية تذليلها وقهرها. مع معرفة العوامل التي تسبب فاعلية وداينميكية او قصور وتلكؤ عمل نظم العدالة الجنائية في المجتمع .

٩- العمل الهادف والمبرمج على مواجهة ظروف الاحتلال الصعبة كيما تتمكن اجهزة العدالة الجنائية من اداء مهامها بصورة فاعلة ودقيقة.

١٠- ضرورة تعميق الوعي الاجتماعي والامني عند الكوادر والملاكات التي تعمل في اجهزة العدالة الجنائية لكي تتكيف انشطتها وتتعاظم اهميتها وترتقي الى مستوى الاخطار والتحديات التي تواجه المجتمع العراقي وتكون مؤسسات قادرة حقاً على وقاية المجتمع من الجريمة ومنع وقوعها ومعالجة مرتكبيها .

الخلاصة والاستنتاجات

تهدف دراسة دور نظم العدالة الجنائية في مكافحة الجريمة الى تحقيق غرضين اساسيين هما اولاً التعرف على فاعلية نظم العدالة الجنائية في العراق في مكافحة الجريمة ، وثانياً تشخيص المشكلات والصعوبات التي تعاني منها نظم العدالة الجنائية وبخاصة القضاء وقوى الامن الداخلي (الشرطة) ومؤسسات الاصلاح الاجتماعي .

تعتمد الدراسة النظرية اطاراً نظرياً يتجسد في ثلاث نظريات اجتماعية هي نظرية الضبط الاجتماعي والجريمة للبروفسور دونالد كريسي ونظرية السلوك الجمعي والجريمة للبروفسور نيل سملزر ونظرية دور اجهزة العدالة الجنائية في الحد من الجريمة للبروفسور هاري جونسون، والنظريات الثلاث تجمع على ان وسائل الضبط الاجتماعي انما تتجسد في نظم العدالة الجنائية التي تشرف عليها السلطات الرسمية وتساعدها في اداء مهامها المنظمات شبه الرسمية وغير الرسمية وعموم اجهزة المجتمع . وتجمع هذه النظريات ايضاً بأن حضور وفاعلية وسائل الضبط الاجتماعي في المجتمع المتمثلة بنظم العدالة الجنائية تحد من معدلات الجريمة ، وان غيابها يؤدي الى ارتفاع معدلات الجريمة وتكرار وقوعها مما يهدد الامن الاجتماعي ويسيء الى المجتمع ويعرض حياة الافراد والجماعات الى اخطار عدم الاستقرار والفوضى والاضطراب الاجتماعي .

كما تتفق هذه النظريات على ان نظم العدالة الجنائية يمكن ان تحد من تسول له نفسه ارتكاب الجرائم ضد المجتمع ، وثانياً ان دقة آلية تطبيقها على الجانحين والمنحرفين تنقذ المجتمع من اخطار الجريمة لانها تردع المجرمين وترد الاعتبار للمجتمع ومؤسساته البنيوية .

أما الاطار المنهجي للبحث فيتجسد في منهج المسح الميداني الذي ساعد الباحث في جمع البيانات الميدانية من الحقل المدروس ، ذلك الحقل الذي يتمثل في مؤسسات العدالة الجنائية والمجتمع الذي تعيش في كنفه تلك المؤسسات . وقد أملت طريقة المسح

الميـداني عـلى الباحـث تصـميم عينـة عشـوائية تتكـون مـن ٢٥٠ مبحوثـاً معظمهـم يعملـون في نظـم او مؤسسات العدالة الجنائية . اضافة الى المواطنين الذين تهمهم مسألة الامن والجريمة . وقد ساعدتنا طريقة المسح الميداني على تكوين ٣٢ جدولاً احصائياً تمت عمليـة تحليلها باستخدام مقـاييس الارتبـاط والاوزان الرياضية للمتغيرات واختبار مربع كاي والوسط الحسابي والانحراف المعياري ، اضافة الى النسب المئوية .

ان الدراسة التي تقع في بابين رئيسيين هما الباب النظري والباب الميداني تضم عدداً من المباحث النظرية والميدانية. فمن المباحث النظرية نظم العدالة الجنائيـة المتمثلـة بالقـانون وقـوى الامـن الـداخلي ومؤسسات الاصلاح الاجتماعـي ودورهـا في مكافحـة الجريمـة . أمـا الدراسـة الميدانيـة فتقـع في عـدد مـن المباحث هي البيانات الاساسية لوحدات العينة التـي تصـف الظـروف الاجتماعيـة والاقتصادية والتربويـة للمبحوثين ، ودور القضاء لاسيما القـانون في مكافحـة الجريمـة ، ودور قـوى الامـن الـداخلي (الشرطة) في مكافحة الجريمة ، ودور مؤسسات الاصلاح الاجتماعي في مكافحة الجريمة.كـما يتنـاول البـاب الميـداني مـن الدراسة مبحث المعوقات التي تواجه نظم العدالة الجنائية في فترة الحـرب والاحـتلال . واخـيراً يهـتم هـذا الباب بالتوصيات والمعالجـات الاجرائيـة لمواجهـة المعوقـات التـي تضـعف دور نظـم العدالـة الجنائيـة في المجتمع .

لقد ركزت الدراسة الميدانية على قياس فاعلية نظم العدالة الجنائية كل على انفراد عبر الاستفتاء الذي اجراه الباحث مع منتسبي هذه النظم، مع دراسة ماهية الاجراءات التي تتخذها هذه النظم لتكـون فاعلة ومؤثرة في اداء مهامها الامنية . واخيراً التعرف على ماهية الصـعوبات والمعوقـات التـي تواجـه نظـم العدالـة الجنائيـة مـن خـلال الاسـتفتاء نفسـه لـكي يصـار الى معالجتهـا ووضـع نهايـة لهـا في التوصـيات والمعالجات .

لقد اظهرت نتائج المسح الميداني بأن من اكثر نظـم العدالـة الجنائيـة فاعليـة هـي قـوى الامـن الداخلي (الشرطة) اذ اشر ذلك ١٢١ مبحوثاً من مجموع ٢٥٠(٤٨%) يليها في الفاعلية القضـاء (المحـاكم) الذي اشره ١٠٥ مبحوثاً (٤٢%) ، ثم مؤسسات الاصلاح الاجتماعي التي اشرها ١٠١ مبحوثاً (٤٠%) .

المصادر المستخدمة في الدراسة

(١)   Smith Hary, Criminal Justice in Modern Society, New York , John Wiley, ١٩٨٢, P. ١٤.

(٢)   Cressey, D. The Theory of Criminal Justice, in " Crime", Holts. Gleucoe, ١٩٨٥, P. ٤٣.

(٣)   Smelser Neil. Collective Behaviour and Crime, New York, John Wiley, ١٩٧٧,P. ١٢٢.

(٤)   Johnson, H. Sociology. A Systematic Introduction, ٤ th Ed. London, Routledge and Kegan Paul, ١٩٧٤,P. ٥٨٣.

(٥)   Ibid.,P. ٥٨٥.

(٦)   Ibid.,P. ٥٩١.

(٧)   Cressey, D. Crime,P. ٤٣.

(٨)   Smelser, Neil. Collective Bahaviour and Crime, P. ١٢٥.

(٩)   Ibid.,P. ١٣١.

(١٠)   Johnson, H. Sociology,A Systematic Introduction,P. ٥٩١.

(١١)   Moser, C. A. Survey Methods in Social Investigation, London, Heinemann, ١٩٧٣, P. ٢١٠.

(١٢)   Ibid.,P. ٢٨٠.

(١٣)   Spiegel. M. Theory and Problems of Statistics, New York, ١٩٧٤, Schummann, P. ١١٢.

(١٤)   Clinard, M. Anomie and Deviant Bahaviour, New York, The Free Press,١٩٦٤, P.١٠.

(١٥)   Ibid.,P. ١٢.

(١٦)   Benn, and R. Peters, Social Principles and the Democratic State, London , George Allen and Unwin, ١٩٨٩,P. ٥٧.

(١٧)   Ibid., P. ٥٩.

(١٨)   Ibid.,P. ٧٣.

(١٩)   الحسن، احسان محمد (الدكتور). سبل توطيد العلاقة بين الشرطة والجمهور، مديرية الشرطة
        العامة ،بغداد، ١٩٨١، ص ١١-١٢.

(٢٠)   كارة، مصطفى عبد المجيد(الدكتورة). مقدمة في الانحراف الاجتماعي، معهد الانماء العربي
        ،بيروت، ١٩٨٥، ص ٥٩.

(٢١)   Wade, C.M. The Modern Police, London, Macdonald Press, ١٩٨٣,P. ٦.

(٢٢)   عريم، عبد الجبار، السجون الحديثة، بغداد، مطبعة المعارف ، ١٩٦٧، ص ٥.

(٢٣)   المصدر السابق، ص٧ .

(٢٤)   المصدر السابق ، ص ١٠.

(٢٥)   الحسن،احسان محمد(الدكتور). مهام مجالس الشعب من وجهة نظرعلم الاجتماع السياسي،
        بغداد، مطبعة دار السلام، ١٩٩١، ص٣٧.

(٢٦)   المصدر السابق، ص ٤١.

(٢٧)   Handbook of Hcusehold Surveys , United Nations, New York, ١٩٦٤,P. ١٦.

(٢٨)   Ibid.,P. ٢١-٢٣.

(٢٩)   Ibid.,P. ٣١-٣٣.

(٣٠)   Floud, Jean. Sociology of Education, London, Eggleston Press, ١٩٨٣, P.٥٥.

(٣١)   Fraser, Allen. Education Motivation in Urban Setting, London, Longman, ١٩٧٨,P. ٨٦.

الفصل الحادي عشر

تأثير الاسلام في النظم والتشريعات الاجتماعية

مقدمة تمهيدية:

يضع الاسلام الضوابط والنظم والتعليمات التي تسير عليها جماعات ومؤسسات المجتمع على اختلاف اغراضها واتجاهاتها ومساراتها التفاعلية والسلوكية ٠فالاسلام لايهتم بشؤون العبادات والقضايا الروحية فحسب بل يهتم ايضا بتنظيم شؤون الانسان والمجتمع على حد سواء. ذلك ان الاسلام هو مصدر القوانين والاحكام والضوابط التي تنظم مؤسسات المجتمع واساس التشريعات التي تسيطر على الامور الدنيوية اذ تحدد اتجاهاتها واهدافها وترسم برامجها وتربط البرامج بالاهداف [١] . كما ان الاسلام ينظم العلاقات بين الناس ويحدد طبيعة سلوكهم ويرشدهم الى جادة الحق والصواب ويمكنهم من التمييز بين الفعل الصالح والفعل الرديء ويحثهم على الالتزام بقيم الصدق والنزاهة والاستقامة والابتعاد عن الكذب والرذيلة والاعوجاج واذا ما تمسك المؤمنون بقيم الاسلام وجسدوها في سلوكهم اليومي والتفصيلي وتبنوا مبادىء الحق والانصاف فان الامة الاسلامية لابد ان تستقيم وتنصلح وتكون قادرة على بلوغ طموحاتها واهدافها المنشودة ٠

لقد نظم الاسلام الجماعات والمؤسسات وان تنظيمه لها قد جعل منها ادوات فاعلة لنمو المجتمع وتطوره في المجالات كافة ٠ حث الاسلام على اهمية العلم والمعرفة وضرورة التزود بهما مهما تكن ظروف المؤمن ، ودعا الى استعمال العلم والمعرفة في تحسين ظروف الفرد والمجتمع وتطوير شؤون الحياة [٢] كما نظم الاسلام القضايا الاقتصادية وحث الافراد على ضرورة اجراء التوازن بين الامور المادية والامور الروحية [٣]،الالتزام بمبدأ الحفاظ على الثروة من الضياع والتبذير والحرص على مساعدة الفقراء والمحتاجين وابناء السبيل ٠ كذلك طلب الاسلام من المؤمنين احترام المراة والحفاظ على حقوقها وصيانة حرمتها وشرفها ، مع تنظيم علاقتها باولادها

وزوجها واقاربها • كذلك شرع الاسلام القوانين الدقيقة والمفصلة التي تنظم شؤون الاسرة والقرابة والزواج • ذلك ان الاسرة في الاسلام هي حجر الزاوية لبناء المجتمع. لذا دعا الاسلام الى ضرورة الاهتمام بها ورعاية شؤونها وحل مشاكلاتها على نحو عقلاني هادف. كما امر الاسلام بتوثيق العلاقات بين الاسرة واقاربها والحفاظ على صلات القرابة وحمايتها من اخطار التفكك والتحلل لان العائلة لا يمكن ان تؤدي مهامها والتزاماتها تجاه المجتمع دون مساعدة الاقارب لها • اما الزواج فقد حدد الاسلام قوانينه وضوابطه بحيث اصبح اساسا للاسرة الصالحة، فالاسرة تعتمد على الزواج وانجاب الذرية التي حدد الاسلام نصوصها من خلال التاكيد على التالف والرحمة بين الزوج والزوجة وبين الوالدين والابناء • زد على ذلك ان الاسلام شرع القوانين التي تنظم الارث وتحدد حق الابناء في اقتسام التركات وتوزيعها بينهم توزيعاً عادلاً حسب ما جاء في القران الكريم •

وينبغي ان لا ننسى اهمية الاسلام في حث الناس على الجهاد في سبيل الله واعلاء كلمة الله سبحانه وتعالى ومقاتلة الكافرين والمتآمرين على سلامة الامة وقوتها وعزتها • علما بان الجهاد في سبيل الدفاع عن الدين وشرائعه السماوية السمحاء ونشر العدالة والمساواة والانصاف بين البشر لايمكن لهما ان يتحققا دون وجود القيم السلوكية الفاضلة التي يوصي بها الدين ويطلب من الناس ضرورة التمسك بمفرداتها والتحلي بشمائلها .

بعد هذه المقدمة عن تاثير الاسلام في النظم الاجتماعية وتشريعاتها علينا تناول اربعة مواضيع اساسية هي :-

المبحث الاول : مفهوم النظم والتشريعات الاجتماعية •

المبحث الثاني : التاثيرات الاسلامية في النظم الاجتماعية •

المبحث الثالث : الاسلام كمصدر للتشريع •

المبحث الرابع : اثر النظم الاجتماعية في سلوكية وعلاقات المسلم •

والان علينا دراسة هذة الموضوعات مفصلا •

المبحث الاول : مفهوم النظم والتشريعات الاجتماعية

هناك عدة مفاهيم لمصطلح النظم الاجتماعية اهمها مجموعة الاحكام والضوابط والقوانين التي تحدد سلوكية الافراد وعلاقاتهم الاجتماعية اليومية والتفصيلية [٤]٠ او انها انساق المجتمع ومقوماته ، وبلانساق والمقومات نعني الاحكام التي تنظم حقوق وواجبات الادوار الاجتماعية التي يشغلها الافراد في الجماعات الاجتماعية بانواعها الصغيرة والكبيرة ، الرسمية وغير الرسمية ، الاولية والثانوية ، الداخلية والخارجية ، وتنظم العلاقات الاجتماعية بانواعها العمودية والافقية والرسمية وغير الرسمية والدائمية والمؤقتة [٥]٠ كما تعني النظم الاجتماعية السياقات التي تحدد الطريقة التي من خلالها تتم عملية الترتيب والتنسيق والتناغم بين اجزاء المجتمع المادية منها والروحية [٦]٠ اما النظم الاجتماعية في الاسلام فهي الاحكام والضوابط التي ترسم النماذج السلوكية للمسلم وتحدد قيمة ومقاييسه الاجتماعية وتوضح مسارات علاقته الانسانية باخيه المسلم وتؤشر ماهية حقوقه وواجباته في المجتمع ٠ وتعتمد النظم الاجتماعية في الاسلام على دعائم قرانية وركائز بنيوية ، ويعد القران الكريم المصدر الاول للنظم الاجتماعية الاسلامية ، وتعد السنة المصدر الثاني بعد القرآن الكريم وهي للقرآن شارحة ومبينة ومؤكدة فهي تبين بوضوح ما جاء مجملا فيه كقول الرسول محمد صلى الله عليه وسلم (صلوا كما رأيتموني اصلي) بيناً لقوله تعالى (واقيموا الصلاة) ، ومثل قوله صلى الله عليه وسلم (هاتوا ربع عشر اموالكم) بينا لقوله تعالى (واتوا الزكاة) ٠ ومثل ذلك بينا لاعمال الحج والعمرة والبيع٠ كما يعد الاجتهاد المصدر الثالث من المصادر النظم الاجتماعية في الاسلام [٧]٠ ومن ادلة ذلك ان النبي محمد صلى الله عليه وسلم حين بعث معاذ بن جبل الى اليمن ، قال له كيف تقضي اذا عرض لك قضاء ، قال اقضيه بكتاب الله ، قال فان لم تجد قال فبسنة رسول الله ، قال فلن لم تجد قال اجتهد رأيي ، فضرب الرسول على صدره قائلا الحمد لله الذي وفق رسول الله الى ما يرضي الله ورسوله ٠ ان الاجتهاد هو بذل الجهد للتوصل الى الحكم واقعة لم يرد فيها نص من الكتاب او السنّة وذلك باستخدام الوسائل المؤدية

الى استنباط الحكم [٨]٠ اما التشريعات الاجتماعية فهي النصوص القانونية التي تنظم شؤون المجتمع وتحكم سياقات العمل في المؤسسات الاجتماعية عن طريق تحديد حقوق الافراد وواجباتهم[٩]٠ او هي مجموعة القوانين التي شرعتها المجالس القانونية او التشريعية لتنظيم شؤون الأفراد والجماعات بحيث يستتب الامن والنظام في المجتمع وينشر السلام وتتحقق العدالة [١٠]٠ ويعدّ الدين من المصادر الأساسية للتشريعات الاجتماعية لانه جاء لهداية البشر ونشر السلام والوئام والمحبة والتعاون بينهم وتنظيم مجريات حياتهم بحيث لاتتقاطع ارادة أي منهم مع ارادة الآخرين ٠ أما التشريعات الاجتماعية في الاسلام فهي بيان ما تقتضيه الشريعة الإسلامية ٠ علما بان مفهوم التشريع كان مرادفا لمفهوم الفقه في العصور الإسلامية الأولى اذ عرف الفقه في تلك العصور بأنه استنباط الأحكام الشرعية من ادلتها التفصيلية [١١]٠ ومن الجدير بالإشارة هنا الى ان القران الكريم يعد المصدر الأول للشريعة الإسلامية ، هذه الشريعة التي تتسم بالشمولية والكونية اذ لايوجد مجال من مجالات الحياة والمجتمع الا وكان هناك تشريع له يوضح حدوده ويرسم مساره ويحدد طريقه سلوكه وتفاعله مع الأشياء والكائنات الأخرى التي يوجد ويعيش معها٠ اما التشريعات الاجتماعية في الاسلام فقد جاءت لهداية البشر وتنظيم شؤون حياتهم وانقاذهم من شرور الحياة وعذاب الاخرة ٠ والاية الكريمة تجسد الدور المهم الذي يؤديه القران الكريم في تعليم الناس اصول النظم والتشريعات من اجل هدايتهم وتقويمهم وانقاذهم من الشرور والأرجاس والأثام والعذاب الغليظ الذي ينتظرهم في الحياتين الاولى والثانية (وما أتاكم الرسول فخذوه وما نهاكم عنه فانتهوا واتقو الله ان الله شديد العقاب) [١٢]٠

والسّنة النبوية الشريفة بجانب القران الكريم تعد مصدرا أخرا للتشريع في الإسلام ٠ ذلك ان احاديث الرسول صلى الله عليه وسلم يمكن الرجوع أليها كجزء من الأجزاء الأساسية للشريعة الإسلامية ٠ والآية الكريمة توضح اهمية القران الكريم والسّنة النبوية في تنظيم المجتمع الإسلامي وهدايته واحلال السلام والوئام والعدالة فيه (يا أيها الذين امنوا أطيعوا الله وأطيعوا الرسول وأولي الامر منكم فان تنازعتم في شيء فردوه الى الله والرسول ان كنتم تؤمنون)[١٣]٠

المبحث الثاني : التأثيرات الإسلامية في النظم الاجتماعية

لقد اثر الإسلام من خلال نصوص القران الكريم والسنّة النبوية الشريفة والاجتهاد الديني في النظم والتشريعات الاجتماعية تأثيرا كبيراً ، هذه النظم والتشريعات التي مكنت المجتمع العربي الاسلامي من الاستقرار والتقدم والتنمية في جميع شؤون الحياة ومجالاتها ٠ أما التأثيرات الإسلامية التي تركت بصماتها على النظم الاسلامية واعطتها طابعا متفردا بها يخضع لمبادىء الاسلام وأوامره فيمكن تحديدها بالنقاط التالية :

١- لقد حدد الإسلام القواعد الملزمة التي تنظم سلوك الناس وممارستهم اليومية والتفصيلة ، ووضح ماهية الواجبات التي يضطلع بها الإفراد وحقوقهم ،وبين الأسس والمعطيات التي تقوم عليها المساواة والحرية والعدالة الاجتماعية [١٤]٠

٢- تتميز الأحكام والقواعد النظامية التي يقرها الإسلام بانها عامة ومجردة فهي تطبق على الأفراد والجماعات بصورة متساوية ولا يمكن ان يعفى منها أحد مهما تكن الظروف والأسباب [١٥]٠ وحالة كهذه تجعل الأحكام والقواعد الإسلامية ملزمة على الجميع وبالتالي تتمتع بدرجة كبيرة من العدالة والإنصاف٠

٣- ان القواعد النظامية في الإسلام هي قواعد معيارية وظيفية ، بمعنى انها قواعد تعني بتنظيم سلوك الناس في المجتمع سواء كانوا اشخاصا طبيعيين أم اعتباريين ٠ ولكي يتدخل النظام في النواحي السلوكية لابد ان يكون هناك مظهر خارجي لهذه النواحي ، فلا تهتم النظم الوضعية او الإلهية بصفة خاصة بالاحساسات والمشاعر والنوايا الا ما ارتبط منها بالسلوك الخارجي للأفراد كما في حالة القتل مثلا فان النظام يتدخل ويبحث في نية القاتل وهل كان القتل خطأ عن غير قصد أم كان مدبرا ومقصودا ٠ وفي القواعد النظامية

الإسلامية تقترن الأعمال بالنيات ، وتؤخذ النية في الاعتبار عند تقدير الجزاء والعوض، يقول الله سبحانه وتعالى في كتابه الكريم (لايؤاخذكم الله باللغو في ايمانكم، ولكن يؤاخذكم بما كسبت قلوبكم والله غفور رحيم) [١٦]٠ ويقول الرسول محمد صلى الله وسلم (انما الأعمال بالنيات وإنما لكل امرىء ما نوى) ٠

٤- القواعد النظامية في الإسلام هي قواعد اجتماعية ،فالهدف منها شؤون الحياة والمعيشة وتنسيق التفاعل بين الناس وجعل حياتهم مرفهة ومستقرة ومتبادلة[١٧]، أي ان الناس يعتمدون بعضهم على بعض ٠ وان الإنسان اجتماعي بالطبع فهو لا يستطيع العيش منعزلا عن ابناء جنسه وملته ٠

٥- القواعد النظامية وثيقة الصلة بالدين ، فالدين وبصفة خاصة الإسلام يرتبط بالنظم ارتباطا وثيقا بل انه يولي جل اهتمامه بالنظم لانها السبيل الوحيد لتنظيم علاقات الناس وسلوكهم [١٨]٠

ان الإسلام هو تعاليم سماوية ورسالة منزلة على الرسول ليبلغ الناس بها للسير بموجبها والايمان بها (يا أيها الرسول بلغ ما أنزل اليك من ربك ، فان لم تفعل فما بلغت رسالته والله يعصمك من الناس ان الله لايهدي القوم الكافرين) [١٩] ٠ ومن الجدير بالذكر ان النظم الاجتماعية في الإسلام إنما تتميز بالصفات التالية :

١- **مصدرية التنظيم :** أي ان التنظيم الإسلامي يعتمد على القران الكريم والسّنة النبوية الشريفة والاجتهاد الديني ٠ ومصدرية التنظيم تضفي على النظم الإسلامية طابع فريد ومميز يتسم بالرسوخ والعزة والكرامة والعدالة والابتعاد عن الأنانية والتعصب [٢٠]٠

٢- **طبيعة التنظيم وعموميته :** ان التنظيم الإسلامي يلائم الفطرة ولا يحابي جنسا من الأجناس أو قوما من الاقوام ولا يتصف بالخصوصية بل يؤمن بالمساواة وينادي بوحدة بني الإنسان ٠

٣- **التكاملية والشمولية :** تتكامل النظم الاجتماعية وتتساند من اجل الخير العام، فمن إقرار المبادىء الى الاعتراف بحقوق الانسان الى التنظيم المتكامل ادارياً وسياسياً وتكافلياً ومالياً وجنائياً ومدنياً وتجارياً وخلقياً ٠ وكل ذلك يكون بطريقة شاملة موجهة للجميع لاتتصف بالجزئية في أي جانب من جوانبها ٠ يقول الله سبحانه وتعالى في كتابه الكريم بخصوص هذه الصفة (ان الله يعلم غيب السموات والأرض والله بصير بما تعملون)[٢١] ٠

٤- **الدنيوية والأخروية :** الإسلام ليس عقيدة فقط تهدي الى الأساليب المثلى في علاقة الناس بخالقهم كالتوحيد الذي لا تشوبه شائبة (قل هو الله احد الله الصمد لم يلد ولم ويولد ولم يكن له كفوا أحد)[٢٢]٠ او كالتكامل الذي يغرس الايمان يدعو الى العمل الأخروي (قل من ذا الذي يعصمكم من الله اذا أراد بكم سوءا او أراد بكم رحمة ولا يجدون لهم من الله وليا ولا نصيرا)[٢٣]٠ بل انه ايضا دستور للعمل الدنيوي يوضح كل ما يتعلق بالصلات الانسانية والمعاملات المجتمعية والشورى وغير ذلك من الامور الدنيا ٠ ولا يعد الإسلام العبادة مجرد إقامة الشعائر الدينية ولكنها الحياة كلها خاضعة لشريعة الله ، فكل عمل دنيوي نافع وخير فيه عبادة ويفيد المرء في أخرته ٠يقول الرسول الأعظم محمد صلى الله عليه وسلم (الساعي على الأرملة والمسكين كالمجاهد في سبيل الله او القائم الليل الصائم النهار) ٠

٥- **الحركة والتلاؤمية :** بالرغم من ترسيخ وثبات القواعد النظامية الإسلامية فإنها تتسم بالمرونة وتتمتع بالداينميكية وسعة الحوار الفكري العقلاني وتبني الاراء النزيهة التي تحقق مصالح الفرد والمجتمع وتدرأ المفاسد والأخطار ٠كما يبيح الاسلام من القوعد النظامية منفعته وتتحقق ملاءمته ويحرم ما يغلب المفسدة ويعوزه التلاؤم

وتتسم حركية القواعد النظامية وتلاؤميتها بصفات مهمة كتوافقها مع العصور والبيئات ومسايرتها لتطور المجتمع واستجابتها للحاجات الجديدة والاتجاهات الحضارية المستحدثة التي لا تتعارض مع جوهرها ٠

٦- **التكافؤية والتبادلية** : توفر القواعد النظامية الإسلامية التي تقوم على اساس من العدل وتكافؤ الفرص وتبادل المنافع والخبرات والإيثار وغير ذلك من ضروب المشاركة التي تهدف الى توفير العدل للجميع[٢٤].

٧- **العملية والواقعية** : فحياة الناس وقواعد تنظيمها تقوم على اسس واقعية لا ظنية ، فالنظم المالية مثلا تعد خير ما تنشده البشرية ويراه علماء الاقتصاد ويتقبله ويقتضيه واقع المجتمع ٠ وكذلك الحال في النظام الجنائي (ولكم في القصاص حياة يا اولي الالباب لعلكم تتقون)[٢٥] ٠ وفي النظام التجاري قوله تعالى (يا أيها الذين امنوا اذا تداينتم بدين الى اجل مسمى فاكتبوه وليكتب بينكم كاتب بالعدل)[٢٦]٠ وواقعية القواعد النظامية يمكن ان نستشفها ايضا من قوله تعالى (ولكل درجات مما عملوا وما ربك بغافل عن ما يعملون)[٢٧]٠

٨- **الارتباطية والتضامنية** : تسمو القواعد النظامية الإسلامية بالتأكيد على الارتباط القائم بين افراد المجتمع وتضامنهم للدرجة التي توثق الصلة بين الايمان ومد يد العون للاخرين (ارأيت الذي يكذب بالدين ٠٠٠)

٩- **التسامحية السلمية** : من المباديء النظامية المقررة في الاسلام ماتدعو اليه الشريعة من ضرورة العدوان مع الدعوة الى الامان والسلام والتسامح كقوله تعالى (وان جنحوا للسلم فاجنح لها وتوكل على الله انه هو السميع العليم)[٢٨] ولا تعني التسامحية والسلمية التفريط في الحقوق او الخنوع للاعداء بل لابد للتسامح من عزة وللسلم من كرامة ٠ يقول الله في كتابه الكريم (وقاتلوا في سبيل الله الذين يقاتلونكم ولا تعتدوا ان الله لايحب المعتدين) [٢٩]٠ تحكم قواعد الحرب اذا لم

يكن مفرا منها قواعد التكريم الانساني فلا يقتل النساء والصبيان والشيوخ ويعامل الاسرى معاملة انسانية مع المحافظة على اعراض المنكسرين وممتلكاتهم

١٠- الاعترافية والختامية : القواعد النظامية الاسلامية تأخذ في الاعتبار الشرائع التي سبقته ، وشريعتها في الوقت نفسه خاتمة الشرائع ، الامر الذي يجعل المجتمع الاسلامي المفتوح ونظمه الرحيبة ملجأ وملاذا يوفر المعايشة والامن للجميع ، كما يقرر الاسلام حق اللجوء السياسي لمن يطلبه حتى يكون في مأمن على نفسه وعرضه وماله ولو كان من المشتركين٠ وهذا ما اشارت اليه الاية الكريمة في قوله تعالى (عفا الله عما سلف ومن عاد فينتقم الله منه والله عزيز ذو انتقام) (٣٠)

١١- العلمية والبرهانية : يخاطب القران الكريم وهو الاساس الاول للتنظيم المجتمعي الاسلامي العقول في العديد من الايات ويحثهم على المشاهدة والبرهان فيقول سبحانه وتعالى (قل انظروا ماذا في السموات والارض وما تغني الايات والنذر عن قوم لايؤمنون) (٣١)، وقوله تعالى (او لم يروا الى الارض كم أنبتنا فيها من كل زوج كريم) (٣٢) ، وقوله (قل سيروا في الارض فانظروا كيف بدأ الخلق) (٣٣) ٠ والقواعد القرانية التي تدفع وتحض على استخدام العقل وامعان الفكر وتحريره كثيرة منها (ان في خلق السموات والارض واختلاف الليل والنهار والفلك التي تجري في البحر بما ينفع الناس، وما انزل الله من السماء من ماء فأحيا به الارض بعد موتها، وبث فيها من كل دابة وتصريف الرياح والسحاب المسخر بين السماء والارض لايات لقوم يعقلون) (٣٤) ٠ وقوله تعالى (افلا ينظرون الى الابل كيف خلقت والى السماء كيف رفعت والى الجبال كيف نصبت والى الارض كيف سطحت) (٣٥) ٠

واما بالنسبة الى حرية العقيدة فالقواعد النظامية الاسلامية ستظل الى ان يرث الله الارض ومن عليها رائدة البشرية في هذا المجال ، قال تعالى (لا اكراه في الدين) ، وقال جل شأنه (وما على الرسول الا البلاغ المبين) (٣٦)، وقال سبحان وتعالى (قل انما العلم عند الله وانما انا نذير مبين) (٣٧)

المبحث الثالث : الإسلام كمصدر للتشريع

من الخصائص الاساسية التي تميز بها الاسلام على سائر الديانات شموليته وتكامليته كما وضحنا ذلك في المبحث السابق حيث ابرزنا تعدد الجوانب التي يعالجها الاسلام والتي تخص مجالات الحياة كافة . ان المتصفح للقران الكريم والسنة النبوية الشريفة يمكنه ان يدرك بسهولة مدى اتساع الشريعة الاسلامية ورحابة مجالاتها لتشمل التشريع والنظم التي ترتب امور الحياة للمسلمين وتحدد السمات الرئيسية لمجتمعهم وتوازن بين حقوقهم وواجباتهم . ان تشريعات الاسلام كما وردت في القران الكريم والاحاديث النبوية الطاهرة انما تلبي كل احتياجات الفرد والمجتمع بل وتتعدى ذلك الى تنظيم العلاقات بين الدول حيث يضع الاسلام المعايير المحددة لعلاقة الدولة الاسلامية بالدول الاخرى من النواحي السياسية والاقتصادية والاجتماعية والعقائدية . كما انه ينظم علاقات الجوار ويرسم الظروف التي تدعو الى السلم والحرب . غير ان الاسلام ينبذ الحرب دائما ويدعو الى السلم والتفاهم والانسجام بين الدول والشعوب سواء كانت مسلمة او غير مسلمة.

غير ان الحياة في المجتمع الاسلامي لايمكن ان تستقيم وتستقر الا اذا سادت فيه الشريعة الاسلامية ، ومن ابرز مظاهر هذه السيادة ان تكون الشريعة المصدر الاساسي للتشريع وصياغة القوانين وفض المنازعات وتحقيق العدل بين الناس كقوله تعالى (يايها الذين امنوا اطيعوا الله واطيعوا الرسول واولي الامر منكم ، فان تنازعتم في شيء فردوه الى الله والرسول ان كنتم مؤمنين بالله واليوم الاخر ، لذلك خير وأحسن تأويلا) [٣٨] .

ان التشريع الذي يتخذ الدين مصدرا له انما يوفر ركنا اساسيا في حياة المجتمع الاسلامي بجانب الركن الاخر وهو العقيدة السليمة النابعة من الكتاب والسنّة . ويوضح لنا سيد قطب ذلك بقوله ((ان استئناف حياة اسلامية لايتم بمجرد وضع تشريعات وقوانين ونظم مستجدة من الشريعة الاسلامية ، فهذا ركن واحد من ركنين

يعتمد عليها الاسلام دائما في اقامة الحياة وهو الركن الثاني • اما الركن الاول فهو العقيدة الصحيحة التي تفرد الله سبحانه وتعالى بالالوهية ، ومن ثم تفرده بالحاكمية وتنكر على غير الله ان يدعي حق الالوهية بادعاء حق الحاكمية ومزاولتها[٣٩] •

وسبق ان المحنا الى ماتضفيه مصدرية التنظيم على المجتمع الاسلامي من خصائص توفر المساواة وتحقق العدالة الاجتماعية • زد على ذلك ان الاسلام منذ بدايته لم يهتم بتنظيم شؤون الحكم والاقتصاد والعلاقات والتشريع فقط بل كان مهتما ايضا بشؤون العبادات وتنظيم العلاقات الروحية المقدسة بين الخالق والمخلوق • علما بأن وحدة الحياة الاجتماعية مع الحياة الروحية المتعلقة بالعبادات قد كونت نسقا مترابطا هو الدين الاسلامي •

والاسلام الذي يوضح للناس منهج حياتهم ليس هو نظاماجامدا لان افكاره وطروحاته وممارساته قابلة للزيادة والنمو على مر السنين غير انها ليست قابلة للتحوير او التعديل او المزج في الاصل والاتجاه • لقد تضمن دستور الدولة الاسلامية ، أي الشريعة الاسلامية الاصول العامة التي يقوم عليها التشريع لتكون للمجتمعات الاسلامية الفرصة في كل عصر بأن تفصل قوانينها حسب مصالحها دون ان يتناقض ذلك مع احكام الشريعة او نصوصها او روحها •

ان الشريعة الاسلامية التي تعد المصدر الاول للتشريع الذي ينظم شؤون المجتمع انما تتسم بالمواصفات الآتية :-

١- مرونة الشريعة الاسلامية وقابليتها للتكيف مع مختلف البيئات والعصور فضلا عن سعيها لتحقيق غايات الافراد في الحياتين الاولى والثانية[٤٠] •

٢- ان الدولة باعتبارها ركيزة السلطة التي تتمثل فيها ظاهرة القوة تتكامل في نظر الشريعة الاسلامية مع الدين ، الامر الذي يضفي على التشريع الاسلامي سمات الاستقرار والحياد والعدالة •

٣- يراعي التشريع الذي مصدره الدين مناخ الشريعة السمحة الذي يولي التيسير علىالناس ورفع الحرج عنهم كل اهتمام ، الامر الذي جعل اوامر الاسلام في نطاق القدرة البشرية ٠وتدعم هذا القول الاية الكريمة (وليعفوا وليصفحوا الا تحبون ان يغفر الله لكم والله غفور رحيم)[٤١]٠

٤- التدرج في الاحكام هو من سمات الاحكام التكليفية في الشريعة السمحة٠ وقد كان لهذه الصفة اثرها في تهيئة النفوس وانطباعها ٠ فالخمر والميسر كانتا من الظواهر المتفشية عند العرب في بداية التشريع وقد تدرجت نصوصه الىان نزلت الاية الكريمة (انما الخمر والميسر والانصاب والازلام رجس من عمل الشيطان فاجتنبوه لعلكم تفلحون) [٤٢]

٥- من الخصائص المتأصلة في التشريع الاسلامي مسايرة احكامه للصالح العام في المجتمع ٠ ويمكننا ان نتبين ذلك من امور كثيرة في الكتاب والسنّة.

٦- توفير العدالة : ذلك ان البشر جميعا يعدون في نظر الشريعة سواسية ومتساوون في الكرامةالانسانية وفي اصل التكليف والشمولية ٠ وقد وضح ذلك الرسول محمد صلى الله عليه وسلم في خطبة الوداع حيث قال (ايها الناس ان ربكم واحد وان اباكم واحد كلكم لادم وادم من تراب، ان أكرمكم عند الله اتقاكم ، وليس لعربي على اعجمي ولا لاعجمي على عربي ولا احمر على ابيض ولا ابيض على احمر فضل الا بالتقوى ، الا هل بلغت، اللهم فاشهد، الا فليبلغ الشاهد منكم الغائب)٠

٧- كفالة الحقوق العامة والحريات في الاسلام تتضح ريادتها على ماعداها اذا ماقورنت صيغها العديدة المستمدة من الكتاب والسنة غالبا، والقياس والاجماع احيانا ، بما يشبهها بما هو وارد في التشريعات الاخرى ٠ بما فيها وثيقة الاعلان العالمي لحقوق الانسان الصادة في باريس عام ١٩٤٨ عن الجمعية العامة للامم المتحدة ٠

٨- تعد الشورى من السمات الواضحة في الشريعة الاسلامية واصل من اصول الحياة في الاسلام ، وان الديمقراطية التي ينادي بها الغرب المعاصر انما هي ادنى مرتبة من الشورى التي يدعو اليها الاسلام ، فالشورى في الاسلام هي وثيقة الصلة بقيم اخلاقية ، ومسؤوليات دينسة لاتخاذ القرار الافضل لمصلحة الاسلام والمسلمين دون أي اعتبار انتهازي او نفعي اخر. ثم ان الاسلام لم يحدد للشورى طريقة معينة او نظاما خاصا تاركا كيفية تطبيقها لظروف المجتمعات ومقتضياتها ٠

ان هذه الخصائص وتلك السمات توضح لنا بعض ما للتشريع المستمد من الدين من مبادىء وقواعد تجعله بحق اصلح من غيره للرجوع اليه واتخاذه مصدرا للتشريع ٠ ومما هوجدير بالذكر ان الاسلام في سعيه لاقامة المجتمع على اركان قوية لم يحصر سياسة الحكم على التشريع فقط بل جعل الى جانبه سلطة رقابية اعلى هي المولى عز وجل فهو حاضر ورتيب فالحاكم والمحكوم مطالبان برعاية الله في كل عمل ذلك ان تقواه وخشيته هي صمام الامان في تحقيق العدالة والمساواة والانصاف ٠

المبحث الرابع : اثر النظم الاجتماعة والتشريعات في سلوكية وعلاقات المسلم

ينطوي الإسلام على مجموعة متكاملة من النظم والتشريعات الاجتماعية والاخلاقية التي من شانها ان تحدد طبيعة سلوكية المسلم وتنظم علاقاته بالاخرين تنظيما يؤدي الى التضامن والتعاون والتكافل بين ابناء المجتمع الاسلامي. فالإسلام يدعو الى القيم السلوكية الفاضلة والمثل الأخلاقية القويمة التي هي عماد المجتمع الإسلامي الفاضل ٠ كما انه في الوقت ذاته يدعو الى نبذ الأحقاد والخلافات والممارسات الضارة كالأنانية والكذب والرياء والنفاق وجلب الأذى والضرر للأخرين، ويحارب القيم الملتوية والمستهجنة كالأنانية وحب الذات والتكبر والغرور والاعتداد بالنفس وإهانة الاخرين والمبالغة بإظهار عيوبهم وهفواتهم وتجريح شعورهم والإساءة الى حسبهم ونسبهم والتقليل من شأنهم وقيمتهم في المجتمع وإظهار الفوارق الاجتماعية بينهم كالعصبية القبلية والجاه واليسر والثراء والانحدار القومي والطبقي والقبلي،هذه الفوارق التي تمزق كيان الأمة الإسلامية وتقوض أركانها الأساسية ٠

لقد دعا الإسلام من خلال نظمه وتشريعاته التي جاء بها القران الكريم والسّنة النبوية الشريفة الى ضرورة التمسك بالعديد من القيم والممارسات الإيجابية التي تقوي بناء الأمة وتعزز كيانها وتضفي اليها أسباب النهوض والأقتدار٠ ومن أهم هذه القيم والممارسات العدالة والمساواة بين الناس ٠ فالعدالة تقوم الخطأ وتوزع الحقوق وتصون كرامة الإنسان اذ يشعر بأن هناك من يحمي حقوقه ويدافع عنه ويضمن حرياته ويزيل عنه اسباب الظلم والقهر والتعسف الاجتماعي [٤٢]٠ لذا دعا الإسلام الى التمسك بالعدالة والسعي لنشرها وترسيخها في المجتمع واعتبارها أساس الحكم وفض المنازعات بين الناس ٠ وأهمية العدالة للمجتمع الإسلامي توضحها الاية الكريمة (يا أيها الذين أمنوا كونوا قوامين بالقسط شهداء لله ولو على انفسكم) [٤٤]٠

وفي الوقت الذي دعا فيه الإسلام الى العدالة والإنصاف فانه كان يدعو الى محاربة الظلم والوقوف بحزم وشدة ضده لان الظلم يدعو الى الفتنة والانحراف وتهديم كيان الأمة والمجتمع ٠ وقد حذر الله سبحانه وتعالى عباده من مغبة الظلم وأثاره الوخيمة على الشخص الذي يمارسه وعلى الأشخاص الذين يتضررون منه. فالظلم غالبا ما يقود الى الثورة والانفجار لان المظلوم يتحول الى قوة جبارة تطيح بالظالمين وتعيد اليه حقوقه المشروعة والثابتة ٠ والظلم لايمكن ان يستمر لان حجته واهية وأساليبه ملتوية وأهدافه شريرة وخائبة وان المتمسكين به لابد ان يسقطوا ويكونوا عبرة لمن اعتبر ٠ وقوله تعالى يوضح ذلك (أن الله لا يهدي القوم الظالمين)[٤٥] ٠ وقوله تعالى في سورة اخرى (ومن يظلم منكم نذقه عذابا كبيرا ٠)

ومن تعاليم وتشريعات الإسلام المتميزة الدعوة الى الصبر لان الصبر هو مفتاح الفرج٠ لقد دعا الله سبحانه وتعالى عباده الصالحين الى التمسك بفضيلة الصبر لان الصبر يجعل المسلم يتحمل مشاق الحياة وويلاتها ويقاوم مواطن الخلل والزلل ويتعفف عن الملذات والشهوات والخطايا التي قد يقع بها ٠ كما ان هناك إشارات كثيرة في القران الكريم بأن الله دائما يقف مع الصابرين ويمكنهم من حل مشكلاتهم ومعاناتهم والانتصار على المشركين ٠ والايات الكريمة تحث المسلمين على الصبر وتوضح لهم بان الله مع الصابرين (واستعينوا بالصبر والصلوات وانها لكبيرة على الخاشعين)[٤٦]، (يايها الذين امنوا استعينوا بالصبر والصلوات ان الله مع الصابرين) [٤٧] ٠ كما تتجسد قيم وممارسات الاسلام ، التي تؤكد عليها النظم والتشريعات الاسلامية ، في الطاعة ٠ وبالطاعة نعني الاستسلام لارادة الله سبحانه وتعالى وارادة رسوله الامين وارادة القادة والمسؤولين عن شؤون الامة الاسلامية ومستقبلها ٠ ان طاعة الله ورسوله واولى الامر والاستسلام لارادتهم هو خير من طاعة النفس البشرية لان النفس البشرية لامارة بالسوء ، وان الانصياع لارادتها قد يجلب الشر والاذى للانسان ويجعله يندم على فعلته٠ اما الانصياع لارادة الله ورسوله واولى الامر فيتجاوب مع المصلحة العامة ويتناغم مع عنصر الخير والمحبة والسلام ٠ والاية الكريمة توضح

ضرورة تمسك المؤمنين بالطاعة لاسيما في حالة نزاعهم وخصومتهم فيما بينهم (يا أيها الذين آمنوا اطيعوا الله واطيعوا الرسول واولي الامر منكم فأن تنازعتم في شيء فردوه الى الله ورسوله ان كنتم تؤمنون) .

ومن قيم وشمائل الاسلام التي يتباهى بهاالمسلمون في مشارق الارض ومغاربها الصدق في القول والعمل والتعامل مع الاخرين . ذلك ان الصدق في القول والعمل انما ينهى عن الفحشاء والمنكر . فالصادق هو الشخص الناجح في اعماله والمحبوب من الناس والمقرب الىالله سبحانه وتعالى في الحياتين الاولى والثانية . بينما الكذاب هو الغشاش والمنافق والفاشل في اعماله والمستهجن من الناس والبعيد عن الله لان الله سبحانه وتعالى لايحب الكذابين والمنافقين وسيعد لهم عذابا اليما في الحياتين الاولى والثانية . اذا من مصلحة الفرد ان يكون صادقا لان الصدق هو سمة اساسية من سمات الايمان ، والصدق ينبغي ان يكون مع النفس ومع الاخرين . وان الله سيحاسب الناس على صدقهم ،فاذا كانوا صادقين فانه سيدخلهم جنات تجري من تحتها الانهار ، بينما اذا كانوا كاذبين فانه سيعتبرهم كافرين ويعد لهم عذابا اليما . والاية الكريمة توضح اهمية قيمة الصدق للمؤمنين (ليسئل الصادقين عن صدقهم واعد للكافرين عذابا أليما) [٤٩] .

وترتبط قيمة الصدق بقيمة الامانة في الاسلام ، فالصادق هو الشخص الامين، بينما الكاذب هو الشخص غير الامين . ان الاسلام يطلب من المسلمين ان لايكونوا صادقين مع انفسهم ومع الاخرين فحسب بل يطلب منهم ان يكونوا امينين اي يردوا الامانات الى اهلها ولايخونوا من ائتمنهم بالسر والمال . فالمسلم عندما يؤتمن بالسر ينبغي ان يكتمه ولا يبيح به للاخرين لان الاباحة به ستجلب الضرر لصاحب السر، كما ان الامانة او الامانات ينبغي ان ترد الى اهلها كما هي مهما طالت مدة الامانة . اما خيانة الامانة والتلاعب بها فهو عمل منكر يحاسب الله سبحانه وتعالى عليه في الحياتين الاولى والثانية . والاية الكريمة توضح اهمية الامانة وضرورة ردها الى اصحابها (ان الله يامركم ان تؤدوا الامانات الى اهلها) [٥٠] .

كما تدعوا قيم واخلاق الاسلام الى الابتعاد عن النفاق لان النفاق هو شر ورجس من عمل الشيطان ٠ فالنفاق يسيء الى العلاقة الاجتماعية بين الناس ويضر باطرافها ويشق وحدة الجماعة ويفصم عرى عناصرها ويحولها الى جماعة ضعيفة وبائسه لاتقدر على تحقيق ابسط اهدافها ٠ فضلا عن كون النفاق اداة للشقاق والخصومة والاقتتال بين ابناء الامة الواحدة ٠ والله سبحانه وتعالى في كتابه العزيز يحذر المنافقين بالعذاب والنار لان اقوالهم تتناقض مع افعالهم كقوله تعالى (ياايها النبي اتق الله ولاتطع الكافرين والمنافقين [٥١] ٠ وفي اية اخرى يقول الله سبحانه وتعالى في كتابه الكريم (فاصبر لحكم ربك ولاتطع منهم اثما او كفورا) [٥٢] ٠

ومن النظم والتشريعات المهمة في الاسلام التاكيد على الايمان والعمل الصالح ٠ وبالايمان يعني الاسلام الايمان بالله سبحانه وتعالى بالحياة الثانية بعد الموت والايمان بالكتب السماوية الشريفة وبالنبيين الصالحين والايمان بمباديء الدين الحنيف وقيمه الاخلاقية النبيلة والايمان بالسنة النبوية الشريفة وكل ماهو صادق وقويم ٠اما العمل الصالح فهو السلوك الطاهر الذي يقوم المجتمع وينفع الاخرين ويهدي الناس الى الطريق المستقيم ٠ ومن امثلة العمل الصالح التعاون مع الاخرين واحترامهم ومساعدتهم عند الحاجة والاخلاص في العمل والايثار ونبذ التفرقة والانانية والغرور والاقتصاد في النفقات وعدم التبذير ومخافة الله واحترام الكبير والعطف على الصغير والعمل من اجل رفع شأن الاسلام والمسلمين والتصدي لاعدائهم الكافرين ٠ والاية الكريمة توضح اهمية الايمان والعمل الصالح في تقييم الانسان وتثمين اعماله (فمن يكفر بالطاغوت ويؤمن بالله فقد استمسك بالعروة الوثقى) [٥٣] ٠ وهناك ايةكريمة اخرى تربط بين الايمان والعمل الصالح وبين مرضاة الله على المؤمنين والصالحين (ان الذين امنوا والذين هادوا والنصارى والصابئين من امن بالله واليوم الاخر وعمل صالحا فلهم اجرهم عند ربهم ولاخوف عليهم ولا هم يحزنون) [٥٤] ٠

واخيرا تدعو النظم القيمة في الاسلام والشريعة الاسلامية السمحاء الى مساعدة الفقراء والمحتاجين والانفاق عليهم والاحسان لهم ٠ ذلك ان مساعدة الميسورين والاغنياء

للفقراء والمحتاجين انما تعمق وحدة المسلمين وتزيل عنهم اسباب الكراهية والضعينة والبغضاء وتدفع بهم الى التعاون والتضامن والتماسك لتحسين ظروفهم وحل مشكلاتهم واعلاء كلمة الله وتثبيت اسس الدين الحنيف في اعماق الضمائر والعقول. علما بان الذين يساعدون الفقراء والمحتاجن سيجزيهم الله خير الجزاء ويغفر عنهم سيئاتهم ويوفقهم في الدنيا والاخرة . والاية الكريمة تبين الاهمية التي يوليها الله سبحانه لانفاق الاموال في سبيله (مثل الذين ينفقون اموالهم في سبيل الله كمثل حبة انبتت سبع سنابل في كل سنبلة مئة حبة والله يضاعف لمن يشاء والله واسع عليم) [٥٥] اما الاية الكريمة التي توضح بان الصدقات تذهب السيئات فهي (ان تبدوا الصدقات فنعما هي وان تخفوها وتؤتوهاالفقراء فهو خير لكم ويكف عنكم من سيئاتكم والله بما يعملون خبير) [٥٦].

مصادر الفصل الحادي عشر

١- نور ، محمد عبد المنعم (الدكتور) ٠ النظام الديني ، الرياض ، ١٩٨٥ ، ص ٦

٢- حتي ، فيليب واخرون ٠ تاريخ العرب ، بيروت ، الجزء الثاني ، ١٩٥٤ ، ص ٣٦٥ ٠

٣- قطب، محمد ٠ الانسان بين المادية والاسلام، القاهرة، ١٩٦٨، ص ٨٤ ٠

٤- الحسن ، احسان محمد (الدكتور) ٠ البناء الاجتماعي والطبقية ، دار الطليعة ، بيروت ، ١٩٨٥ ، ص ١٠ .

٥- Lundberg , G . Foundations of Sociology , London , ١٩٥٤ , see Ch . X .

٦- Fortes , M . Social Structure , London , ١٩٤٩ , see the Ch . On " Time and Social Structure : An Ashanti Case Study "

٧- نور ، محمد عبد المنعم (الدكتور) ٠ النظام الديني، ص ٧ ٠

٨- المصدر السابق ، ص ٨ ٠

٩- قطب ، محمد ، العدالة الاجتماعية في الاسلام ، القاهرة ، مطبعةالحلبي، ١٩٦٤ ، ص ٥٩ - ٦١ ٠

١٠- المصدر السابق ، ص ٦٠ ٠

١١- نور ، محمد عبد المعم (الدكتور) ٠ النظام الديني ، ص ١٥ ٠

١٢- القران الكريم ، سورة الحشر ، اية ٧ ٠

١٣- القران الكريم ، سورة النساء ، اية ٥٩ ٠

١٤- قطب ، محمد ، العدالة الاجتماعية في الاسلام ، ارجع الى المقدمة ٠

١٥- نور ، محمد عبد المنعم(الدكتور) ٠ النظام الديني ، ص ٧ ٠

١٦- القران الكريم ، سورة البقرة ، اية ٢٢٥ ٠

١٧- نور ، محمد عبد المنعم (الدكتور) ٠ النظام الديني ، ص ٧-٨ ٠

١٨- ابو زهرة ، محمد ٠ محاضرات في المجتمع الاسلامي ، معهد الدراسات الاسلامية ، القاهرة ، ص ٦ ٠

١٩- القران الكريم ، سورة المائدة ، اية ٦٧ ٠

٢٠- ابو زهرة ، محمد ٠ محاضرات في المجتمع الاسلامي ، ص ٨ ٠

٢١- القران الكريم ، سورة الحجرات ، اية ١٨ ٠

٢٢- القران الكريم ، سورة الاخلاص ،اية ١،٢،٣،٤ ٠

٢٣- القران الكريم ، سورة الاحزاب ، اية ١٧ ٠

٢٤- نور ، محمد عبد المنعم (الدكتور) ٠ النظام الديني ، ص ١١ ٠

٢٥- القران الكريم ، سورة البقرة ، اية ١٧٩ ٠

٢٦- القران الكريم ، سورة البقرة ، اية ٢٨٢ ٠

٢٧- القران الكريم ، سورة البقرة ، اية ١٣٢ ٠

٢٨- القران الكريم ، سورة الانفال ، اية ٣ ٠

٢٩- القران الكريم ، سورة البقرة ، اية ١٩٠ ٠

٣٠- القران الكريم ، سورة المائدة ، اية ٩٥ ٠

٣١- القران الكريم ، سورة يونس ، اية ١٠١ ٠

٣٢- القران الكريم ، سورة الشعراء ، اية ٧ ٠

٣٣- القران الكريم ، سورة العنكبوت ، اية ٢٠ .

٣٤- القران الكريم ، سورة البقرة ، اية ١٦٤ .

٣٥- القران الكريم ، سورة الغاشية ، اية ١٧،١٨،١٩،٢٠ .

٣٦- القران الكريم ، سورة العنكبوت ، اية ١٨ .

٣٧- القران الكريم ، سورة الملك ، اية ٢٦ .

٣٨- القران الكريم ، سورة النساء ، اية ٥٩ .

٣٩- قطب ، محمد ، العدالة الاجتماعية في الاسلام ، ص ٧١-٧٢ .

٤٠- نور ، محمد عبد المنعم (الدكتور) . النظام الديني ، ص ١٧ .

٤١- القران الكريم ، سورة النور ، اية ٢٢ .

٤٢- القران الكريم ، سورة المائدة ، اية ٩٠ .

٤٣- القران الكريم ، سورة النساء ، اية ١٣٥ .

٤٤- القران الكريم ، سورة القصص ، اية ٥٠ .

٤٥- القران الكريم ، سورة البقرة ، اية ٤٥ .

٤٦- القران الكريم ، سورة البقرة ، اية ١٥٣ .

٤٧- القران الكريم ، سورة النساء ، اية ٥٩ .

٤٨- القران الكريم ، سورة الاحزاب ، اية ٨ .

٤٩- القران الكريم ، سورة النساء ، اية ٥٨ .

٥٠- القران الكريم ، سورة الاحزاب ، اية ١ .

٥١- القران الكريم ، سورة الدهر ، اية ٢٤ .

-٥٢ القران الكريم ، سورة البقرة ، اية ٢٥٦ ٠

-٥٣ القران الكريم ، سورة البقرة ، اية ٦٣ ٠

-٥٤ القران الكريم ، سورة البقرة ، اية ٢٦١ ٠

-٥٥ القران الكريم ، سورة البقرة ، اية ٢٧١ ٠

الفصل الثاني عشر
دور الاسلام في مكافحة الجريمة

مقدمة تمهيدية :

ينهى الاسلام عن الجريمة بكل انواعها واشكالها ويعتبرها تهديداً لوجوده ووجود المجتمع الذي جاء الاسلام لانقاذه من الشرك والجهل والجريمة والفساد والتحلل والفوضى والاباحية، لقد انزل الاسلام في مجتمع الجاهلية، مجتمع الكفر والالحاد والشرك بالله وعبادة الاوثان ، في مثل هذا المجتمع تجد الجريمة ارضاً خصبة لها لتثبيت جذورها وانتشارها وتخريبها للانسان والمجتمع على حد سواء [1] . فقد انتشرت انواع الجرائم في مجتمع ما قبل الاسلام كالقتل والسرقة والزنا والبغي والفساد والغش والخداع والبهتان والغدر واكل مال الحرام(السحت) وغيرها من الجرائم التي يدينها الاسلام ويقف ضدها لانها مدعاة للفوضى الاجتماعية وسبب من اسباب تصدع الشخصية وتفككها ومصدر من مصادر الشر والاذى والطاغوت ، ولهذا ظهر الاسلانم ليحارب الكفر والشرك والالحاد اولاً، ويكافح الجرائم بانواعها المختلفة ثانياً. ويبني المجتمع على اسس العقيدة الالهية والمباديء الاخلاقية[2] والقيم العليا التي يدعو اليها الاسلام والتي هي الضمانة الحقيقية ضد الانزلاق في هاوية الانحراف والفساد . وقد نجح الاسلام نجاحاً متميزاً في بلوغ هذه الاهداف السامية. ذلك انه احل الايمان والتوبة محل الكفر والالحاد [3] ، ونشر الامن والاستقرار والطمأنينة بعد ان كانت الجريمة منتشرة ومتفشية في كل مكان، وارسى ثوابت العقيدة الاسلامية وما ينطوي عليها من اخلاق حميدة وقيم سامية بعد ان كان المجتمع يتخبط في دياجير الظلام والتحلل والفساد. والآن وبعد تقدم المجتمع العربي الاسلامي في مجالات التنمية والتصنيع والعلم والتكنولوجيا ازدادت نسب الجرائم والانحرافات السلوكية والاخلاقية نتيجة تعقد المجتمع وتشعبه وطغيان الحياة المادية والنفعية على الحياة

الروحية والاخلاقية. وهنا ظهرت المشكلة الاخلاقية بشكلها المخيف ، هذه المشكلة التي يمكن ان يسهم الاسلام بمبادئه الالهية الخيرة وقيمه الرفيعة واخلاقه السامية في حلها ووضع نهاية لها عن طريق مكافحة الجريمة ، هذا الطريق الذي يتجسد في مسالك الوقاية والمنع والعلاج لاسيما وان الاسلام هو من اهم وسائل الضبط الاجتماعي.

تهتم هذه الدراسة بتناول اربعة موضوعات اساسية هي :

المبحث الاول: الاسلام كوسيلة من وسائل الضبط الاجتماعي .

المبحث الثاني: الجرائم التي يحرمها الاسلام ويعاقب عليها .

المبحث الثالث: الاسلام والوقاية من الجريمة .

المبحث الرابع : الاسلام ومنع الجريمة .

والآن علينا دراسة وتحليل هذه المحاور الدراسية مفصلاً .

المبحث الأول : الاسلام كوسيلة من وسائل الضبط الاجتماعي

يعدّ الاسلام من اهم وسائل الضبط الاجتماعي الداخلية طالما انه ينطوي على مجموعة من المبادىء والمعتقدات والتعاليم التي توضح للمؤمن ماهية الجنايات والنواهي التي يمكن ان يتجنبها ويبتعد ويعزف عن اعتمادها في تفكيره وسلوكه، وماهية الطاعات التي يمكن ان يلتزم بها ويجسدها في علاقاته اليومية وسلوكه الاجتماعي[٤]. علماً بان الجنايات والطاعات التي يحددها الاسلام ويميز بينها سواء كان ذلك في القرآن الكريم او الاحاديث النبوية الشريفة او الشريعة الاسلامية، يتعلمها المسلم في سن مبكرة عن طريق العديد من القنوات التي اهمها الاسرة والمدرسة والمسجد والجامع ووسائل الاعلام الجماهيرية والمجتمع المحلي والقيادات وجماعات اللعب وغيرها[٥]. ان هذه القنوات انما تعلم المسلم عدة اشياء اهمها: ماهية الجنايات والنواهي التي ينبغي تجنبها وماهية الطاعات التي ينبغي الالتزام بها، اضافة الى الفرز والتمييز بين الجنايات والنواهي من جهة والطاعات من جهة اخرى، واخيراً تعلم هذه القنوات الفكرية والتربوية والاخلاقية المسلم بان ارتكاب الجنايات والنواهي انما يعرضه الى السخط والعقاب والاستهجان من قبل الله سبحانه وتعالى ومن قبل الناس على حد سواء، بينما الالتزام بالطاعات والقيام بالاعمال الصالحة سيجلب له الثواب والرضا والاستحسان من قبل الله والناس في الحياتين الاولى والآخرة ، واذا ما اكتسب الفرد هذه المبادىء والتعاليم وجسدها في سلوكه وعلاقاته اليومية والتفصيلية فانه سيكون صالحاً في سلوكه واعماله وينال رضا الله والناس والعكس هو الصحيح اذا اهمل الفرد المبادىء والتعاليم الاسلامية الخاصة بالجنايات والطاعات او تعمد في العمل ضدها .

علينا في هذا المقام تحديد ماهية الجنايات والنواهي التي على المسلم تجنبها والابتعاد عنها، ان هذه الجنايات والنواهي انما تنعكس في القتل والسرقة والزنا والبغي والفساد والغش والخداع والبهتان والغدر واكل المال الحرام والشرك بالله سبحانه وتعالى والكذب والنفاق والنميمة والغيرة والحسد[٦] ... الخ .

أما الطاعات والاعمال الصالحة التي يحددها الاسلام ويطلب من المسلمين ضرورة التمسك بها فهي برّ الوالدين وصلة الارحام والنهي عن قطيعتها والكلمة الطيبة والقول الحسن والمعاملة بالحسنى والاعراض عن اللغو والتواصي بالمرحمة والاستقامة والصبر والصدق والعفو والصفح والامر بالمعروف والنهي عن المنكر والاعتصام بحبل الله والوصية بالجار... الخ [٧].

ولا يكتفي الاسلام بتحديد الجنايات والطاعات والتمييز بينها فحسب ، بل يذهب ابعد من ذلك ، اذ يحث المسلم على ضرورة تجنب الجنايات والالتزام بالطاعات . ومن الآيات القرآنية الكريمة التي تحث المسلمين على الابتعاد عن الجنايات " ومن يقتل مؤمناً متعمداً فجزاؤه جهنم خالداً فيها وغضب الله عليه ولعنه واعد له عذاباً عظيما"[٨]، " ولا تقربوا الزنا انه كان فاحشة وساء سبيلا"[٩]، "انما جزاء الذين يحاربون الله ورسوله ويسعون في الارض فساداً ان يقتلوا او يصلبوا او تقطع ايديهم وارجلهم " [١٠]، " وان طائفتان من المؤمنين اقتتلوا فاصلحوا بينهما فان بغت احداهما على الاخرى فقاتلوا التي تبغي حتى تفيء الى امر الله فان فاءت فاصلحوا بينهما بالعدل واقسطوا ان الله يحب المقسطين " [١١]، وعن النهي عن جريمة الغش والخداع ورد عن ابي هريرة (رض) ان رسول الله (صلى الله عليه وسلم) قال: " من حمل علينا السلاح فليس منا، ومن غشنا فليس منا"رواه مسلم . أما الآيات القرآنية والاحاديث النبوية الشريفة التي تحث المسلمين على التمسك بالطاعات والالتزام بها فهي " واعبدوا الله ولا تشركوا به شيئاً وبالوالدين احسانا" [١٢]، " وقولوا للناس قولاً حسناً واقيموا الصلاة واتوا الزكاة"[١٣] ، "والكاظمين الغيظ والعافين عن الناس والله يحب المحسنين" [١٤]، "فاستقم كما أمرت ومن تاب معك ولا تطغوا انه بما تعملون بصير " [١٥]،" يا أيها الذين آمنوا استعينوا بالصبر والصلاة ان الله مع الصابرين " [١٦]،" يا ايها الذين آمنوا اتقوا الله وكونوا مع الصادقين" [١٧] . وعن ابي هريرة (رض) ان النبي محمد (صلى الله عليه وسلم) قال:" من كان يؤمن بالله واليوم الآخر فليكرم ضيفه، ومن كان يؤمن بالله واليوم الآخر فليقل خيراًأو ليصمت ".

ان من فضائل الاسلام كوسيلة من وسائل الضبط الاجتماعي ما يأتي:

١- ان وسائل الضبط الاجتماعي في الاسلام المتمثلة بسياقات العقاب والثواب الموجهة للعمل أو الاعمال التي يقوم بها الانسان تؤدي الدور الكبير في انجذاب المسلم نحو العمل الصالح الذي يفيد المجتمع ويطوّره وابتعاده عن العمل المنكر الذي يضرّ بالمجتمع ويقوض اركانه الاساسية .

٢- تلعب وسائل الضبط الاجتماعي في الاسلام الدور الفاعل في كبح جماح الانحراف عن الجريمة والشر وفي نشر الفضيلة والخير والفلاح في ربوع المجتمع . وهنا تكون وسائل الضبط الاجتماعي التي يدعو اليها الاسلام اداة فاعلة لتقدم المجتمع واصلاحه واستقامته .

٣- ان التزام المسلمين بمفردات الضبط الاجتماعي وترجمتها في سلوكهم اليومي والتفصيلي وفي علاقاتهم الخاصة والعامة مع الآخرين انما يؤدي فعله المؤثر في تضامن المسلمين وتماسكهم ووحدتهم الامر الذي يقود الى هيبتهم وقوتهم وبالتالي قدرتهم على تحقيق اهدافهم المنشودة القريبة منها والبعيدة .

٤- ان وسائل الضبط الاجتماعي في الاسلام تؤدي دورها الفاعل في تمييز الاخيار والصالحين من ابناء المجتمع عن الاشرار والمجرمين ومثل هذا التمييز له اهميته في عزل الاشرار عن الاخيار لكي لا يتأثر الاخيار بالافعال السيئة والمنكرة التي يرتكبها الاشرار والمنحرفون والمجرمون .

٥- ان وسائل الضبط الاجتماعي في الاسلام تلعب الدور الكبير في بناء شخصية المسلم بناءً رصيناً ومحكماً . واذا كانت شخصية المسلم قوية ومتكاملة فانها تستطيع ان تؤدي الادوار الوظيفية الملقاة على عاتقها اداءً سليماً يسهم في تنمية المجتمع وتطويره في المجالات كافة .

٦- ان وسائل الضبط الاجتماعي في الاسلام تؤدي وظيفتها المهمة في تحديد ماهية القيم الايجابية التي ينبغي على المسلمين التمسك بها كالصدق في القول والاخلاص في العمل والايثار والتعاون والصبر والاستقامة والعفة والنزاهة

٧- واحترام الكبير والعطف على الصغير والصراحة والالتزام بالواجب والتقيد بالمواعيد ٠٠٠ الخ .
كما تحدد وسائل الضبط الاجتماعي في الاسلام ماهية القيم السلبية والمستهجنة التي ينبغي على
المسلمين الابتعاد عنها والوقاية منها كالانانية وحب الذات والتكبر والغرور والبخل وجلب الضرر
للاخرين والنفاق والنميمة والحسد والكذب والتسرع في اتخاذ القرار والتشكيك بنوايا الآخرين
والطعن بالاعراض والطمع وغمط حقوق الآخرين ٠٠٠الخ.

المبحث الثاني: الجرائم التي يحرمها الاسلام ويعاقب عليها

يحدد الاسلام العديد من الجرائم والجنايات والنـواهي في القرآن الكريم والاحاديـث النبويـة الشريفة والشريعة الاسلامية. ولا يسعنا في هذا المقام الا ذكر بعضها علمـاً بـان الجرائم والجنايات التي حددناها في هذا المبحث هي الجرائم التي يشكو منها مجتمعنا المعاصر وتفعل فعلها المخرب في الاساءة اليه وجلب الضرر له وعرقلة مسيرته الاجتماعية والاخلاقية والروحية ومن اهم هذه الجرائم ما يأتي:

١-   القتـل :

يعدّ القتل من الجرائم البشعة التي يدينها الاسلام ويحاسب عليها حساباً عسيراً. ذلك ان القتل بدون مبرر انما هو فعل شنيع يقف ضد كرامة الانسان وحقه في العيش بسلام وأمان، ويتحـدى كيان المجتمع ويهدد بتقويض اركانه. ان الاسلام هو دين السلام والامان ولما كان كذلك فان مبادئه وتعاليمه وقيمه تتناقض كل التناقض مع القتل ، فالقتل بالمفهوم الاسلامي هو جريمة خطيرة ليست موجهة للشخص المقتول فحسب بل موجهة لعموم المجتمع ايضاً[١٨] ، لـذا يعتـبر الاسلام القتل فعلاً قبيحاً لا يتضـرر منه المقتول فحسب بل يتضرر منه المجتمع قاطبة ، فالذي يقتل نفساً بـدون وجه حق فكأنما قتل الناس جميعاً، والآية الكريمة تشير الى هذه الحقيقة " من اجل ذلك كتبنا على بني اسرائيل انه من قتل نفساً بغير نفس او فساد في الارض فكأنما قتل الناس جميعاً " [١٩].

وجريمة القتل يدينها الاسلام بشدة ويعاقب عليها في الـدنيا والآخرة عقابـاً قاسياً وذلك لثلاثة اسباب رئيسية هي :

(١)   ردع ومنع الآخرين من القيام بفعل القتل الذي هو فعل محرم ومكروه.

(٢)   رد الحق للمقتول او ضحية القتل او عائلته من خلال انزال العقاب الصارم بالقاتل.

(٣) رد الحق العام للمجتمع لان جريمة القتل لم تجلب الضرر والخسارة للمقتول فحسب بل جلبت الضرر والخسارة لعموم المجتمع ، لهذا يعاقب القاتل لينال المجتمع حقه منه لان فعل القاتل يخل باستقرار وامن المجتمع .

ان الذي يقتل مؤمناً بدون حق فان الله سبحانه وتعالى يغضب عليه ويعاقبه عقاباً مخزياً ويعذبه عذاب الحريق اذ يرسله الى جهنم ويبقى فيها خالداً، والآية الكريمة توضح هذه الحقيقة وتحدد ماهية الجزاء العادل الذي يناله القاتل من الله سبحانه وتعالى " ومن يقتل مؤمناً متعمداً فجزاؤه جهنم خالداً فيها وغضب الله عليه ولعنه واعد له عذاباً عظيما" [٢٠].

أما الدوافع التي تقود الفرد الى ارتكاب جريمة القتل كما يحددها الاسلام فهي عدم الايمان بالله سبحانه وتعالى اوضعف الايمان وهشاشته، وسوء التنشئة الاجتماعية للفرد وعدم استقامتها، وتصدع شخصية القاتل وعدم تكامل عناصرها وتعرضها للادران والامراض والعقد والسلبيات ، واحباط الفرد وفشله في اعماله مما يولد عنده خصال العدوان والانتقام التي تعبّر عن نفسها بصورة افعال القتل التي يرتكبها ضد الآخرين .

٢- **الزنـــا :**

الزنا هو من الافعال التي يحرمها الاسلام ويدينها ويعتبرها جريمة بحق الدين والمجتمع ، ومثل هذه الجريمة يكون جزاؤها العقاب بحق الزاني والزانية على حد سواء، والزنا هو فعل مخالف ليس لاحكام الدين وتعاليمه فحسب بل مخالف ايضاً لقيم المجتمع واخلاقه وضوابطه وعاداته وتقاليده ، اذاً الزنا هو فعل محرم يحرمه الدين والمجتمع على حد سواء لانه يتقاطع مع ما جاء به المجتمع من احكام وقواعد وضوابط اخلاقية ويعني الزنا ممارسة العلاقات الجنسية غير المشروعة من قبل الرجل مع عدد من النساء وممارسة المرأة مثل هذه العلاقات اللااخلاقية مع عدد من الرجال وبالعلاقات الجنسية غير المشروعة نعني العلاقات التي تقع خارج نظام الزواج والتي يحرمها ويمنعها القانون والشرع والدين والاخلاق السماوية والوضعية .

وللزنا اسباب موضوعية وذاتية كثيرة ومعقدة اهمها الرغبة الجنسية العارمة التي تنتاب الرجل او المرأة والتي لا يمكن ان يشبعاها في اطار نظام الزواج لسبب او لآخر (٢١)، والاغراءات الجنسية التي يتعرض لها الرجل او المرأة وضعف التنشئة الاجتماعية والتربية الدينية التي اكتسبها الرجل والمرأة من المجتمع والتي تؤدي الى تفكك قيمها الاجتماعية وتحللها لاسيما وان القيم المادية والنفسية في المجتمع المعاصر تطغي على القيم الاخلاقية والروحية واخيراً هناك الحاجة المادية التي تدفع المرأة الى ممارسة الزنا كمهنة تكتسب منها موارد عيشها، غير ان هذه المهنة يحرمها الدين ويكرهها المجتمع ويمقتها جميع الذين يؤمنون بالله واليوم الآخر .

ان الله سبحانه وتعالى يحث المسلمين والمسلمات على الابتعاد عن الزنا لانه عمل خبيث ومقيت وعمل يسلك الطريق غير القويم كما جاء في الآية الكريمة " ولا تقربوا الزنا انه كان فاحشة وساء سبيلا " (٢٢). اضافة الى ان الله سبحانه وتعالى يطلب من المؤمنين معاقبة الزانية والزاني وعدم الرأفة بهما لان عملهما هو من عمل الشيطان كما جاء في الآية الكريمة" الزانية والزاني فاجلدوا كل واحد منهما مائة جلدة ولا تأخذكم بهما رأفة في دين الله ان كنتم تؤمنون بالله واليوم الآخر " (٢٣).

٣-   السرقـة :

تعدّ السرقة من الجرائم القبيحة والمنكرة التي يحاسب عليها الاسلام ذلك ان السرقة تتنافى مع تعاليم الله سبحانه وتعالى وتتقاطع مع القوانين الوضعية التي شرعها الانسان لتنظيم حياة مجتمعه، ويمكننا القول بان القوانين الوضعية التي تدين السرقة وتحرمها وتعاقب عليها انما هي متأتية من المباديء والتعاليم الدينية والسماوية. ان استفحال السرقة في المجتمع انما يعني الخروج على تعاليم الله من قبل بعض الناس ، ومثل هذا الرفض يقود الى فوضى المجتمع واضطرابه. كما انه يوضح عدم التزام السراق بالقيم والاخلاق والمثل والاعراف الاجتماعية وتحديهم للسلطة والقانون ذلك انهم بفعلهم الاجرامي هذا انما يريدون الحصول على اموال وممتلكات وموجودات غير تابعة لهم بل تابعة لغيرهم (٢٤).

والسرقة تكون على اشكال عديدة منها سرقة اشياء صغيرة وغير ثمينة وسرقة اشياء كبيرة وثمينة وسرقة اموال وموجودات منقولة او غير منقولة ومهما تكن طبيعة الاشياء المسروقة فان السرقة هي فعل خبيث ومحظور ومحرم من قبل الاسلام ومن قبل المجتمع . ان دوافع السرقة كثيرة وشائكة اهمها الحاجة للاموال والموجودات التي لا يريد المنحرف الحصول عليها بالعمل الشريف الذي يتطلب منه الجهد والوقت، بل يريد الحصول عليها بالوسيلة السهلة والملتوية وهي الاستحواذ على اموال وممتلكات الاخرين عنوة او بطريق سهل وغير مشروع [٢٥]. كذلك هناك عامل سوء التنشئة الاجتماعية والاخلاقية والدينية واضطرابها وتلكؤ مصادرها ، هذه التنشئة المفككة التي لا تمنع المنحرف عن ارتكاب جريمة السرقة. وترجع السرقة ايضاً الى طبيعة الجماعات المؤسسية او المرجعية التي ينتمي اليها السارق والتي غالباً ما تتسم بالتلكؤ والقصور،ولما كانت كذلك فهي لا تنبه السارق الى ضرورة تجنب السرقة والابتعاد عن مواطنها ، واخيراً هناك عامل الامراض النفسية والعقلية بنوعيها العصابي والذهاني الذي يدفع مثل هؤلاء المرضى الى السرقة والاستحواذ على اموال الغير [٢٦].

ومهما يكن الدافع او العامل المسؤول عن السرقة فانها فعل قبيح ومكروه يجلب الاذى والضرر للافراد ويقود الى فوضى المجتمع واضطرابه وفقدان الامن والاستقرار والطمأنينة عنه. ان الله سبحانه وتعالى يعاقب السارق والسارقة بقطع اليد التي قامت بالسرقة ولمخالفة قوانين الله وتعاليمه والنكول بها أي مخالفتها ومعارضتها وعصيانها وعدم الامتثال لها، والآية الكريمة توضح طبيعة العقاب الذي ينبغي ان يناله كل من السارق والسارقة " والسارق والسارقة فاقطعوا ايديهما جزاءاً بما كسبا نكالاً من الله والله عزيز حكيم " [٢٧].

٤- أكل المال الحرام (السحت) :

ومن الجرائم التي يمقتها الاسلام ويدينها ويعاقب عليها اكل مال الحرام او ما يسمى بـ (السحت) . واكل مال الحرام يشبه السرقة من ناحية الاستحواذ على أموال اخرين عنوة او بالحيلة والدجل والمراوغة والتمتع بالاموال المسيطر عليها وحصول المآرب

واللذات غير المشروعة منها، وقد ترجع عائدية الاموال المسيطر عليها الى الاطفال الذين لم يبلغوا من الرشد واليتامى والمساكين والضعفاء والنساء والشيوخ والذين لا يستطيعون الدفاع عن انفسهم لسبب او لآخر. أما الذين يأكلون مال الحرام فهم المتجبرون والمراوغون والذين لا رحمة ولا شفقة في قلوبهم والماديون والجشعون والانذال من البشر . ان هناك كثيراً من الناس يأكلون مال الحرام ويغتنون به ويتمتعون بثمراته ويتظاهرون بكل خسة ودناءة بان الاموال المستحوذ عليها هي اموال عائدة لهم وليس لغيرهم . وعمل كهذا انما هو عمل مذموم ومدان وان الله سبحانه وتعالى يعاقب عليه في الحياتين الاولى والآخرة . زد على ذلك ان اكل السحت هوعمل مقيت ومرفوض مثله في الانحراف والجريمة كمثل الاثم والعدوان كما جاء في الآية الكريمة " وترى كثيراً منهم يسارعون في الاثم والعدوان واكلهم السحت لبئس ما كانوا يعملون " [٢٨].

ومن الجدير بالذكر ان اكل مال الحرام يضر بالمجتمع ويؤدي الى تقويض أركانه لانه ضرب من ضروب السرقة والاستهتار بأموال وحقوق الآخرين فهو يسبب عدم الثقة بين الناس وفقدان الامانة والعفة والصدق وينتج في تعميق الهوة بين الاغنياء والفقراء وبالتالي تفشي التذمر والظلم والبغي في المجتمع. أما الاسباب التي تقود الى اكل مال الحرام فهي وجود دوافع الجشع والنهم عند بعض الناس وسوء تربيتهم الاجتماعية وتذبذب اخلاقهم وتفكك قيمهم السلوكية ، اضافة الى ابتعادهم عن أوامر الدين الحنيف ووصاياه وعدم خوفهم من غضب الله سبحانه وتعالى وعقابه الغليظ الذي يعده للمنحرفين والسراق في الحياتين الاولى والآخرة .

٥- **البغـــي :**

يعدّ البغي او الظلم او الطاغوت من اخطر الجرائم التي يمكن ان يرتكبها المنحرفون والمشعوذون بحق الابرياء من الناس بقصد تجريدهم من حقوقهم والاستهتار بها سواء كانت تلك الحقوق مادية او اعتبارية ، والبغي او الظلم يأخذ عدة مسالك وطرق اهمها التعمد في الاساءة لعزة الانسان وكرامته وأذلاله وغمط حقوقه وتجريح شعوره وعدم الاعتراف بحقه في الحياة وحقه في الرفعة والتقدم وحقه بتحقيق

الطموحات والاهداف الذاتية والمجتمعية ولا يكتفي الباغي او الظالم بالاعتداء على حقوق الفرد المادية والاعتبارية والاساءة لكرامته وجرح شعوره وعدم الاعتراف بوجوده كأنسان فحسب بل يذهب اكثر من ذلك اذ يخلق المسوغات المزيفة والذرائع الكاذبة والمبررات المزورة لتجريد الانسان من حقوقه والاساءة له ومسخ شخصيته والطعن بكرامته لكي يكون ظلمه له مبرراً ومشروطاً وهنا يتحول البغي الى الافك والتضليل والبهتان . علماً بان الله سبحانه وتعالى يعادل البغي بالذنب من جهة، ويعادله بالعمل الفاحش من جهة اخرى ، وان جميع هذه الاعمال محرمة ومن عمل الشيطان وان من يقوم بها يعاقب عقاباً شديداً ، والآية الكريمة توضح هذه الحقيقة " قل انما حرم ربي الفواحش ما ظهر منها وما بطن والاثم والبغي بغير الحق " (٢٩).

ان شيوع البغي في المجتمع انما يؤدي الى التذمر والرفض والثورة عند المظلوم ، ومثل هذه الممارسات السلوكية قد تؤدي الى فضح الظالم وتعريته ثم سقوطه وتدميره. وهناك مثل شائع يربط بين الظلم والدمار وهو " لو دام الظلم دمر " علماً بان الظلم يتقاطع مع العدالة ويتناقض مع وجودها . ذلك ان الظلم ينتج في شق وحدة المجتمع واضطرابه وعدم استقراره وفقدان القيم الاخلاقية فيه، بينما تنتج العدالة في تماسك المجتمع وتضامنه وتناغم اجزائه واستقراره مع شيوع القيم الاخلاقية التي تؤدي به الى التنمية والتقدم والتطور في مجالات الحياة كافة .

٦- البهتـان :

البهتان هو جريمة اخرى من الجرائم التي يحذر الاسلام المسلمين من شرورها ونتائجها الوخيمة على المجتمع بصورة عامة وعلى الشخص الذي يمارسها بصورة خاصة، ونعني بالبهتان الكذب والخداع والتضليل بطرق ملتوية وغيرنزيهة فقد يرتكب الفرد اثماً او جريمة او حيلة تضر بالناس والمجتمع ضرراً كبيراً ، غير انه بطرق خبيثة وملتوية ومخادعة يتظاهر بعدم قيامه بالجريمة اوالحيلة وعدم معرفته بها اذ يبرىء نفسه منها كلية او ينسبها بدهاء ومكر الى الابرياء من الناس الذين لا علاقة لهم بالجريمة او الحيلة التي ارتكبها ويوصمهم ويعتبرهم مسؤولين عن القيام بها. فعلى

سبيل المثال قد يرتكب شخص جريمة السرقة او القتل وعند ارتكابه للجريمة يحاول التملص منها بتظاهره بعدم معرفته بها وعدم ارتكابها ولا يكتفي بذلك بل انه ينسب الجريمة التي ارتكبها الى شخص آخر او اشخاص معينين ويوصمهم بها لاسيما اذا لم تتوفر الدلائل على ارتكابه الجريمة . وعمل مدان كهذا هو البهتان بعينه، فالمجرم يعرف تمام المعرفة بانه هو الذي ارتكب الجريمة بحق الآخرين لكنه لا يعترف بارتكابه لها وفي الوقت نفسه ينسب الجريمة التي ارتكبها لشخص او اشخاص معينين ويوصمهم بها. وهؤلاء الاشخاص الموصومون بالجريمة زوراً وبهتاناً غالباً ما يكونون ضعفاء وغير قادرين على الدفاع عن انفسهم او يكونون اعداءً ومناوئين للشخص الذي نسب اليهم التهمة، والآية الكريمة توضح صورة البهتان التي يحذرنا الله سبحانه وتعالى من اخطارها ونتائجها الوخيمة " ومن يكسب خطيئة او اثماً ثم يرم به بريئاً فقد احتمل بهتاناً واثماً مبينا" [٣٠] . اما الاسباب الداعية لجريمة البهتان فهي كثيرة ومتشابكة لعل اهمها سوء التنشئة الاجتماعية والتربية الاخلاقية للشخص الذي يمارسها والتقليد والمحاكاة أي ان المنحرف او المجرم يرتكب هذه الجريمة بدافع تقليده لمجرم آخر ارتكب الجريمة وفلت من العقاب [٣١] اضافة الى عوامل الوسط الاجتماعي الدافعة لمثل هذه الجريمة القبيحة والامراض النفسية والعقلية الداعية الى الارتماء في احضانها والسقوط في شباكها .

٧- **النفـــاق :**

وهو من الجرائم الاخلاقية والسلوكية التي يعارضها الاسلام ويدينها ويحاسب عليها حساباً شديداً . والنفاق يأخذ عدة صور ويعبّر عن نفسه في عدة أساليب وصيغ ملتوية ومنحرفة اهمها ان المنافق ينقل الكلام الذي سمعه من شخص او مجموعة اشخاص الى الشخص المعني الذي هو ضحية النفاق والشغب وعندما ينقل الكلام له بصورته الصحيحة او المنحرفة فان ذلك يثير غضبه وسخطه على الشخص والاشخاص الذين نافقوا عليه. الامر الذي يقود غالباً الى حدوث الخصام والشقاق والعداوة بين الناس مما يؤدي الى فرقتهم وانقسامهم وبعثرة جهودهم . وقد يأخذ النفاق صورة أخرى هي ان ناقل الخبر او المنافق لا ينقل الاخبار الصحيحة الالناس الذين كانوا مثار

الحديث والانتقاد بل يضيف من عنده معلومات محرفة وكاذبة بقصد أثارة الغضب والسخط والعداوة بين الناس الذين نقل الحديث منهم والناس الذين كانوا موضوع الحديث والانتقاد، مما يترك آثاره الوخيمة على العلاقات بين الناس اذ يفسخها ويسيء اليها ويهدم اركانها، الامر الذي يفكك المجتمع ويقوض اركانه الاساسية ، واخيراً قد يأخذ النفاق صورة اخرى وهي ان المنافق يختلق الاكاذيب ويفتعل القضايا وينقلها بطريقة غير شريفة من جماعة الى جماعة اخرى بقصد الايقاع بها وأثارة النزاعات والخصومات بين افرادها مما يشق وحدة المجتمع ويسيء الى وجودها وديمومتها .

وقد حرم الاسلام النفاق واعتبره عملاً منحرفاً يحاسب عليه المنافق بانزال العذاب الاليم عليه في الحياتين الاولى والآخرة كما جاء في الاية الكريمة " بشّر المنافقين بان لهم عذاباً اليما" [٣٢] . أما اسباب النفاق فهي كثيرة ومتفرعة اهمها سوء التنشئة الاجتماعية والتربية الاخلاقية والقيمية عند المنافق وضعف ايمانه بالدين الحنيف ، ورغبته الجامحة في خلق العداوة والقطيعة والبغضاء بين الناس الابرياء لاسباب تتعلق بفشله في الحياة واحباط آماله وطموحاته واهدافه واصابته بالامراض النفسية والعقلية العصابية منها والذهانية لاسيما ازدواجية الشخصية والشخصية العدائية وانفصام الشخصية والهوس والاسقاط الضدي ٠٠٠ الخ ، واخيراً هناك عامل الاحتكاك بالجماعات المرجعية او المؤسسية التي قد تترك آثارها السلبية عليه لاسيما اذا كانت تعاني من سوء التنظيم والتخبط وعدم الاستقرار .

٨- الغش والخداع :

تعدّ جريمة الغش والخداع من الجرائم التي يدينها الاسلام ويحاسب عليها لانها تؤدي الى فوضى المجتمع وارتباك كيانه وفقدان الامانة والمصداقية في مؤسساته وجماعاته. والغش يعني التلاعب الفاضح في طبيعة العمل والواجب الذي يؤديه الفرد او يعني خيانة المهام الانتاجية او الخدمية التي تناط بالفرد او مجموعة الافراد كأن يغش العامل السلعة التي ينتجها او يغش العمل الذي يؤديه في المجتمع سواء كان ذلك العمل عملاً تعليمياً او صحياً او اجتماعياً او سياسياً او قتالياً او دينياً٠٠٠٠ الخ . أما الخداع

فهو التضليل والتسويف والمماطلة والضحك على الناس والاحتيال عليهم بقصد ايقاعهم في الشرك او الفخ المنصوب وجلب الضرر اليهم وتسفيه آمالهم وطموحاتهم وتخريب نتاجاتهم واعمالهم والاساءة لسمعتهم وكرامتهم وجرهم الى عواقب ونتائج وخيمة لا يريدونها لانفسم ولمجتمعهم المحلي والكبير. ومن الجدير بالذكر ان الغش والخداع هما ضرب من ضروب الكذب والنفاق والانتهازية التي يمقتها الاسلام ويحذر من عواقبها الوخيمة ، ولا يمكن ان يكون المرء مسلماً اذا غش او خدع اخوانه المسلمين اذ لا مكان للغشاش او المخادع في الاسلام . فالذي يغش او يخدع المسلمين لا يختلف عن عدوهم الذي يشهر السلاح بوجوههم .عن ابي هريرة (رض) ان رسول الله (صلى الله عليه وسلم) قال" من حمل علينا السلاح فليس منا ومن غشنا فليس منا" رواه مسلم .

أما العوامل السببية التي تدفع الفرد الى ارتكاب جريمة الغش والخداع فهي سوء التنشئة الاجتماعية والتربية الاخلاقية ونقص الايمان بالدين وضعف المباديء السماوية عند الفرد، وتذبذب القيم السلوكية عنده، وتصدع شخصيته وتفكك عناصرها الاساسية وتاثره بالمحيط الذي يعيش فيه تأثراً سلبياً واخيراً سيطرة النزعة الشريرة عنده وطغيانها على النزعة الخيرة والفاضلة والانسانية. كل هذه العوامل تجعل من الفرد مراوغاً وغشاشاً ومخادعاً غير ان حبل الغش والخداع قصير، فسرعان ما ينكشف امر الغشاش وتنفضح اساليبه فيسقط في نظر المجتمع وتحبط اعماله ونواياه ومخططاته ويعاقب عقاباً صارماً في الحياتين الاولى والآخرة. لذا من صالح الفرد ان يبتعد عن الغش والخداع ويلتزم بمسار الامانة والصدق والاستقامة الذي هو المسار الصحيح الذي يجلب للفرد الخير والفلاح .

المبحث الثالث : الاسلام والوقاية من الجريمة

تعدّ الوقاية من الامور الاساسية في مكافحة الجريمة وتطويق آثارها السلبية، فالاسلام يرى بان الوقاية خير من العلاج ، ذلك ان التوقي من الجريمة باتخاذ الاجراءات الوقائية التي تمنع حدوث الجريمة انما هو خير من علاج المجرمين واصلاحهم. والمجتمع الاسلامي يستطيع الوقاية من الجريمة اذا وفر قادته ومسؤوليه المعطيات المادية وغير المادية التي تحصن الفرد من السقوط في هاوية الانحراف والجريمة والفساد والارتماء في شباكها التي لا ترحم من ينزلق فيها . أما المعطيات المادية وغير المادية التي يمكن ان يوفرها المجتمع الاسلامي للحيلولة دون وقوع الجريمة وتفشيها في ربوع المجتمع فهي كالآتي :

١- الاهتمام باشباع الحاجات الاساسية للمسلمين :

اذا وفرنا للمسلم واسرته سبل العيش الكريم واشبعنا حاجاته المادية الاساسية كالطعام والملابس والسكن والامان والطمأنينة والسلام فانه لا يضطر الى ارتكاب الجريمة مهما يكن نوعها كالقتل والسرقة والفساد والغش والخداع والغدر واكل مال الحرام ٠٠٠ الخ [٣٣]. ذلك ان اشباع حاجاته الاساسية يجعله مطمئناً وواثقاً من سلامة وعدالة مجتمعه الذي يوفر له كل ما يحتاج اليه من المواد الاساسية والثانوية، ومثل هذا الاطمئنان وهذه الثقة تجعلانه يخلص للمجتمع ويضحي من اجله ويسهم مساهمة فاعلة في اعادة بنائه وتنميته،أما اذا لم يوفر المجتمع للمسلم حاجاته الاساسية ويمنعه من التمتع بشروط الحياة الكريمة فأن ذلك المسلم لا بد ان يضعف ايمانه بالمجتمع الذي لم يوفر له اسباب المعيشة والحياة المستقرة بل وربما يضعف ايمانه بالدين، وهنا لا يتردد مثل هذا الفرد على ارتكاب شتى انواع الجرائم ضد المجتمع بسبب العوز والحاجة والحرمان .

٢-   **الاهتمام بتنشئة المسلمين وتربيتهم :**

من الاجراءات الوقائية التي تحول دون قيام الافراد بارتكاب الجرائم ضد المجتمع سلامة تنشئتهم الاسرية وتربيتهم المجتمعية التي تبدأ عادة منذ الصغر، فاذا كانت التنشئة الاسرية سليمة والتربية المجتمعية فاعلة ومتكاملة فان الفرد يكون مسلماً بالمباديء الدينية والقيم الاجتماعية الايجابية والاخلاق الفاضلة التي تمنعه من الولوج في عالم الانحراف والجريمة والشر والاسلام هو مصدر المباديء الشريفة والقيم الصادقة والاخلاق القويمة التي يمكن ان تستدخلها الاسرة والمدرسة والجامع والمجتمع المحلي ووسائل الاعلام عند الفرد بحيث تحصنه ضد الجريمة وتقيه من شرورها [٣٤]. علماً بان التنشئة الاسرية الصحيحة والتربية المجتمعية الفاعلة اللتين يوصي بهما الاسلام انما تعتمدان على ثلاثة مقومات اساسية هي الرعاية المكثفة للحدث من قبل اسرته ومجتمعه المحلي ، والموازنة بين اساليب اللين والشدة عند تنشئة الحدث وتربيته واعتماد اساليب الثواب في عملية التربية الاجتماعية والاخلاقية التي تحصنه ضد الانحراف والجريمة ، ولما كان الاسلام دين الله العزيز فهو اذاً منبع المباديء والقيم والاخلاق الفاضلة التي نشأ عليها الرسول العظيم وتأثر فيها تفكيراً وسلوكاً وقول الرسول محمد (صلى الله عليه وسلم) يوضح هذه الحقيقة" ادبني ربي فأحسن تأديبي".

٣-   **الاهتمام بتعليم المسلمين وتدريبهم**

من الامور التي تحصن المسلمين ضد الجريمة تعليمهم المعرفة الاساسية والعلوم والفنون وتدريبهم على شتى الصناعات والمهارات والمهن. ذلك ان تعليمهم واكتسابهم العلم والمعرفة يجعلهم يميزون بين العمل الصالح والعمل الطالح وتمييزهم هذا مع الايمان الالهي انما يبعدهم عن الانحراف والجريمة ويجعلهم افراداً صالحين للمجتمع، كما ان تأهيلهم العلمي وتدريبهم المهني يمكنهم من مزاولة العمل الشريف والكسب الحلال ويمدهم بمقومات المعيشة والحياة التي تضمن حاضرهم ومستقبلهم وتجعلهم مستقرين في المجتمع ومتكيفين مع ابنائه ، الامر الذي يجنبهم الجريمة ويزرع الخصال الطيبة في نفوسهم وعقولهم وضمائرهم. وهنا يمكن المجتمع ان يتخلص او يتحرر

من الجريمة وشرورها. ان العالم او المتعلم يختلف عن الجاهل او الامي بتفكيره وسلوكه، فالعالم بفضل اخلاقه وأدبه يتحاشى الجريمة وشرورها، بينما الجاهل قد تساوره الدوافع الانحرافية والشريرة التي توضح هذه الحقيقة " قل هل يستوي الذين يعلمون والذين لا يعلمون انما يتذكر اولوا الالباب " [٣٦].

ولما كان العلم والمعرفة والتدريب والتأهيل مصادراً للوقاية من الجريمة فان الاسلام دائماً يحث على طلب العلم والمعرفة كقول الرسول محمد (صلى الله عليه وسلم) " اطلب العلم من المهد الى اللحد " وقوله (صلى الله عليه وسلم) " اطلب العلم ولو كان في الصين " .

٤- **الحفاظ على صحة المسلمين :**

نتيجة لعلاقة الجريمة والانحراف بالامراض الجسمية والعقلية، أي ان مثل هـذه الامـراض تكـون سبباً من اسباب الجريمة والانحراف فان العناية بالصحة الجسـمية والعقلية قـد تـوقي الفـرد مـن شـرور الانحراف والجريمة [٣٧]. والاسلام دائماً يحث المسلمين على الحفاظ على صحتهم البدنية والعقلية ، ذلك ان صحة اجسامهم وعقولهم انما تمكنهم من القيام بواجباتهم الدنيوية والروحية التي تنمي المجتمع وتطوره وترضي الله سبحانه وتعالى وتنشر العدالة والحق والمساواة في المجتمع. ولغرض الحفاظ عـلى الصحة والحيوية وتحاشي المرض والاعتلال الجسمي والعقلي على المسلمين اتباع ما يأتي :

(١) في مرحلة ما قبل الولادة ينبغي القيام بالاجراءات الآتية :

أ- اخضاع الراغبين في الزواج الى فحص طبي دقيق ومنع زواج المصابين منهم بعلل قـد تؤدي الى انجاب اولاد معتلين .

ب- حفاظ الزوجين على صحتهما وتحاشي كل ما يضر بهـما مـما قـد يـؤدي الى ولادة مولـود معتل .

ج- احاطة الام الحامل بعناية صحية كاملة والحرص عـلى عـدم تعرضها لاي مؤثر يضر ـ بهـا وبجنينها .

د- في مرحلة الطفولة ينبغي احاطة الطفل بعناية صحية تامة منـذ لحظة ولادته للحفاظ على سلامة تكوينه الجسمي والعقلي والنفسي .

هـ- في بقية مراحل العمر ينبغي توفير العلاج والدواء مجاناً لعموم الافراد[٣٨] .

واجراءات وقائيـة كهـذه تنشر ـ الصـحة والحيويـة في ربـوع المجتمـع ممـا يـوقي المسـلمين مـن الانحراف والجريمة وشرورهما .

المبحث الرابع : الاسلام ومنع الجريمة

لا يهتم الاسلام بمكافحة الجريمة فحسب بل يهتم بمنع وقوعها ايضاً، ومنع وقوعها يستلزم تهيئة التشريع السليم الذي يحاسب المنحرف ويعاقب المجرم ويسلط عليه العذاب لكي يتحاشى الانحراف والجريمة ويلتزم بالسلوك الحسن الذي يوصي به الله سبحانه وتعالى . كما تتضمن عملية منع الجريمة تنظيم مستلزمات العدالة الجنائية التي تقبض على المجرم وتحاسبه وتنزل به العقاب اذا كان متلبساً في الجريمة او تصفح عنه اذا كان بريئاً . اضافة الى ان منع الجريمة يتطلب تطوير وتحديث اجهزة الامن بحيث تكون كفوءة في عملها المناط بها وسريعة في حسم ملابسات الجريمة ووضع حد لها من شأنه ان يحرر المجتمع من شرورها [٣٩] . واخيراً تستلزم عملية منع الجريمة اشراك المواطنين في مكافحة الجريمة عن طريق حثهم على الحفاظ على ممتلكاتهم واموالهم والابلاغ عن الجريمة حين وقوعها والتعاون مع الاجهزة الامنية في منع وقوع الجريمة والقاء القبض على المجرم . أما اجراءات منع الجريمة التي يقرها الاسلام فتأخذ اربعة اجراءات اساسية هي على النحو الآتي :

١-   التشريع الاسلامي السليم الذي يمنع الجريمة :

من العوامل الاساسية التي تمنع الجريمة وتحول دون وقوعها وجود التشريعات السماوية التي تهدد المجرم بالعقاب الصارم وتفرض عليه العقوبة التي يستحقها والتي تنطبق مع حجم فعله الاجرامي الذي ارتكبه ضد ابناء المجتمع . أما التشريعات الوضعية فتكون في الاعم الاغلب مشتقة من التشريعات السماوية وآخذة بعين الاعتبار ظروف المجتمع ومعطياته ومشكلاته والقوى الموضوعية والذاتية المؤثرة فيه. ان وجود التشريعات الالهية الوضعية الدقيقة التي تحاسب المجرم وتهدد بانزال العقاب الشديد ضده انما يمنع الجريمة بجعل كل من تسول له نفسه بارتكاب الفعل الاجرامي ضد الآخرين يعزف عن الجريمة ويتحاشى الاقتراب من مواطنها خوفاً من التشريعات التي تنزل به العقاب الذي يستحقه. كما ان فرض العقاب على المجرم يردع الاخرين من

القيام بنفس العمل الاجرامي الذي قام به المجرم . وهكذا تخف وطأة الجريمة على المجتمع ويتحرر العديد من المواطنين من شرورها . والآية الكريمة توضح هذه الحقيقة " ولكم في القصاص حياة يا اولي الالباب "[٤٠] . كما ان التشريع الاسلامي الذي يعاقب المنحرفين والجناة انما يتوخى العدالة في فرض العقوبة ، فلا يجوز ان نعاقب من قبل طرف ما دون ان نعاقب ذلك الطرف بمثل ماعاقبنا . والآية الكريمة توضح عدالة التشريعات الاسلامية " وان عاقبتم فعاقبوا بمثل ماعوقبتم به ولئن صبرتم لهو خير الصابرين "[٤١] .

٢- تنظيم مستلزمات العدالة الجنائية التي يعتمدها المجتمع الاسلامي :

من الامور التي تسهم في منع الجريمة والحد من سريانها في المجتمع الاسلامي اعداد مستلزمات العدالة الجنائية التي تلقي القبض على الجاني وتحاكمه بسرعة وتفرض عليه العقاب العادل الذي يستحقه ، فاذا توفرت اجهزة العدالة الجنائية كمراكز الشرطة ومقرات الامن والمحاكم الجزائية بانواعها المختلفة والكوادر العدلية والجزائية الكفوءة والعادلة والمدربة فان نسب وقوع الجريمة لا بد ان تنخفض وتقل ،والعكس هو الصحيح اذا لم تتوفر اجهزة العدالة الجنائية ولم تتوفر الملاكات العدلية والانضباطية والامنية التي تعمل فيها ذلك. ان الفرد يمتنع عن ارتكاب الجريمة اذا شعر بان المجتمع يمتلك الاجهزة العدلية والانضباطية التي تحاسبه حساباً شديداً وتفرض عليه العقاب العادل الذي يستحقه .أما اذا شعر الفرد بغياب مثل هذه الاجهزة وعدم كفاءتها في الضبط والمحاسبة وانزال العقاب الصارم فانه لا بد ان يتشجع على ارتكاب الجرائم التي تسيء الى المجتمع وتخل بنظامه الاجتماعي . ان دقة العدالة والحساب وفرض العقوبة تمنع الجاني من ارتكاب الجريمة بينما عدم توفر الدقة في المحاسبة وفرض العقوبة انما هو مدعاة لانتشار الظلم والجريمة في المجتمع . والآية الكريمة توضح هذه الحقيقة " وكتبنا عليهم فيها ان النفس بالنفس والعين بالعين والانف بالانف والاذن بالاذن والسن بالسن والجروح قصاص فمن تصدق به فهو كفارة له ومن لم يحكم بما انزل الله فاولئك هم الظالمون "[٤٢] .

٣- تطوير وتحديث اجهزة الامن الاسلامي :

لتفادي الجريمة والحيلولة دون وقوعها ومنع المجرمين من الدخول في متاهاتها ينبغي ان تكون اجهزة الامن الاسلامي فاعلة في اسلوبها ومتطورة في اجراءاتها وحديثة في تقنياتها. ذلك ان مثل هذه الاجهزة يجب ان تكون منتشرة في كل مكان ومجهزة بالكوادر الكفوءة والمدربة ذات الحركة السريعة في مطاردة الجريمة وتطويق مصادرها والقبض على مدبريها وتسليمهم الى اجهزة العدالة الجنائية . كذلك يجب ان تكون اجهزة الامن الاسلامي ذات اجراءات علمية وهادفة، ومثل هذه الاجراءات تتجسد في القبض على المجرم واحتجازه لفترة من الزمن ثم احالته الى المحكمة المختصة لتصدر بحقه العقوبة العادلة التي يستحقها وبعد اصدار العقوبة ينبغي تنفيذها بحبس المجرم ، أما اذا اثبتت المحكمة براءة المتهم فينبغي اطلاق سراحه حالاً. أما التقنيات الحديثة التي يمكن ان تعتمدها الاجهزة الامنية والانضباطية فهي وسائل كشف الجريمة كالاثار التي يتركها المجرم عند ارتكابه للجريمة ومعرفة كيفية تنفيذ الجريمة ووسائل الاتصالات الحديثة التي تستعملها اجهزة الامن في اداء مهامها الضبطية كوسائط النقل والهاتف والتلكس والبريد والتحريات الفنية التي تضبط الفاعل ... الخ. ان وجود مثل هذه الاساليب والتقنيات الحديثة عند اجهزة الامن انما تمنع المنحرف من ارتكاب الجريمة لانه يعرف تمام المعرفة بان الاجهزة الامنية كفوءة ومقتدرة على اكتشاف جريمته والقبض عليه واحالته الى اجهزة العدالة الجنائية التي تفرض القصاص العادل عليه باسرع وقت ممكن .

٤- اشراك المواطنين في مكافحة الجريمة :

لا يمكن لاجهزة قوى الامن الداخلي مهما تكن كفوءة ومقتدرة على ضبط الجريمة ومطاردة المجرمين ومحاسبتهم دون تعاون المواطنين معها. فتعاون اجهزة العدالة الجنائية والاجهزة الامنية مع المواطنين من شأنه ان يمنع الجريمة ويحول دون وقوعها وتكرارها. فالمواطنون يستطيعون منع وقوع الجريمة اذا قاموا بالمهام الآتية :

(١) الحفاظ على اموالهم وممتلكاتهم من خلال اتخاذ الاجراءات الاحترازية التي تمنع المجرم من ارتكاب الجريمة كوضع الكتائب الحديدية على الشبابيك واقفال ابواب الدور والمحلات التجارية والسيارات بدقة واحكام واضاءة حدائق المنازل اثناء الليل والمراقبة الشديدة للاموال والممتلكات .

(٢) الاخبار عن الجريمة حال وقوعها وتشخيص مرتكبيها واخبار الاجهزة الامنية عن محلات اقامتهم او الاصدقاء الذين يختلطون معهم .

(٣) التعاون مع الاجهزة الشرطية والامنية في القبض على المجرمين والفارين من وجه العدالة والمحاسبة .

(٤) دعم النشاطات الطوعية المساندة لعمل الاجهزة الامنية والعمل على بلورتها في صيغ تنفيذية تأخذ شكل تكوين جمعيات متخصصة على غرار جمعيات اصدقاء الشرطة وجمعيات الوقاية من حوادث الطرق ... الخ .

(٥) تنمية الاحساس لدى المواطنين بمسؤوليات المواطنة الحقة في التعاون مع اجهزة الامن بالتصدي لكل ما يخل بأمن المجتمع واستقراره وراحة ابنائه وطمأنينتهم.

ومن الجدير بالذكر ان ايمان المواطن بدينه الحنيف هو الذي يعمق عنده شعور منع الجريمة ويجعله يطارد الجريمة والمجرمين لان الجريمة تتناقض كل التناقض مع روح الاسلام ومبادئه السماوية السامية واخلاقه الحميدة وتعاليمه السمحاء .

مصادر الفصل الثاني عشر

(١)   سالم ، عبد العزيز (الدكتور). تأريخ العرب قبل الاسلام ، الاسكندرية، ١٩٦٩ ، ص ١١- ١٥.

(٢)   العلي، صالح احمد(الدكتور). محاضرات في تأريخ العرب، بغداد، ١٩٥٩، ص ٣٤٤.

(٣)   Galwash, A. The Religion of Islam, Cairo, ١٩٤٠,PP. ٢٦-٢٥.

(٤)   الامام النووي، رياض الصالحين ، دار التربية، بغداد ، ١٩٨٠، ص٧٠٣-٧٠٦.

(٥)   Wach, J. The Comparative Study of Religions, New York, Columbia University Press, ١٩٦٣,P. ٩٣.

(٦)   الامام النووي، رياض الصالحين ، ص ٧٠٣.

(٧)   المصدر السابق، ص ٧٠٩.

(٨)   سورة النساء، آية ٩٣.

(٩)   سورة الاسراء، آية ٣٢.

(١٠)   سورة المائدة، آية ٣٣.

(١١)   سورة الحجرات ، آية ٩.

(١٢)   سورة النساء،آية ٣٦.

(١٣)   سورة البقرة ،آية ٨٢.

(١٤)   سورة آل عمران، آية ١٣٤.

(١٥)   سورة هود،آية ١١٢.

(١٦)   سورة البقرة، آية ١٥٣.

(١٧)   سورة التوبة ، آية ١١٩.

(١٨)   قطب، محمد، الانسان بين المادية والاسلام، القاهرة، ١٩٦٨، ص١٨٤.

(١٩)   سورة المائدة، آية ٣٣.

(٢٠)   سورة النساء، آية ٩٣.

(٢١)   Merton, R.K. and R. Nisbet. Contemporary Social Problems, New York, Court Brace, ١٩٦١,P. ٢٧٧.

(٢٢)   سورة الاسراء، آية ٣٢.

(٢٣)   سورة النور ، آية ٢.

(٢٤)   الحسن، احسان محمد(الدكتور). والدكتور مازن بشير ، السرقة كمشكلة اجتماعية ،مديرية الشرطة العامة ، مركز البحوث والدراسات، بغداد ، ١٩٨٣ ، ص ٢-٣.

(٢٥)   المصدر السابق، ص ١٨.

(٢٦)   المصادر السابقة ، ص ٤١.

(٢٧)   سورة المائدة، آية ٣٨.

(٢٨)   سورة المائدة، آية ٦٢.

(٢٩)   سورة الاعراف ،آية ٣٣.

(٣٠)   سورة النساء، آية ١١٢.

(٣١)   كارة، مصطفى عبد المجيد ، مقدمة في الانحراف الاجتماعي، معهد الانماء العربي، بيروت، ١٩٨٥، ص ٢٩٤.

(٣٢)   سورة النساء، آية ١٣٨.

(٣٣)   ابراهيم، اكرم نشأت (الدكتور). سياسة مكافحة الاجرام ودور البحث العلمي في تخطيطها ، المعهد العالي لضباط قوى الامن الداخلي ، وزارة الداخلية، بغداد، ١٩٩٣، ص ٢.

(٣٤)   عبد الحميد، محسن(الدكتور). الاسلام والتنمية الاجتماعية، دار الانبار، بغداد، ١٩٨٩ ص ١٢٣.

(٣٥)   ابراهيم، اكرم نشأت(الدكتور). سياسة مكافحة الاجرام ودور البحث العلمي في تخطيطها، ص ٣.

(٣٦)   سورة الزمر، آية ٩.

(٣٧)   ابراهيم، اكرم نشأت (الدكتور). سياسة مكافحة الاجرام ودور ابحث العلمي في تخطيطها، ص ٣.

(٣٨)   المصدر السابق، ص ٣-٤.

(٣٩)   الحسن ، احسان محمد (الدكتور). اثر المتغيرات الاجتماعية والاقتصادية والنفسية في معدلات الجرائم، المعهد العالي لضباط قوى الامن الداخلي ، وزارة الداخلية ، بغداد، ١٩٩٣، ص ٣٤.

(٤٠)   سورة البقرة، آية ١٧٩.

(٤١)   سورة النحل، آية ١٢٦.

(٤٢)   سورة المائدة، آية ٤٥.

T0157095

Printed in the United States
By Bookmasters